Paley

Nov 83

Wilfried von Bredow
Hans-Friedrich Foltin

Zwiespältige Zufluchten

Zur Renaissance des Heimatgefühls

Verlag J.H.W. Dietz Nachf.

CIP-Kurztitelaufnahme der Deutschen Bibliothek

Bredow, Wilfried von:
Zwiespältige Zufluchten: zur Renaissance d. Heimatgefühls /
Wilfried von Bredow; Hans-Friedrich Foltin. – Berlin; Bonn:
Dietz, 1981.

ISBN 3-8012-0062-0

NE: Foltin, Hans-Friedrich

© 1981 bei Verlag J.H.W. Dietz Nachf. GmbH
Berlin · Bonn
Godesberger Allee 143, D-5300 Bonn 2
Alle Rechte vorbehalten
Nachdruck – auch auszugsweise – nur mit Genehmigung des Verlags
Lektorat Charles Schüddekopf
Umschlag Karl Debus, Bonn
Herstellung Locher GmbH, Köln
Printed in Germany 1981

Inhalt

I. Renaissance des Heimatgefühls

Ganz am Anfang, und dies ist keine Verbeugung vor modischen Haltungen und ihrer Begrifflichkeit, einige Sätze über unsere Betroffenheit: Das Thema Heimat hat uns schon ein paar Jahre am akademischen Wikkel, wir haben mehrere Seminare darüber veranstaltet und meist eine ungewöhnliche Resonanz damit gefunden. Aber wir würden unsere Heimat-Arbeit auf eine falsche Ebene schieben, wenn wir uns nur »akademisch«, und dieses Wort heißt ja in einer Nebenbedeutung auch »nicht so ganz richtig«, betroffen fühlen würden. Ob es, wie Manfred Bosch meint, mit der Heimat »nicht weit her« ist, können wir so lapidar nicht behaupten und nicht dementieren, aber wenn er dann fortfährt: »Das geht mir nah«[1], dann hat er gewiß auch einen Punkt unserer Motivation für diese Heimat-Studien getroffen.
In der Tat: Heimat, was das ist, was daraus gemacht worden ist, was sie uns anbietet oder anzubieten scheint, das geht uns nah. Nicht zuletzt deswegen haben wir, akademische Fertigkeiten mit einigem Behagen nutzend, ein paar Exkursionen in die Gebiete des Heimatromans, des Heimatfilms oder der Politik mit Heimat unternommen, um uns erstens die Vielgestaltigkeit des Themas genauer vor Augen zu führen und um zweitens der Versuchung zu entgehen, nur an den gegenwärtigen Erscheinungsformen von Heimatgefühl entlangzuflanieren.
Heimat ist wieder modern geworden. »Der Spiegel«, aus dessen »Kultur«-Teil die dynamischen Deutschen den neuesten Trend erfahren, wenn wirklich ganz sicher ist, daß er sich für eine Zeitlang durchgesetzt hat[2], meldete Mitte 1979 eine »überraschende Erneuerung« des Begriffs Heimat, und fügte hinzu: – »aus oppositionellem Geist«[3]. Und Ina-Maria Greverus, die mit mehreren wissenschaftlichen und populärwissenschaftlichen Arbeiten über Heimat bekannt geworden ist, schreibt in ihrer Aufsatzsammlung »Auf der Suche nach Heimat«: »Heimat wird wieder, und das müssen wir deutlich sehen, zum Thema politischer Reden und wissenschaftlicher Tagungen.« Man könne fast so etwas wie eine Hochkonjunktur für Heimat feststellen. Zu den »positiv« klingenden Beispielen der neuen Heimatgesinnung werden u.a. aufge-

---

1 Manfred Bosch: Motto, in: Almanach 14 für Literatur und Theologie – Heimat, hrsg. v. Jochen R. Klicker, Wuppertal 1980, S. 7.
2 Die inoffizielle Sozialwissenschaft hat für derartige Phänomene den Begriff des »post-prophecy enforcement« gefunden. Ins Deutsche übersetzt ungefähr: verstärkende, nachgereichte Prophezeiung (à la: ich hab's ja immer schon gesagt).
3 Der Spiegel, Nr. 30/1974.

führt: <u>Denkmalspflege, Altstadtsanierung,</u> Dorferneuerung, neues Ge-schichtsbewußtsein, Altstadtfeste, Jubiläen, Nostalgie, Dialekt, Volks-lied, <u>kulturgeschichtliche Museen</u>[4]. Das ist schon eine eindrucksvolle Li-ste, und vollständig ist sie noch längst nicht.

All diesen Assoziationen zum Wort Heimat liegt ein gemeinsames Ele-ment zugrunde: die Bewegung zurück, zurückfinden zur eigenen Kind-heit oder zur kollektiven Vergangenheit, zur <u>Überschaubarkeit</u> und <u>Ein-fachheit</u>. Elemente eines Selbstverständnisses, die sich möglicherweise und mit vielen »als ob« mehr oder weniger »echt« rekonstruieren lassen, von denen man letztlich aber weiß (und darüber Schmerz empfindet), daß es sich um verlorene Zustände handelt.

Diesen Schmerz haben wir oftmals auch empfunden. Wenn unsere Ana-lyse- und Erzählsprache manchmal etwas salopp klingt, ein bißchen iro-nisch auch, dann mag das auch eine Reaktion darauf sein. Wir stehen der Renaissance des Heimatgefühls mit sehr gemischten Gefühlen gegen-über; aber es soll schon ganz am Anfang darauf hingewiesen werden, daß es eben *gemischte* Gefühle sind, daß wir die Heimat-Enthusiasten, die Dialektsucher und Anhänger des dörflichen, (vermeintlich) einfachen Lebens, die Heimatforscher und Denkmalspfleger verstehen können; und wenn wir sie kritisieren, geht es uns wirklich nicht ums Abkanzeln.

1. Vom Internationalismus zum Regionalismus

In den Universitätsstädten, den kleinen zumal, gehören die Autos der Studenten zu den Trägern kollektiver Stimmungen. Das ist ganz wörtlich zu nehmen: Seit sich eine muntere Auto-Aufkleber-Kultur entwickelt hat, kann man den Botschaften auf dem Autoheck vielerlei über den Be-sitzer des Vehikels entnehmen. Ob er gegen Kernkraftwerke eingestellt ist, ein Natur- und Umweltschützer ist (sein will), die Rüstung verab-scheut, der oder jener Partei oder Jugendorganisation angehört, all das liegt offen auf dem Blech zutage, ist zugleich Bekenntnis und kleiner Missionsversuch. Seit ein paar Jahren gibt es in diesem Aufkleberge-wimmel mehr und mehr Hinweise auf die Heimat der Autobesitzer, auf ihre Begeisterung für das heimische Plattdeutsch oder auf ihre »Traum-region«, z. B. Okzitanien oder die freie Bretagne. Hier hat sich über we-nige Jahre ein bemerkenswerter Stimmungsumschwung vollzogen. Wenn wir das ins Politische wenden wollen, dann ist es die Absage an ei-nen (wie immer romantischen) Internationalismus zugunsten eines (oft nicht minder romantischen) Regionalismus. Für die heute gern und mit Melancholie zum Vergleich herangezogene 68er Generation von auf-müpfigen Studenten galten im näheren politischen Umfeld nur die Not-

---

4 Ina-Maria Greverus: Auf der Suche nach Heimat, München 1979, S. 20 f.

standsgesetze als Anlaß, der politische Gefühle mobilisierte. In der Hauptsache ging es jedoch um Vietnam, Bolivien und die Befreiungsbewegungen in der Dritten Welt. Diese politische Stimmungslage läßt sich auch als eine Art weltbürgerliche Heimatsuche interpretieren, denn ein Slogan dieser Jahre besagte schließlich, daß das Heil der Weltmetropolen (Industrieländer) von den Weltdörfern (den unterentwickelten Agrarländern) her importiert werden müsse. Was für die politische Führung der Volksrepublik China, die diesen Slogan gerne verbreitete, griffige Machtpolitik war, verstanden die anti-imperialistischen Dritte-Welt-Fans unter den politischen Studenten als Etikett für eine säkulare Bewegung.

Von den »Weltdörfern« in der Ferne zurück in das eigene Dorf im Westerwald oder Kalenberger Land, vom Internationalismus zum Regionalismus, wobei unter diesen letzten Begriff sehr verschieden umfangreiche Territorien fallen. Der elsässische Regionalismus z. B. wird quasi von außen definiert – die Probleme mit der Zentralinstanz Paris einerseits und das Zwischen-den-Kulturen-Stehen andererseits bieten hinreichende gemeinsame Identifikationsmöglichkeiten für die Bevölkerung des Elsaß[5]. Diesen Regionalismus, der in einzelnen Fällen bis zum Separatismus weiterwächst, hat es in der europäischen Geschichte des 19. und 20. Jahrhunderts praktisch immer gegeben. Wirtschaftliche, national-kulturelle, oft auch religiöse Gründe haben ihn am Leben erhalten. Aber während z. B. der Regionalismus der IRA in Ulster vielen aus der 68er Generation als ein anti-imperialistischer Befreiungskampf erschien und sie sich deshalb, Fragen der Gewalt ungebührlich vereinfachend, für ihn begeisterten, erscheint der elsässische Regionalismus, der ja auch den Kampf gegen Kernkraftwerke in dieser Region umfaßt[6], vielen heute als ein Kampf um die Bewahrung der spezifischen Lebenswelt in diesem Land. Die Distanz zu den »Herrschenden« ist ähnlich groß, aber die Ausgangspunkte liegen ganz woanders. Ein Dialektforscher hat das vor einiger Zeit aus seiner Sicht folgendermaßen formuliert: »Verschiedene Faktoren haben in der letzten Zeit auch den aktiven Gebrauch der Mundarten wieder verstärkt. Auch in diesem Zusammenhang ist Regionalisierung ein europäisches Schlagwort geworden, das aus dem Unbehagen gegen eine immer weiter um sich greifende Nivellierung regionaler Unterschiede resultiert. Ich glaube zwar nicht, daß sich die Einschätzung der Mundart bei der Masse der mit ihr kommunizierenden Menschen geändert hat, aber bestimmte gebildete Gruppen haben sich ihrer

---

5 Vgl. dazu das Gespräch mit dem französischen Politiker (und Elsässer) Pierre Pflimlin, in: Elisabeth Moosmann (Hrsg.): Heimat. Sehnsucht nach Identität, Berlin 1980, S. 88 ff.
6 Vgl. die Erzählung von Erasmus Schöfer: Die Brücke über den Rhein, in: Werkkreis Literatur der Arbeitswelt (Hrsg.): Mein Vaterland ist international. Texte zur Solidarität, Frankfurt/M. 1976, S.165–195.

bemächtigt. Mundart ist auch eine Sprache des Protests, benutzt von Gebildeten, geworden. Indem man gegen etablierte Normen der Einheitssprache verstößt, will man die etablierte Gesellschaft treffen. Indem man Mundart spricht, will man andererseits Mundartsprecher mit seinen Anliegen besser erreichen und auf die latenten Anliegen von Mundartsprechern eingehen, sie überformen, sie ausformulieren helfen oder für eigene Zwecke ausnutzen. Hilfe und Manipulation liegen wie überall sehr eng beisammen.«[7]

Vom Internationalismus zum Regionalismus – mehr und mehr scheint sich aber die Region, auf die sich einer bezieht auf seiner Suche nach der Heimat, zu verkleinern. Auf den Autohecks bedeutet das große Bekenntnis zu »Gießen, Gelle!« auch einen Protest gegen das abstruseste Ergebnis der Gebietsreform, nämlich die Zusammenlegung von Gießen und Wetzlar zur Stadt Lahn[8]. Landkreise sollen nicht zusammengelegt werden, alte Dorfnamen sollen nicht durch synthetische, bürokratischer Phantasie entsprungene Bezeichnungen ersetzt werden[9]. Das »Territorium«, um mit Greverus zu sprechen, um das sich Heimatgefühl bekümmert, scheint immer enger zu werden. Bis es dann, vorzüglich bei Leuten, die sensibel, unglücklich, privilegiert und ihrem Selbstverständnis nach links sind, schließlich in die eigene Innenwelt verlagert wird. Dafür gibt Dieter ein paar treffende Formulierungen. In dem ausführlichen Gespräch einer Gruppe alternativer Zeitschriften-Macher, das in Elisabeth Mossmanns Heimat-Buch dokumentiert ist, hat er sich so geäußert:»Dieses Bedürfnis, zur Ruhe zu kommen und sich wieder auf Menschen oder Sachen zu konzentrieren, ist mit Heimat immer auch gemeint, und deshalb ist dies für uns ein rebellischer Begriff, denn wir rebellieren damit gegen unsere eigene Geschichte, gegen unsere Lebensweise. Das alles bricht in uns selber auf, und deshalb gewinnt Heimat zunächst einmal diese ganz private, existentielle Bedeutung.«[10]

---

7 Hugo Steger: Dialektforschung und Öffentlichkeit, in: Germanistische Linguistik, Heft 1/1978, S. 48 f.

8 Die Stadt Lahn gibt es inzwischen nicht mehr, den Besucher erinnern fast nur noch die Autoschilder mit dem vorangestellten L an dieses Planungsmonstrum. Der Widerstand der Gießener und Wetzlarer ist erfolgreich gewesen. Aber viele Beispiele für die Verhinderung oder Rücknahme von Maßnahmen der Gebietsreform, die ja insgesamt eine Art Zauberbesen der offenbar nur aus Zauberlehrlingen bestehenden Planungsämter ist, lassen sich nicht finden, weder in konservativ, noch in sozial-liberal regierten Bundesländern.

9 Ein Beispiel: W. von Bredow wohnt in »Lahntal«. Lahntal ist der wenig originelle Name für eine Retortengemeinde, zu welcher die Dörfer Brungershausen, Kernbach, Caldern, Sterzhausen, Goßfelden, Sarnau und Göttingen gehören. (Seinerzeit hat sich Arno Schmidt einmal über »Köln-Zollstock« lustig gemacht. Über »Lahntal« kann man sich nicht einmal lustig machen.)

10 Sehnsucht nach Identität, in: Moosmann (Anm. 5) S. 70 f.

Studien zur internationalen Politik[11] bestätigen nachdrücklicher denn je, daß Politik, Wirtschaft, Massenkommunikation, mehr oder weniger *alle* Bereiche des gegenwärtigen Lebens, sich mitten in einem schwindelerregenden Prozeß der Internationalisierung oder, wie der Fachausdruck lautet, Transnationalisierung befinden. Dieser Prozeß ist unter den gegebenen Rahmenbedingungen nicht umkehrbar. Schon allein deswegen sollte man sich hüten, die Begriffe Internationalismus und Regionalismus als sich ausschließende Alternativen zu denken. Zu befürchten ist aber, daß gerade dies geschieht. Weil die Kraft zum Durchschauen komplizierter werdender sozialer Tatbestände fehlt, wendet man sich weniger komplizierten sozialen Tatbeständen zu. Die entmutigenden Erfahrungen mit der ins Leere stoßenden Euphorie für Internationalismus, Fortschritt und Veränderungen haben bewirkt, daß man das Bedürfnis entwickelt, »zur Ruhe zu kommen«.

2. Zwiespältige Heimat

Gegen keines der aufgeführten Beispiele für das neue Heimatgefühl möchten wir Bedenken anmelden. Im Gegenteil: Denkmalspflege, Altstadtsanierung, Dorferneuerung, Geschichtsbewußtsein, Stadtteilfeste, das neu erwachte Interesse für Heimatmuseen, Mundart-Dichtung und Volkslieder, dazu noch die Versuche vieler junger Menschen, zu einem neuen Lebensstil des »einfachen Lebens« zu gelangen, die Bürgerinitiativen gegen Umweltzerstörung – so allgemein hingesehen, verdient das alles Zuspruch und Ermutigung. Der um Marburg entstandene »Förderkreis Alte Kirchen«, der seit Jahren in zähem Kampf Dorfkirchen vor dem Abriß bewahrt (und dabei, was fast noch verdienstvoller ist, den Neubau unübertreffbarer Scheußlichkeiten, die einem das Christentum über die Architektur austreiben, verzögert), sei hier nur als ein Beispiel für Kulturbewahrung genannt. Und wenn die Runddörfer im Landkreis Lüchow-Dannenberg durch das Geld stadtflüchtiger Bildungsbürger restauriert werden, dann mag zwar die ländliche Ursprünglichkeit, welche die Geldgeber sich vorgestellt haben, ein wenig verblaßt sein – doch besser als Verfall und Abriß ist das allemal.

Beim näheren Betrachten anderer Beispiele fällt dann aber das Zwiespältige der neuen Heimatbewegung eben doch deutlich auf. Auch Hermann Bausinger warnt da: »Freilich, wer heute mit dem Begriff Heimat umgeht, muß fragen, wer ihm über die Schulter sieht, wer ihm souffliert. Wer Heimat sagt, begibt sich auch heute noch in die Nähe eines

---

11 Vgl. etwa: Walter Bühl: Transnationale Politik, Stuttgart 1978 oder Wilfried von Bredow, Rudolf Horst Brocke: Einführung in die internationalen Wirtschaftsbeziehungen, Stuttgart 1981.

ideologischen Gefälles, und er muß zusehen, daß er nicht abrutscht.«[12] Dieses ideologische Gefälle der letzten hundert Jahre ist stärker, glatter und kurvenreicher, als manch ein Heimat-Enthusiast glauben mag. Aber selbst wenn man, und dafür gibt es ein paar gute Gründe, frühere Formen der Ideologisierung von Heimat und Heimatgefühlen (wir werden ausführlich darauf eingehen) zwar nicht für überwunden, aber vielleicht auch nicht gerade für brandaktuell ansieht, selbst dann ist es geraten, vorsichtig zu sein – neue Formen der Ideologisierung von Heimat und Heimatgefühlen bahnen sich an.

Vor einem kurzen und hoffentlich nicht allzu abstrakten Ausflug in die Ideologie-Debatte sollen drei Beispiele deutlich machen, wie doppelbödig die Renaissance des Heimatgefühls ist.

Man kann die Träger dieser Renaissance sicherlich nicht nur auf der einen Seite des politischen und sozialen Spektrums in der Bundesrepublik ausmachen, sondern muß ganz verschiedene Gruppen mit sehr unterschiedlichen Motivationen unterscheiden. Für uns waren und sind Studenten und »Linke«, »Grüne« und Intellektuelle einfach deswegen als Träger dieser Renaissance so wichtig, weil wir mit ihnen am häufigsten in Kontakt kommen. Das bringt die universitäre Alltagswelt mit sich. Aber schon die »Grünen« bilden bekanntlich eine außerordentlich heterogene Gruppe. Die Partei, die sich diesen Namen zugelegt hat, oszilliert zwischen altertümlicher Heimatkunst und Wandervogelbewegung einerseits und einem undogmatischen Sozialismus andererseits, und auf einen Nenner läßt sich das alles und was dazwischen liegt nicht bringen. Die »Grünen« haben kein Programm, und das ist noch zwiespältiger als ein Programm zu haben und sich nicht so ganz daran zu halten.

Aber auch die etablierten Kräfte, politische Parteien wie vor-politische Vereine, haben sich des Topos Heimat angenommen. Von Wahlkämpfen und dergleichen Auseinandersetzungen braucht an dieser Stelle gar nicht geredet zu werden. Vielmehr hat sich Heimat, die ja wegen ihrer identitätsstiftenden Qualität allüberall so hochgeschätzt wird, einen ganz gewichtigen Platz in der allgemeinen und durchaus brenzligen Legitimitäts-Debatte gesichert. Begriffe wie Geschichtsbewußtsein, Traditionserneuerung, die nationale Frage, Deutschland (welches?) als Vaterland und eben Heimatgefühl signalisieren eine Entwicklung, die zwar einerseits verschüttete Horizonte aufreißen kann und (unserer Meinung nach) auch soll, die jedoch andererseits zu einem selbstverschuldeten Provinzialismus, zu einer Abkapselung von Modernität führen kann, die schon auf kurze Frist anomisch, d.h. sozial zerstörerisch wirken.

Unser drittes Beispiel sind jene Bürgerinitiativen, die unter Berufung auf Heimatwerte wie die Erhaltung der natürlichen Umwelt nichts anderes als höchst eigennützige Interessen ihrer Mitglieder durchsetzen wollen. Wenn eine Bürgerinitiative den Bau einer Straße durch ein Wiesen-

---

12 Hermann Bausinger: Heimat und Identität, in: Moosmann (Anm. 5) S. 28.

tal mit dem Argument verhindern möchte, daß dieses Wiesental erstens ein wertvolles Biotop und zweitens ein Naherholungsgebiet ist, dann kommen sich diese beiden Begründungen schon ein wenig in die Quere. Wenn man aber dann noch weiß, daß die bäuerlichen Mitglieder dieser Bürgerinitiative seit Jahren durch die Art und Weise ihrer Wiesenbewirtschaftung alles tun, um aus diesem Gelände biologisch stark geschädigte Gras-Fabriken zu machen, dann steht man erst richtig vor dem Dilemma, will man die Ziele des Straßenbauamts und die der Gegner der Straße gegeneinander abwägen.

Zwiespältige Heimat – offenbar eignet sich dieser Begriff wunderbar dazu, mit »echten« Bedürfnissen eine nicht ganz so echte Politik zu begründen.

3. Ideologie

In der Umgangssprache, gerade auch der von Akademikern, gelten die Worte Ideologie und vor allem »ideologisch« gemeinhin als starke Abwertung. Das weist zurück auf eine längere Tradition bürgerlicher Selbstsicherheit vom 17. bis zum 19. Jahrhundert, derzufolge Ideologien nur Vorstellungen und Lehren von unvernünftigen Gegnern sind, teils bewußte, teils unbewußte Verhüllungen der »wahren« Tatbestände. Der Versuch von Marx, Ideologie als Klassen-Wahrheit zu kennzeichnen (was ihn dann zu der komplizierten und verwirrenden Erkenntnis führte, daß auch in der Wissenschaft des Bürgertums sehr wohl richtige Ideen zu finden sind, Ideologieverdacht wird dann auch zu einer Frage des Datums) und die in der Auseinandersetzung mit Marx' Denken entstandene Verfeinerung des Ideologiebegriffs, seine Aufspaltung in einen partikularen und einen totalen bei Karl Mannheim und seine nüchterne Erweiterung bei Theodor Geiger bilden drei nicht ganz zueinander passende Fundamente, auf denen bis heute immer wieder neue Überlegungen zur Ideologie angestellt werden. Das Verhältnis Ideologie – Wahrheit und die Frage nach der Allgegenwärtigkeit und Unvermeidbarkeit von Ideologie haben die Gemüter immer wieder erregt; die Vorstellung ist ja auch ein Ärgernis, daß sozialisationsbedingte Scheuklappen des Denkens oder materielle Interessen so nachhaltig auf die Sphären des Geistes einwirken könnten. Nach einer gebräuchlichen Lexikon-Formulierung wird Ideologie definiert als »jenes geistige, apologetische Selbstverständnis der Gesellschaft . . ., das in seinen Wahrheitsanspruch das Bewußtsein möglicher Falschheit und Konformität mit den Faktizitäten der Gesellschaft nicht selbstkritisch aufnimmt und aktiviert und damit die Gesellschaft im Grunde nur unbefragt bestätigt.«[13] Dieser Begriffs-

---

13 Hans-Joachim Lieber: Ideologie, in: Staat und Politik, hrsg. von Ernst Fraenkel und Karl Dietrich Bracher, Frankfurt/M., 1964, S. 140.

bestimmung haftet heute doch schon etlicher geschichtsphilosophischer Grünspan an. Die Zentrierung auf das Gegensatzpaar Apologie versus Kritik des Bestehenden verfehlt die Wirklichkeit um einiges. (Immerhin vermochte die Definition von H.-J. Lieber die ideologiekritische Empfindlichkeit einer Generation von Studenten der Politikwissenschaft zu wecken, und das ist ja auch schon sehr viel.)

Die aktuellere Diskussion über Ideologie in der Bundesrepublik kann sich auf zwei Ansätze beziehen, die jeweils mit dem Anspruch vorgetragen werden, eine ganz neue Etappe zu eröffnen – den funktionalistischen Ansatz von Niklas Luhmann und den »positiv-kritischen« Ansatz von Peter Ch. Ludz. Luhmann wendet sich emphatisch von jedem ontologischen Wahrheitsbegriff ab – den hätten Marx, Nietzsche und Freud so zerzaust, daß er nur mehr einer Vogelscheuche ähnelt. Das, was nach Luhmann Ideologie ausmacht, hängt auch nicht mit das Denken beeinflussenden Interessen oder anderen außergeistigen Faktoren zusammen. »Ein Denken ist vielmehr ideologisch, wenn es in seiner Funktion, das Handeln zu orientieren und zu rechtfertigen, ersetzbar ist.«[14] Luhmann gelangt zu dieser pfiffigen Bestimmung, weil er das soziale Handeln von Menschen und die Beweggründe dazu einer funktionalen Analyse unterwirft. Wir setzen diesen vielerorts und an mancherlei Gegenständen von Luhmann demonstrierten Denk-Weg als bekannt voraus und konzentrieren uns auf die Resultate. Ideologien müssen »die Unendlichkeit der Kausalfolgen unter Wertgesichtspunkten . . . reduzieren« können. Deshalb gibt es auch durchaus keinen Widerspruch zwischen Rationalität und Ideologie, wenngleich Ideologien oft gefühlsmäßig aufgezogen sind, das macht sie sozusagen gleitfähiger. »Ideologien sind ethisch und kognitiv immer an den traditionellen Wahrheitsideen gemessen worden, die in der ontologischen Metaphysik verankert waren. Von daher erschienen sie als suspekt, als Zeichen einer Kulturkrise, als Symptom eines Verlustes an echten Lebensinhalten und an glaubwürdigem Sinn. Unsere Überlegungen führen uns vor die Frage, ob dieses Mißverhältnis zwischen Ideologie und Wahrheit vielleicht nicht ein Unzureichen des ideologischen Denkens, sondern vielmehr ein Überholtsein der überlieferten metaphysischen Bestimmung der Wahrheit von ontologischen Prämissen her an den Tag bringt.«[15] Viel weiter als bis zu dieser (rhetorischen) Fragekonstellation reichen Luhmanns »Vorschläge zur Wiederaufnahme der Diskussion« allerdings nicht. Immerhin: er ist ein listiger Verbündeter in der Auseinandersetzung mit all jenen heiligen Georgen, für die Ideologien nichts als möglichst rasch zu tötende Drachen sind, die die keusche Wahrheit entführt haben sollen.

---

14 Niklas Luhmann: Wahrheit und Ideologie, in: ders.: Soziologische Aufklärung, Köln/Opladen 1970, S. 57.
15 Luhmann, ebd., S. 63.

Auch Peter Ch. Ludz möchte den Ideologiebegriff aus den wissenschaftlich unfruchtbaren Konfrontationen mit »der Wahrheit« und mit »der Wissenschaft« herauslösen. Alle aktuellen Bemühungen um den Ideologiebegriff sollten weniger auf den Aufbau einer neuen Ideologie-Theorie hinzielen, vielmehr auf ein Konzept, mit dessen Hilfe historisch-empirische Forschungen vorangetrieben werden könnten (beispielsweise über Heimatideologie). Eine Ideologie, die sich zu einer spezifischen Ideologie-Theorie herausgebildet hat, hat im 19. und 20. Jahrhundert ohnehin nur der Marxismus hervorgebracht, und den sieht Ludz mitten in einem Abstiegsprozeß.

Die außerordentlich spannenden Überlegungen von Ludz münden in eine recht komplizierte Definition: »Ideologie ist eine aus einer historisch bedingten Primärerfahrung gespeiste, systemhafte und lehrhafte Kombination von symbolgeladenen theoretischen Annahmen, die spezifischen historisch-sozialen Gruppen ein intentional-utopisches, tendenziell geschlossenes und dadurch verzerrtes Bild von Menschen, Gesellschaft und Welt vermittelt und dieses Bild für eine bestimmte politisch-gesellschaftliche Aktivität bei strenger Freund-Feind-Polarisierung programmatisch-voluntaristisch organisiert.«[16] Das liest sich nicht ohne Stöhnen, zugegeben. Aber vertrackte Tatbestände lassen sich eben auch nicht im Peter-Boenisch-Stil darstellen, wenn es eine zureichende Darstellung sein soll. Ludz probiert bei seiner Definition einen genetischen Ansatz aus, sie soll also die typische Entwicklung einer Ideologie umgreifen: von der Erfahrung einiger weniger (z. B. auch Religionsstifter, Ketzer etc.) und ihrer geistigen Verarbeitung verläuft die Entwicklung einer Ideologie über das Stadium ihrer Dogmatisierung zum Stadium ihrer Instrumentalisierung in der Politik. Für die Anhänger einer Ideologie übernimmt diese sowohl eine aufklärerische, Bildungs-Funktion als auch die Funktion, soziales Selbstbewußtsein zu schaffen und zu rechtfertigen. Ideologien, von denen es verschiedene Typen gibt, sind also soziale Tatbestände, die eliminieren zu wollen nur einem Don Quichote einfallen würde. Man kann sie und soll sie untersuchen, wie andere soziale Tatbestände auch.

4. Heimat-Ideologie

Vor aller Kommerzialisierung und Instrumentalisierung von »Heimat« liegt eine Primärerfahrung, die nicht nur einige wenige, sondern die fast alle Menschen in unserem Kulturkreis gemacht haben. Diese Primärerfahrung, die der Kindheit und Jugend nämlich, bildet sozusagen den so-

---

16 Peter Ch. Ludz: Ideologiebegriff und marxistische Theorie. Aufsätze zu einer immanenten Kritik, Opladen 1976, S. 85.

zialen Kern des Heimat-Phänomens. Sie wird – konkretisiert in natürlich ganz verschiedenen, individuell gefärbten Erinnerungen – überschattet von der drohenden Möglichkeit (oder der eingetretenen Möglichkeit) des Verlustes. Erst diese Kombination macht das Heimatgefühl aus; in einer stationären Gesellschaft dürfte es dieses Gefühl kaum geben. »Heimat ist ein vages, verschieden besetzbares Symbol für intakte Beziehungen«, schreibt Hermann Bausinger[17]. Genau: und weil es daran fehlt, weil infolge raschen sozialen Wandels, politischer und wirtschaftlicher Turbulenzen, der Notwendigkeit zur Mobilität usw. der Mangel an intakten Beziehungen quält, sucht man nach etwas, das diesen Mangel lindert.

Wir können beobachten, daß Heimat in sehr verschiedenen ideologischen Zusammenhängen auftritt, im Nationalsozialismus ebenso wie im Kommunismus oder im Geflecht gegenwärtiger westlicher Ideologien. Es handelt sich also bei Heimat um ein Ideologie-Teilstück, eine Art Elementar-Teilchen von modernen Ideologien. Die Primärerfahrung von intakten Beziehungen und ihrem Verlust ist zu stark, als daß darüber hinweggegangen werden könnte. Die Kompositionsstruktur von Ideologien ist noch wenig erforscht. Es liegt aber die Vermutung nahe, daß Elemente von Ideologien dann besonders gut verwendbar sind, wenn sie in einer bestimmten historischen und sozialen Situation auf einer weit verbreiteten Erfahrung basieren, wenn die Interpretation dieser Erfahrung das Verhalten der Menschen direkt beeinflussen kann und wenn dieser Einfluß sozial-integrativ wirkt. Alle drei Bedingungen werden von dem Ideologem Heimat trefflich erfüllt. Und schließlich kommt auch noch hinzu, daß es hier – anders als z. B. im Falle der Primärerfahrung weiblichen Zurückgesetztwerdens in der Ideologie des Feminismus – bei Heimat im Grunde gar nicht einer spezifischen historischen und sozialen Situation bedarf, um diese Primärerfahrung zu durchlaufen. Je mehr individuelle Erfahrungen aber unter ein Symbol subsummiert werden können, desto anpassungsfähiger wird es für die verschiedenen ideologischen Zusammenhänge.

Heimat ist, jedenfalls in unserem Kulturkreis, eine hinreichend unspezifische, allgemeine Erfahrung: Heimat als verlorene oder von weiterem Verlust bedrohte Intaktheit. Aus diesem Tatbstand folgt, daß sich Heimat-Ideologie als Teil-Ideologie anderen Ideologien fugenlos einpassen läßt – wie unter anderem dem Nationalismus, dem Marxismus, dem Konservatismus, dem Feminismus. Moralisch ausgedrückt: Das Heimat-Ideologem neigt zur Prostitution.

"Heimat" = Intakt Teil

---

17 Bausinger (Anm. 12) S. 24.

5. Muß man konservativ sein, wenn man progressiv ist?

»Wenn es sein *muß*, das Neue. Wir aber haben in unserem Land die Tradition, eine ganze Traditionskette, daß das Neue gemacht wird, wenn es nicht sein muß. Und umgekehrt, wenn es sein muß, es noch längst nicht gemacht, sondern gewaltsam unterdrückt wird . . . Es geht nicht darum, immer neue Anfänge zu setzen und diese dann abzubrechen. Dieses Prinzip der Diskontinuität zur Geschichte ist ein spezifisch deutsches Rezept für verheerende Katastrophen. Vielmehr geht es darum, ein gelassenes Verhältnis zur Geschichte seines Landes zu haben, d. h. Geschichte zuzulassen. *Man muß konservativ sein, wenn man progressiv ist.*« [18]

Wirklich? Alexander Kluge, der hier, angeregt von Fontane, vom Fontane-Preis für Literatur, der ihm gerade überreicht worden ist, und von seiner im Publikum sitzenden Frau Mutter, locker über das Wechselspiel von Konservatismus und Progressivität nachdenkt, das in Deutschland häufig Duell-Charakter annahm (auch eine Art Dialektik), empfiehlt ein zwiespältiges Rezept. Was konservativ und was progressiv heißt, in der Umgangssprache, meint jeder zu wissen. Je nach politischem Standort und Mentalität werden diese beiden Adjektive mit positiven oder negativen Inhalten gefüllt. Wer am Alten festhält und nur, wenn es unbedingt sein muß, das Neue akzeptiert, ist ein Konservativer. Die Renaissance des Heimatgefühls ist ein konservativer Vorgang, unangesehen des Selbstverständnisses seiner Protagonisten.

Für die Heimatbewegung »von oben« ist dies unbestritten. »In Festen, wie beispielsweise dem Hessentag, wird inszeniert, was von der Demokratie versprochen wird und was es immer noch nicht gibt: politische Heimat im Sinn autonomer kollektiver Selbstbestimmungsmöglichkeit. Heimat wird von den Politikern aller Schattierungen als Ordnungsmacht herbeizitiert . . . Das Bedürfnis nach Selbstbestimmung wird ersetzt durch eine kollektive Regression auf Formen scheinbarer Geborgenheit, die durch Tracht und ähnliche Versatzstücke der guten alten Zeit erleichtert wird. Da wird nicht Selbstbestimmung, sondern Entmündigung gefordert.« [19] Dies ist vielleicht etwas zu kräftig formuliert, aber das macht es nicht falsch.

Für die Heimatbewegung »von unten« werden konservative Momente häufig vehement abgestritten. Anstatt sich über diese konservative Grundströmung klarer zu werden, wird lieber auf die eigene Progressivität verwiesen, denn konservativ gilt eher als etwas Anrüchiges. Kluge

18 Alexander Kluge: Das Politische als Intensität alltäglicher Gefühle, in: Freibeuter, H. 1/1979, S. 61 f.
19 Utz Jeggle: Wandervorschläge in Richtung Heimat, in: Vorgänge, H. 47–48/1980, S. 57 f.

17

bietet da eine Brücke: man muß konservativ sein, wenn man (richtig) progressiv ist.

Wir möchten davor warnen, sie zu betreten. Denn einmal abgesehen davon, daß konservativ nicht unbedingt etwas Anrüchiges sein muß, so sehr uns die Geschichte des Konservatismus solche anrüchigen Beispiele auch aufdrängt, ist das Wortspiel nichts als ein Harmonisierungsversuch mittels Verwirrung. Würden wir die Renaissance des Heimatgefühls ohne Einwände begrüßen können, müßten wir um der Wahrhaftigkeit willen sagen: man muß konservativ sein. Ohne wenn und aber.

Wir reden aber von Heimat als einer zwiespältigen Zuflucht, und zwar nicht, weil wir die konservativen Motive des Heimatgefühls in Bausch und Bogen verdammen. Was wir in den folgenden, material-gesättigten Kapiteln über Heimat-Literatur, Heimat-Filme, Heimat-Politik und natürlich ganz besonders im Kapitel über die Dimensionen des Heimatbegriffs selbst erhellen wollen, sind die konservativen Motive und Momente aller Heimat-Bewegungen. Auch die ökologisch inspirierten, unter Linken, Grünen und Alternativen verbreiteten Vorstellungen zur Rettung von Heimat und Landschaft sind eben nicht progressiv, sondern sie sind konservativ.

Schon 1972 schrieb ein weitsichtiger Konservativer: »Die mit der Verschmutzung, Vergiftung und Zerstörung von Erde, Wasser und Luft zusammenhängenden Probleme von Umwelt- und Lebensschutz verleihen den typisch konservativen Tugenden des Erhaltens, Hegens und Bewahrens, der Bindung des Menschen an ihn übergreifende Ordnungen eine neue Aktualität.«[20] Und wenn ein eifriger Verfechter progressiver Heimatsuche im Jahr 1980 von Heimat als »Rückbesinnung auf das menschliche Maß, auf das Sinn-Volle« spricht und meint, ein »unterlassenes Gespräch über Bäume« drohe inzwischen schon zum Verbrechen zu werden[21], dann ist er nicht der erste, der Brecht auf den Kopf stellt. Schon bei Kaltenbrunner hieß es acht Jahre zuvor bei seinem Versuch der Rekonstruktion des Konservatismus: »Inzwischen wissen wir, daß ein Schweigen über Bäume, Wasser und Luft nicht länger revolutionäre Askese, sondern Weltfremdheit, Menschenfeindlichkeit und Reaktion im übelsten Sinne bedeutet.«[22] Die Konvergenz des Arguments ist kein Zufall – und besagt eben nicht, daß Konservatismus und Progressivität zusammenfallen, sondern daß manch einer, der sich für progressiv hält, konservativ geworden ist.

Daß die Renaissance des Heimatgefühls gerade unter vielen Linken ein konservativer Vorgang ist, ist allein noch längst kein Grund zur Aufre-

20 Gerd-Klaus Kaltenbrunner: Der schwierige Konservatismus, in: ders. (Hrsg.): Rekonstruktion des Konservatismus, Freiburg 1972, S. 49 f.
21 Manfred Bosch: Heimat und Identität. Ein Literaturbericht, in: Vorgänge, H. 47–48/1980, S. 116.
22 Kaltenbrunner (Anm. 20), S. 50.

18

gung oder gar für Beschimpfung. Es irritiert nur, daß dieses Grundmuster so beharrlich übersehen wird. Wir wollen auch keine Konservatismus-Kritik betreiben, statt dessen Instrumentalisierungen von Heimatgefühlen, aber auch die ganze Palette teils liebenswerter, teils schon nahe an Fanatismus grenzender Selbsttäuschungen über Heimat kritisieren[23]. Damit sollen weder die *Bedürfnisse* nach Identität lächerlich gemacht noch die menschenfreundlichen Züge jenes von Peter Rühmkorf kürzlich beschworenen »widerborstigen Heimatsinns« angeschwärzt werden, der sich hinter Feldsteinbastionen und lehmverputztem Fachwerk verschanzt und gegen die Verödungsmaschinerie der Stadt-, Dorf- und Landschaftszerstörerei protestiert[24].

Daß, wenn es um Heimat geht, viele Frontlinien falsch gezogen werden, das befürchten wir. Die einen preisen die ländliche Solidargemeinschaft und suchen Natur und Natürlichkeit auf dem Dorfe oder meinen, wenn sie dort leben, sie dort gefunden zu haben. Die anderen verachten dörfliche Zurückgebliebenheit und machen aus Dörfern »Subzentren« auf ihren Planungskarten oder, wenn sie dort leben, bauen sich ein neues Häuschen mit einer exorbitanten Schrecklichkeit von Haustür[25] und sorgen dafür, daß ihr Dorf im bundesweiten Wettbewerb »Unser Dorf soll schöner werden« zu einer schmucken (?) Vorstadtsiedlung herausgeputzt wird. Klaus Wagenbachs Bericht über Hundsangen bei Limburg oder Peter O. Chotjewitz' Darstellung seiner osthessischen Gemeinde oder die Studie von Ilien und Jeggle über das Dorf Hausen[26] geben zwar genügend eindrucksvolle Auskünfte über modernes Dorfleben, aber das hindert ja niemanden, davon nicht Kenntnis zu nehmen.

6. Zwiespältige Zufluchten

Man muß nicht konservativ sein, wenn man sich für richtig progressiv hält. Aber vielleicht sollte man sich fragen, ob nicht in der Tat bestimmte konservative Mahnungen und Warnungen, zum Beispiel in der Ökologie, Gehör verdienen.

23 Die gegenwärtig besonders häufig benutzte Perspektive auf Heimat, nämlich die Betrachtung ihrer identitätsstiftenden Funktionen (z. B. bei Bausinger, Greverus, Moosmann) wird hier ausdrücklich *nicht* benutzt, weil uns das schon einen Schritt zu weit in die Sozialtechnologie geht. Wir wollen uns zunächst erst einmal umschauen.
24 Peter Rühmkorf: Heimat – ein Wort mit Tradition, in: Frankfurter Allgemeine Zeitung v. 29. 11. 1980.
25 Wieso es eigentlich in den letzten Jahren zu dieser exorbitant entsetzlichen Haustür-Unkultur in der Bundesrepublik Deutschland gekommen ist, wäre vielleicht ein ganz spannendes Thema für die neue Gattung der »Kulturphysiognomie«. Wie wär's, Herr Oettermann?
26 Albert Ilien, Utz Jeggle: Leben auf dem Dorfe. Zur Sozialgeschichte des Dorfes und Sozialpsychologie seiner Bewohner, Opladen 1978; Peter O. Chotjewitz: Neuland –

Wir können auch verstehen, daß die Rückwendung vieler Intellektueller der mittleren Generation zur Heimat von Enttäuschungen über ihren Aufbruch in die zu verändernde Welt in den sechziger Jahren beruht. Die Renaissance des Heimatgefühls wollen und können wir nicht verdammen, aber wir wollen die Entwicklung dazu auf einigen Gebieten distanziert und mit Anteilnahme zugleich betrachten. Unsere Methode haben wir deshalb »sympathetische Ideologiekritik« genannt.

Viele einzelne Bestrebungen innerhalb der neuen, in sich ja überaus heterogenen Heimatbewegung verdienen es, unterstützt zu werden. Es ist sinnvoll, Regional- und Ortsgeschichte neu zu beleben[27], Kulturdenkmäler zu pflegen, Heimatmuseen zu gründen; es macht Spaß, Stadtteilfeste zu feiern, auch wenn hier schon vieles ganz vordergründig kommerzialisiert wird. Landschafts- und Vogelschutz sind notwendiger denn je. Der ehemalige Bundespräsident Heinemann hat sich einmal über diejenigen lustig gemacht, die von den Bürgern verlangen, sie sollen ihren Staat lieben. »Ich liebe meine Frau«, hat er dazu gesagt. Der Staat ist eine (wenn auch inzwischen weitgehend undurchschaubare) rationale Veranstaltung; ihm Liebe entgegenbringen zu sollen, ist schlechte reaktionäre Zumutung. Aber wir sind sicher, daß Heinemann nichts dagegen einzuwenden hätte, wenn wir sagen: wir lieben unsere Heimat. Heimat ist heute nicht durchgängig »Ersatz für mangelhafte Ich-Du-Beziehungen«[28]. Wir befürchten nur, daß viele nicht merken, wenn Heimatgefühle solche Ersatzfunktion übernehmen.

Das Heimat-Ideologem neigt zur Prostitution, hieß es weiter oben. Diese Neigung ist nicht lahmzulegen. Deshalb halten wir die Tendenz für fatal, »Welt« durch »Heimat« zu ersetzen, als gäbe es diese Alternative in Wirklichkeit. Wer sich ein wenig intensiver mit den Vorstellungen neo-konservativer Autoren im In- und Ausland beschäftigt, der weiß, daß die auf Heimat und Heimatgefühle bezogenen Elemente darin nur einen nachgeordneten Platz einnehmen. Die »Ideengänge und Werkstücke zur Wiederherstellung Deutschlands«, die Hans-Dietrich Sander unter dem suggestiven Titel »Der nationale Imperativ« publiziert hat, die revolutionären Sezessionismus und einen eigenartigen, gleichermaßen prä- wie post-faschistischen, noch oder wieder ganz antimodernistisch aufgemachten Nationalismus verquickenden Aufsätze von Henning Eichberg samt ihren linken Antworten[29] – das sind für uns unheim-

---

Leben in der Provinz, in: Kursbuch 39 (April 1975); Klaus Wagenbach: Hundsangen – Hundert Jahre in einem Dorf, in: Freibeuter 6/1980.

27 Vgl. das Heft 1/1980 der »Sozialwissenschaftlichen Informationen für Unterricht und Studium« mit dem Themenschwerpunkt »Lokale Geschichte und politisches Handeln«. Dort finden sich auch ausführliche Bibliographien und Hinweise auf Materialien.

28 Jeggle, (Anm. 19), S. 60.

29 Hans Dietrich Sander: Der nationale Imperativ, Krefeld 1981; Henning Eichberg:

liche Anzeichen dafür, daß über das inzwischen gängige Muster Suche nach Heimat = Suche nach Identität aus der Heimatbewegung ein neuer Nationalismus entstehen kann, der natürlich irredentistische Züge trägt.

Solche Befürchtung ist nicht Folge unserer Ausflüge in die Geistesgeschichte, obwohl wir, das wird insbesondere das Kapitel über die Dimensionen des Heimat-Begriffs zeigen, auf solchen Ausflügen vielen Spuren der Entwicklung von Heimatschutz zu Aggressionen auf die Umwelt begegnet sind. Viel mehr noch ist es die aktuelle politische, soziale und wirtschaftliche Entwicklung selbst, hierzulande und in anderen Ländern, die neo-konservative Militanz hervorzubringen droht. Heimatgefühle können dann als Vorstufe von Fremdenhaß und schließlich von Neonationalismen leicht ausgebeutet werden.

Daß wir den Titel dieses Buches nicht wegen der Alliteration gewählt haben, sondern daß er exakt unsere Grundeinstellung zum Thema ausdrückt, dürfte inzwischen deutlich erkennbar geworden sein. Gerade weil wir betroffen sind, weil uns vieles an der Renaissance des Heimatgefühls fasziniert, haben wir uns genötigt gesehen, ihre Zwiespältigkeit zum Thema zu machen.

Balkanisierung für jedermann?, in: Befreiung, Nr. 19–20/1980; Herbert Ammon/Peter Brandt: Wege zur Lösung der »Deutschen Frage«, in: Befreiung, Nr. 21/1981.

II. Heimat-Begriffe

1. Der Ursprung

Jede wissenschaftliche Analyse setzt eine möglichst genaue Bestimmung des Gegenstandes voraus, dem diese Analyse gilt. Eine derartige Bestimmung erweist sich für »Heimat« als überaus schwierig, da dieser Begriff durch intensive Benutzung im Laufe der Zeit immer vielschichtiger geworden ist: »Unter dem Generalnenner ›Heimat‹ sind zahllose Schriften veröffentlicht worden, die sich implizit oder explizit mit jeweils unterschiedlichen Teilaspekten der Ortsbezogenheit von Menschen auseinandersetzen.«[1] Einige Autoren lehnen deshalb die Verwendung des unscharfen Begriffes »Heimat« ab und bezeichnen Emotionen und Verhaltensweisen, die im Hinblick auf »Heimat« beim Menschen konstatierbar sind, als »symbolische Ortsbezogenheit«[2] bzw. – in Anlehnung an die Ethologie – als »Territorialität« oder »territoriales Verhalten«[3], womit allerdings, wie wir zeigen möchten, gewisse Reduzierungen des Begriffsfeldes »Heimat« verbunden sind.

Angesichts der Tatsache, daß »Heimat« samt »Heimatgefühl«, »Heimatbewußtsein« usw. trotz (oder wegen!) begrifflicher Unschärfe immer noch allgemein verwendet werden, wollen wir hier vom eingebürgerten Begriff ausgehen, seine Entwicklung und seine Widersprüchlichkeit aufzeigen, um schließlich zu versuchen, seine wesentlichen Elemente und seine Bedeutung für die Gegenwart festzulegen.

Inwiefern können Etymologie und Wortgeschichte zur Bestimmung der bedeutungsmäßigen Schwerpunkte und zur Absteckung der Grenzen beitragen[4]? *Heimat*, mhd. *heimôte, heimuote,* ahd. *heimôti* gehört wie *Heim* zur gemeingermanischen Wurzel *heima* »Heimat eines Stamms, einer Gemeinde, eines einzelnen«. Die Wörter *Heim* und *Heimat* waren

1 Heiner Treinen: Symbolische Ortsbezogenheit. Eine soziologische Untersuchung zum Heimatproblem, in: Kölner Zeitschrift für Soziologie und Sozialpsychologie 17, 1965, S. 73–97 und 254–297, hier S. 73.
2 Ebd.
3 Ina-Maria Greverus: Der territoriale Mensch. Ein literaturanthropologischer Versuch zum Heimatphänomen. Habil. Schrift Gießen 1970, Frankfurt/M., 1972, S. 17.
4 Vgl. dazu die Artikel »Heim« und »Heimat«, in: Jacob und Wilhelm Grimm: Deutsches Wörterbuch, Bd. 4, 2. Abt., 1877, S. 855–866; Trübners Deutsches Wörterbuch, hrsg. v. Alfred Götze, Bd. 3, 1939, S. 387 f.; Friedrich Kluge: Etymologisches Wörterbuch der deutschen Sprache, 20. Aufl., Berlin 1967, S. 299.

offenbar zur Zeit der germanischen Süd- und Westwanderungen sehr gebräuchlich; nach Seßhaftwerden der Stämme nahm ihre Bedeutung – wenn man von den zahlreichen Ortsnamen mit -heim absieht – ab (was bereits in dem Sinne gedeutet werden könnte, daß diejenigen, die »Heimat« haben, weniger darüber reden). Auffallend ist die wohl schon im Althochdeutschen vorhandene Bedeutungskomponente »Besitz«; in süddeutschen Mundarten bezeichnet *Heimat* bis ins 20. Jahrhundert hinein das väterliche Erbe (Grundbesitz). Obwohl auch Luther *Heimat* in seiner Bibelübersetzung verwendete, nahm der Gebrauch des Wortes bis zur Mitte des 18. Jahrhunderts ab. Erst seit dieser Zeit setzt sich die Wortsippe *Heim* usw. von Süddeutschland aus auf breiter Ebene durch (so finden wir »Heimat« als Gegenbegriff zu »Fremde« z. B. in Schillers »Wilhelm Tell«). Motor für diese Entwicklung ist vor allem das, 1592 in der Schweiz erstmals belegte, Kompositum *Heimweh*, Bezeichnung für eine (modern ausgedrückt) psychosomatische Krankheit, die zunächst bei Schweizer Söldnern im Ausland diagnostiziert wurde; später stark propagiert durch Heinrich Jung-Stillings gleichnamiges Werk (1794–97).

Zusammenfassend läßt sich zur Wortgeschichte sagen: 1. *Heimat* hat von Anfang an eine individuelle und eine kollektive Bedeutungskomponente. 2. Die räumliche Begrenzung ist (übrigens analog zu *Vaterland*) lange unscharf gewesen; erst allmählich wurde *Heim* auf das Haus als den inneren Bereich von »Heimat« festgelegt und *Heimat* auf den um das Heim herum gelegenen Bezirk (der jedoch zu keiner Zeit exakt nach außen abgegrenzt wurde). 3. Ende des 18. Jahrhunderts wurde der Begriff »Heimat« von Pietisten, Klassikern und Romantikern aktualisiert und zugleich durch die Gegenüberstellung mit »Heimweh« emotional aufgeladen: der Verlust von »Heimat« im Sinne von fehlender Geborgenheit bewirkt die Krankheit »Heimweh«. Zugleich läßt sich auch religiöse Transzendierung belegen: *Heimat* in der Bedeutung »jenseitige Geborgenheit«.

Im Laufe des 19. Jahrhunderts kommen dann zwei wesentliche Bedeutungskomponenten hinzu: Die »spezifische landschaftliche Geprägtheit« von *Heimat*, herausgearbeitet von den Heimatschriftstellern, und der restaurative Akzent – Erhaltung bzw. Wiederherstellung der Heimat in ihrer »ursprünglichen« Gestalt –, für den nicht nur Schriftsteller verantwortlich zeichnen, sondern auch politische Gruppierungen. Besonders in der zweiten Hälfte des 19. Jahrhunderts wird der Wortgebrauch auch durch innerdeutsche Mobilität und durch Auswanderung beeinflußt: Die zumeist durch Not und seltener durch Abenteuerlust zum Verlassen ihrer Heimat Motivierten zeigen ebenso »Heimweh« wie die Schweizer Landsknechte und tragen wesentlich zur symbolischen Überhöhung des Begriffs »Heimat« bei. In den Weltkriegen und durch den Nationalsozialismus verstärkt die propagandistische Verwertung des Begriffs (Verteidigung der Heimat gegen Barbaren; Blut- und Boden-Ideologie) seinen emotionalen Gehalt. Gerade diese Einflüsse jedoch haben – zusammen mit wissenschaftlichen Bemühungen unterschiedlicher Provenienz – die Bedeutung von *Heimat* mit Widersprüchen angereichert, die bis heute nicht ausgeräumt werden konnten.

2. Seelisch-Irrationales

Es erscheint sinnvoll, einige mehr oder weniger wissenschaftliche Definitionen von »Heimat« und »Heimaterlebnis« aus unserem Jahrhundert kritisch zu analysieren. Beginnen wir mit Max Hildebert Boehm, der sich 1932 zu der Behauptung verstieg: »Heimat ist in Gefühl und Geist verwandelte Bodenständigkeit. Durch den Heimatsinn ist der Einzelne, die Familie, die Gruppe einem Stück Erde schicksalhaft verfallen und seelisch unter ihrer Gewalt«[5]. So lächerlich uns eine derart irrationale Aussage auch anmuten mag, wir müssen uns bewußt sein, daß sie ebenso wie Eduard Sprangers Phrase vom »tief Religiösen«, das im Heimaterlebnis »mitschwinge«, nämlich der »erlebten und erlebbaren Totalverbundenheit mit dem Boden«[6] oder, wie Paul Bommersheims kühne These: »Die Heimat ist im Endlichen, Weg in Richtung des Unendlichen«[7], das Dritte Reich zumindest in den Köpfen einiger »Heimatschützer« überlebt hat – wenn nicht im Hinblick auf die Dämonisierung eines bestimmten Stücks Erde, so doch darin, daß das Wesen der Beziehung zur Heimat im Seelisch-Religiösen gesehen wird: »Heimat ist kreatürliches Urgefühl, es kommt aus den Tiefen der Seele und läßt sich mit dem Verstande nicht erklären«[8]. So wird ein Reservat geschaffen, das sich rationaler Kritik gegenüber als standfest erweisen soll, sich aber gerade dadurch als Ideologem enthüllt.

3. Räumliche Dimension

Wenn wir uns im folgenden besser fundierten Begriffserklärungen zuwenden, so unterscheiden wir grob zwischen solchen, die das Phänomen in seiner Vieldeutigkeit darzustellen versuchen und solchen, die bestimmte Einschränkungen für notwendig halten. Einschränkungen wer-

---

5 Max Hildebert Boehm: Das eigenständige Volk. Volkstheoretische Grundlagen der Ethnopolitik und Geisteswissenschaften. Göttingen 1932, S. 100.
6 Eduard Spranger: Der Bildungswert der Heimatkunde, 3. Aufl., Stuttgart 1952 (= Reclams Universalbibliothek 7562), S. 5 u. 12.
7 Paul Bommersheim: Mensch und Heimat (= Philosophische und pädagogische Forschungen in der Heimat 2), Leipzig 1938, S. 46.
8 Herbert Röhrig: Der Heimatgedanke in unserer Zeit. In: Jahrbuch Deutscher Heimatbund, 1959, S. 27–37, hier S. 28.

den häufig in geographischer Hinsicht gemacht. Noch 1959 meint Köhler: »H(eimat) in einem ursprünglichen, nicht übertragenen Sinn ist überall dort, wo Menschen eine kleine, aber doch eine Lebensganzheit repräsentierende Welt jeder anderen vorziehen und jede andere Welt als mehr oder weniger feindliche ›Fremde‹ empfinden. Die Welt der H(eimat) ist notwendig klein, weil sie nur dann bis in den letzten Winkel in Gut und Bös erfahren werden kann und so sich zu jener völligen Vertrautheit öffnet, in der Menschen als Beheimatete sich geborgen wissen können. So begrenzt wie die subjektive Möglichkeit solcher umfassenden Erfahrung, so begrenzt ist objektiv die H(eimat) in ihrer physischen Ausdehnung«[9]. Der Schwarzwald z. B. könne als Ganzes nicht »Heimat« sein, sondern nur jeweils ein einzelnes Schwarzwald-Tal.

Die Willkür einer derartigen räumlichen Begrenzung läßt sich leicht beweisen: Auch innerhalb »seines« Tales wird ein Talbewohner nicht jeden Winkel und nicht jeden Mitbewohner gleich gut kennen, selbst innerhalb seines Ortes (»Die eigentliche Ortsgröße der Heimat ist das Dorf«[10]) nicht (feindliche Nachbarn verwehren ihm den Zutritt). Dafür kennt – wenn wir akzeptieren, daß sich die obige Definition offensichtlich nur auf vorindustrielle Verhältnisse bezieht – eine Bäuerin, die ihre Produkte zweimal wöchentlich zum Markt in die nächstgelegene Kleinstadt bringt, eben diesen Markt ganz gut, auch er kann ihr – in abgeschwächtem Maß – Heimat sein, denn auch dort herrschen relativ stabile soziale Beziehungen. Damit soll nur angedeutet sein, daß die Definition von Köhler selbst relativ statischen gesellschaftlichen Zuständen nicht ganz gerecht wird, erst recht nicht unserer Gegenwart: moderne Verkehrsverhältnisse und technisch vermittelte Kommunikation lassen die Winkel-Heimat obsolet erscheinen, was auch zugegeben wird: »Die Dynamik der Geschichte hat überall dort, wo sie voll zum Austrag kam, allmählich die H(eimat) aufgelöst«[11]. Da wir jedoch davon ausgehen, daß der Faktor »Heimat« – in modifizierter Form – noch heute menschliches Bewußtsein und Verhalten beeinflußt, müssen wir nach Definitionen suchen, die weniger rigide sind und auch die »Geborgenheit« differenzierter betrachten.

Immerhin konzediert Köhler, womit er dem Kern seiner Argumentation widerspricht, daß auch Großstädte wie Berlin »von einer so einheitlichen Atmosphäre geprägt und deshalb als bergende Ganzheit erlebbar sein« könnten, daß sie »in einem unmittelbaren Sinn« als Heimat fungierten[12]. Dies wurde nicht nur von faschistischen Heimatideologen heftig bestritten, sondern auch von Kurt Stavenhagen, der der Großstadt

---

9 Oskar Köhler: Heimat, in: Staatslexikon, Bd. 4, Freiburg 1959, Sp. 56–59, hier Sp. 56 f.
10 Ebd., Sp. 57.
11 Ebd., Sp. 58
12 Ebd., Sp. 57.

lediglich den Charakter einer »Unterkunftsstätte von Leuten«[13] zubilligte. Von »Leuten«, nicht von Menschen; denn wer keine Heimat hat, kann auch kein Mensch sein! Spranger ging zwar nicht ganz soweit, beklagte aber immerhin das »Elend des Großstädters«, der in den Heimatboden »nicht mehr tief einwurzeln« könne[14]. Dem haben am entschiedensten die Soziologen widersprochen, die sich mit heimatbezogenem Verhalten befaßten. René König weist nicht nur als Vorurteil zurück, »daß jenes besondere Umweltverhalten, das wir als Heimatbeziehung bezeichnen, unter dem Einfluß der zunehmenden Industrialisierung und Verstädterung im Verschwinden begriffen sei«, sondern er wendet sich auch gegen die Bindung dieses Phänomens an »kleine« Gemeinden: »Man könnte sogar sagen, daß die großen Städte, sofern sie sich jeweils als Kulturzentren darstellen, als solche unter Umständen mehr und intensivere heimatliche Bindungen erzeugen können als irgendeine Klein- oder Mittelstadt«[15]. Das kulturelle »Klima« ist für König also prägend, nicht die traditionelle Lebensgemeinschaft. Darauf könnte ihm die Gegenseite natürlich vorhalten, daß die so begründete Ortsbezogenheit eines Intellektuellen sich grundsätzlich von der ganzheitlichen Heimatfixierung eines Bauern der Goethezeit unterscheide.

König attackiert noch ein anderes Merkmal konservativer Definitionen: die Beschränkung von »Heimat« auf die Stätte der Geburt. Diese Beschränkung ist für manche Heimatideologen so selbstverständlich, daß sie sie gar nicht diskutieren. Andere werten sekundäre Heimatbezogenheit stark ab: »Den Kümmerformen der H[eimat] (Wahl-H., Not-H. u. ä.) fehlen Elemente des Idealtypus (Stammes-, Bodenverbundenheit, Ersterlebnisse, Entfaltungsmöglichkeit u. ä.)«[16]. Demgegenüber meint König, daß für Ziel und Stärke des Heimatgefühls die Dauer der Eingelebtheit an einen Ort ausschlaggebend sei; im Gegensatz zu anthropologisch orientierten Wissenschaftlern räumt er frühen Prägungserlebnissen keinen Vorrang ein: »Natürlich steht fest, daß sie [die emotionale Bindung] in der Kindheit und frühen Jugend außerordentlich stark ist. Es gibt aber auch Umstände, in denen der Mensch später noch starke emotionale Entwicklungsstöße empfängt und aus diesen in anderen örtlichen Verhältnissen als denen seiner Jugend ein neues Heimatgefühl entwickeln kann«[17]. König behauptet sogar, daß die neuen Bindungen »unter Umständen die älteren zum Verlöschen bringen können«. Letz-

13 Kurt Stavenhagen: Heimat als Lebenssinn. 2. veränd. Aufl., Göttingen 1948, S. 7.
14 Spranger (Anm. 6), S. 17 f.
15 René König: Der Begriff der Heimat in den fortgeschrittenen Industriegesellschaften, in: Jahrbuch des deutschen Heimatbundes 1959, S. 22–26, hier S. 22. Auch er zieht Berlin als Beispiel heran.
16 F. Scholz: Heimat, in: Lexikon für Theologie und Kirche, Bd. 5, Freiburg 1960, Sp. 169–171, hier Sp. 170.
17 König (Anm. 15), S. 26.

teres halten wir allerdings für eine Überspitzung. König referiert selbst die Beobachtung, daß Menschen, die nach langer Zeit aus ihrer zweiten in die erste Heimat zurückkehren, von letzterer enttäuscht seien; aber eben die verklärende Erinnerung, die Ursache des positiven Vorurteils war, dürfte in der Regel ein »Verlöschen« primärer Heimatbindungen verhindern. Denn diese gilt primär nicht einem objektiv vorhandenen Ort, sondern spezifischen Kindheits- und Jugenderlebnissen, die erfahrungsgemäß nur dann verdrängt werden, wenn sie negativ waren.

Im Hinblick auf die geographische Ausdehnung von Heimat erscheinen aus heutiger Sicht allein flexible Definitionen angemessen, wie z. B. die von Bausinger, Braun und Schwedt: Um die Wohnung als Zentrum gruppieren sich – gewissermaßen in Kreisen von wachsendem Durchmesser – das Haus, der nachbarliche Bezirk und die Siedlung als weitere räumliche Merkmale. Dem folgen größere regionale Einheiten wie »Bayern«, »Süddeutschland« und »Deutschland«, die weniger historisch-normativ als räumlich deskriptiv zu verstehen sind [18]. Die begriffliche Erweiterung auf den Bereich der Nation ist nicht unbestritten. Um noch einmal Köhler zu zitieren: »Nation ist Vaterland, ist männlich-geschichtliche Gründung, H(eimat) ist mütterlich, ist Lebensschoß« [19]. Während Köhler noch nicht einmal das Zusammengehörigkeitsbewußtsein der Bayern unter dem Vorzeichen »Heimat« akzeptieren will, macht Stepun eine interessante Unterscheidung zwischen »Heimat« und »Vaterland«: »Heimat« ist seinem Verständnis nach die Kulturnation, während er »Vaterland« dem Staat zuordnet [20]. Wir halten aber auch diese begriffliche Differenzierung für nicht sehr glücklich: Zum einen bietet gerade der Staat Schutz und normative Sicherheit, ganz analog zur geschlossenen Dorfgemeinschaft – wobei hinsichtlich der Effizienz des Schutzes ähnliche Vorbehalte zu machen sind. Zum anderen haben sich nun einmal, vor allem durch die Propaganda, die weitgehende Gleichsetzung von »Heimat« im weiteren Sinne und »Vaterland« bzw. die Ausdehnung des Heimatbegriffs auf die politische Nation bzw. einen bestimmten Staat (etwa Österreich) eingebürgert, wie auch die neueste deutschsprachige Enzyklopädie registriert: »Heimat – subjektiv von einzelnen Menschen oder kollektiv von Gruppen, Stämmen, Völkern, Nationen erlebte territoriale Einheit, zu der ein Gefühl besonders enger Verbundenheit besteht« [21].

---

18 Hermann Bausinger/Markus Braun/Herbert Schwedt: Neue Siedlungen. Volkskundlich-soziologische Untersuchungen des Ludwig-Uhland-Instituts Tübingen, Stuttgart 1959, S. 183 ff.
19 Köhler (Anm. 9), Sp. 57.
20 Fedor Stepun: Heimat und Fremde. Allgemeinsoziologisch. In: Kölner Zeitschrift für Soziologie, Jg. 3, 1950/51, S. 146–159, hier S. 150.
21 »Heimat«, in: Meyers enzyklopädisches Lexikon, Bd. 11, 1974, S. 629. Hier werden auch großstädtische und Zweitheimat begrifflich integriert.

Damit wollen wir nicht bestreiten, daß die emotionalen Bindungen an kleinere territoriale Einheiten und vor allem an den unmittelbaren Erlebnisbereich in aller Regel intensiver sind. Durch Kommunikationserfahrungen (z. B. Rezeption von Berichten über sportliche Erfolge von Nationalmannschaften, eigene Auslandsreisen) wird jedoch auch außerhalb der politischen Propaganda immer wieder der eigene Staat zum Objekt »heimatlicher« Emotionen. Das gilt selbst für diejenigen Bundesländer, die, wie etwa Nordrhein-Westfalen oder Hessen, erst seit kurzem in dieser Abgrenzung existieren: selbst hier haben u. a. regionaler Hörfunk und regionales Fernsehen, regionale und kommunale Schul- und Kulturpolitik (trotz aller Kritik der Betroffenen an einzelnen Maßnahmen) ein »Gefühl enger Verbundenheit« erzeugt. Endres mußte 1967 feststellen, daß Schüler der gymnasialen Oberstufe in erheblicher Anzahl sogar das westliche Europa als Heimat bezeichneten[22].

4. Soziale Dimension

Neben der räumlichen wird in viele Heimatdefinitionen auch die soziale Dimension einbezogen; dabei treten natürlich ideologische Elemente stärker hervor. Daß Heimat ein »zwischenmenschlicher Zusammenhang« ist[23], wird zumindest heute wohl nirgends bestritten: »Die Verspannung des Zwischenmenschlichen in seinen unübersehbaren Gruppierungen, Gebilden, Schichten, die Ich-Du-Sache-Beziehungen im Raum, die tausendfältige Verflechtung der Beziehungen, teils volkhafter, teils primitiver Art gehören . . . in den Grundbestand der Heimatmerkmale«[24]. Schon angesichts derart merkwürdiger Formulierungen – was verbirgt sich hinter »Beziehungen primitiver Art«? –, die sich nicht nur bei Wilhelm Brepohl finden, kommen wir nicht umhin, ganz genau hinzuschauen. Im Mittelpunkt dieser Beziehungen steht jedenfalls vielen Definitionen zufolge die Beziehung zur Mutter. Heimatgefühl sei »in seinem innersten Kern der Drang zur Mutter, den das kleine Kind ebenso empfindet wie das junge Tier«, meint Röhrig[25], und Moebus ergänzt, Heimat sei zunächst die »mütterliche Lebenslandschaft«, die dem

22 Rudolf Endres: Der Heimatbegriff der Jugend in der Gegenwart. Ergebnisse einer Umfrage an bayerischen Gymnasien. In: Geographische Rundschau 19, 1967, S. 25–33, hier S. 28. Vgl. Greverus (Anm. 3), S. 294 f.
23 Wilhelm Brepohl: Heimat, Heimatlosigkeit und Heimatfindung (= Wege und Ziele. Gedanken zur gesellschaftlichen Eingliederung der Vertriebenen [= Der Wegweiser. Schriftenreihe für das Vertriebenenwesen, Kulturheft 11]), Troisdorf 1952, S. 43.
24 Wilhelm Brepohl: Die Heimat als Beziehungsfeld. Entwurf einer soziologischen Theorie der Heimat. In: Soziale Welt, Jg. 4, 1952/53, S. 12–22, hier S. 14.
25 Röhrig (Anm. 8), S. 28.

Kind »in Gestalt des Gesprächs mit der Mutter« entgegentrete[26]. Es gibt Tendenzen, die primäre Sozialisation als Ganzes unter dem Begriff »Heimat« zu vereinnahmen. Für König beginnt Heimat demgegenüber erst oberhalb der Familie, umfaßt also nur die Beziehungen im Rahmen der Gemeinde[27]; mit dieser Auffassung scheint er allerdings alleinzustehen.

Mit zunehmendem Alter eines Kindes erweitern sich die Heimat-Beziehungen über die Mutter und die Familie hinaus. Darüber, wie das konkret aussieht, gibt es nur wenige stichhaltige Aussagen. Scholz rechnet Kindergarten und Schule, aber auch Betrieb und Partei zu den Institutionen, die »Heimat« sozial konstituieren[28]. Die reichhaltigste Bestimmung liefert, wenn auch offensichtlich nur auf die Dorfheimat bezogen, Wilhelm Brepohl: »Beziehungen zu den Nachbarn, die wichtig sind, nicht nur für die reale Aufrechterhaltung des Daseins, sondern auch für die menschlich gefühlsmäßige, ohne biologische Begründung mächtig zwingende Ausfüllung des Raumes, in dem sich die geordnete Hilfsbereitschaft als Verfassungsmerkmal der ländlichen Nachbarschaft verwirklicht. Andere Beziehungen bestehen im Raum zur Jugend wie zur älteren Generation, zu den Vertretern der Obrigkeit, angefangen beim Amtmann, Gemeindevorsteher oder beim Geistlichen; Beziehungen zu den Autoritäten überhaupt, deren Dasein nicht diskutiert wird, deren Wesen ein für allemal festliegt, mit dem man rechnet, auf das man Rücksicht nimmt, ja das man zu seiner eigenen persönlichen Verwirklichung überhaupt braucht ... Dieses unaufhebbare, nie ganz zu entwirrende Geflecht von Beziehungen füllt den Heimatraum aus; auch zwischen Armen und Reichen, zwischen Maßgebenden und Mitmachenden sind sie wie feste Verbindungen in den Raum gespannt. Sie sind nicht nur Merkmale des Sozialen, also der Beziehungen, sondern zugleich Eigenschaften des Menschen selbst«[29]. Dieses längere Zitat erscheint angebracht, weil hier in entlarvender Geschwätzigkeit das Personal des Heimatraums nicht nur aufgezählt, sondern gleich auch bewertet wird. Alle geschilderten Beziehungen, auch die zu den Autoritäten oder die zwischen Arm und Reich, sind für Brepohl etwas eindeutig Positives, weil unveränderliche »Eigenschaften des Menschen«[30]. Die große Mehrheit

26 Gerhard Moebus: Heimat und Heimatbewußtsein als psychologische Begriffe und Wirklichkeiten. In: Das Recht auf die Heimat. Zweite Fachtagung, hrsg. v. Kurt Rabl, Bd. 2, München 1954, S. 40–50, hier S. 41.

27 König (Anm. 15), S. 23.

28 Scholz (Anm. 16), Sp. 170.

29 Brepohl (Anm. 24), S. 14 f.

30 Man beachte, daß sich der axiomatische Charakter dieser Bewertung des sozialen Gefüges sogar in einem logischen Fehler dokumentiert: Das »sie« im letzten Satz des Zitats kann nur »Beziehungen« meinen, so daß schließlich herauskommt, »Beziehungen« seien »Merkmale der Beziehungen«.

der Menschen sei für ihre Persönlichkeitsbildung darauf angewiesen, etablierte soziale Normen im Heimatraum kennenzulernen und zu verinnerlichen. »Kein Zweifel darüber, daß der Mensch normaler, mittlerer und unterer Begabung allein und wesentlich durch diese zwischenmenschlichen Beziehungen leben kann«[31]. Lediglich Intellektuelle also dürfen es sich leisten, das vorgegebene Verhältnis zu Autoritäten oder das zwischen Arm und Reich in Frage zu stellen, oder gar zu verlassen.

Brepohl, dem unsere nachdrückliche Kritik gilt – obwohl er sich in einigen anderen Punkten durchaus Verdienste um eine vernünftige Auslegung des Heimatbegriffs erworben hat –[32], steht mit seiner Beschreibung und Bewertung der sozialen Dimension von Heimat keineswegs allein da. Noch 1969 wird Heimat in einem sehr verbreiteten soziologischen Wörterbuch als der Bereich definiert, zu dem der Mensch »jenseits nüchtern-sachlicher Beurteilung eine gemütsmäßig bestimmte, durch liebevolle Bande bewährte innere Beziehung hat« wo »heimatliche Gemeinsamkeiten . . . auch die Brücke zwischen reich und arm, zwischen hoch und niedrig schlagen«[33]. 1965 ließ ein hauptsächlich aus Theologen beider Konfessionen, aber auch aus Soziologen, Psychologen und Juristen bestehender Arbeitskreis »Vorläufige Leitsätze zur Frage des ›Rechts auf die Heimat‹ « publizieren, denen die folgende Definition von Heimat zugrundegelegt wurde: » ›Heimat‹ bedeutet . . . einen gebietsmäßig bestimmten, dem Menschen überschaubaren und ihm bekannten, ihn bergenden Bereich innerhalb einer übergreifenden staatlichen, nationalen, religiösen oder sprachlichen Gemeinschaft. Innerhalb dieses Bereichs werden das Kind und der Jugendliche der elterlichen Liebe und Erziehung oder vergleichbarer Erlebniseindrücke teilhaftig. Der erwachsene Mensch hat innerhalb eines solchen Bereichs seinen Arbeitsplatz inne und steht zu seinen Mitmenschen in Beziehungen, die hinsichtlich der täglichen Lebensgestaltung von gemeinsamen Wertmaßstäben und Gewohnheiten und ferner von gegenseitiger Zuneigung, Wertschätzung und Hilfsbereitschaft beeinflußt werden«[34]. Diese Definition erscheint weniger wegen des darin aufgeführten Personals der Heimat fragwürdig (immerhin fehlen wichtige Bezugsgruppen, z. B. Spielgefährten, Vereine), als vielmehr wegen der Einschätzung der angesprochenen sozialen Beziehungen: in der Heimat wird den Kindern

31 Brepohl (Anm. 24), S. 15.
32 Auf ihn kann man sich z. B. für die Dynamisierung des Heimatbegriffs berufen, auf die wir noch eingehen werden.
33 Fr. Bülow: Heimat. In: Wörterbuch der Soziologie, hrsg. v. Wilhelm Bernsdorf. 2. Aufl. Stuttgart 1969, S. 415 f.
34 Vorläufige Leitsätze zur Frage des »Rechts auf die Heimat«. In: Das Recht auf die Heimat, hrsg. v. Kurt Rabl. Sammel- und Ergänzungsband, München 1965, S. 243–254, hier S. 245.

auf jeden Fall elterliche Liebe zuteil, und die Beziehungen zu den »Mitmenschen« werden durchweg von ähnlich edlen Regungen beherrscht; Kindesmißhandlung, Konkurrenzkampf und Ausbeutung haben in dieser heilen Welt keinen Platz. Auf diese Weise wird Heimat zu einem Wert hochstilisiert, dessen unfreiwilliger Verlust dann nach Wolfgang Kretschmer geradezu zu »Persönlichkeitsvereinsamung« oder gar zu Verwahrlosung oder Selbstmord führt [35].

5. Naturkomponente

Neben dem geographischen Raum und den sozialen Gegebenheiten ist in zahlreichen Definitionen die Landschaft ein wesentliches Merkmal von »Heimat«. Für Kretschmer z. B. enthält der Heimatbegriff neben dem »biologisch-mythologischen Bereich der Familie« und dem »völkisch-gesellschaftlichen Lebensraum« noch eine dritte Bewußtseinsschicht, die er als »Gesamt-Erlebnisraum« bezeichnet; in diesen Erlebnisraum gehöre u. a. »für einen Wolgadeutschen das Erlebnis der westasiatischen Steppe« [36]. Brepohl hat bereits 1929 darauf hingewiesen, daß zur »Heimat« nicht die objektiv vorhandene, sondern die subjektiv erlebte Natur gehöre, bis zu erlebten besonderen Wetterphänomenen [37]. Neben der Landschaft in der konkreten Umwelt spielen jedoch merkwürdigerweise für das Heimatgefühl häufig auch räumlich entfernte Speziallandschaften eine Rolle. Auf agrar-romantische Akzente des Heimatbegriffs ist bereits eingegangen worden: sie schlagen sich noch heute in Ölgemälden und Lesebucherzählungen nieder. Auch der (deutsche!) Wald erfährt nicht nur als Symbol für Natur, sondern auch als Symbol für Heimat Bevorzugung. In seiner Erzählung »Daheim« charakterisiert Gerhard Amanshauser einen heimatverbundenen Rechtsanwalt so: »Da kommt N. um die Ecke: Grüne Rockaufschläge und Hirschhornknöpfe deuten auf die Wälder hin, wo sein Gemüt zu jagen pflegt« [38]. Bevorzugte Heimatkulisse ist für den Deutschen jedoch offensichtlich das (Hoch-)Gebirge. Der österreichische Schriftsteller Rudolf Bayr bemerkt: »Obwohl Heimat sehr nahe ist und beiderseits einer Tramway oder in vier Vierteln, ist der Blick in der Heimat fast immer in

35 Wolfgang Kretschmer: Heimatverlust und Heimatlosigkeit als Ursachen psychischer Störungen. In: Das Recht auf die Heimat. Zweite Fachtagung, hrsg. v. Kurt Rabl, Bd. 3, München 1959, S. 56–57, hier S. 59.
36 Ebd., S. 57.
37 Wilhelm Brepohl: Sinn und Aufgabe der Heimatkunde. In: Volkstum und Heimat, hrsg. v. Westfälischen Heimatbund, Münster 1929, S. 67–75. Vgl. auch Brepohl (Anm. 24), S. 16.
38 Gerhard Amanshauser: Daheim. In: Daheim ist daheim. Neue Heimatgeschichten, hrsg. v. Alois Brandstetter (= dtv 1127), München 1976, S. 16.

die Weite gerichtet, wenn dafür geeignete Gebirge vorhanden sind«[39]. Und Martin Walser meint ironisch: »Heimat scheint es vor allem in Süddeutschland zu geben«[40]. Hermann Bausinger trägt viele Belege dafür zusammen, »daß das Gefühl des Heimatlichen sich ... gar nicht in erster Linie an Realitäten orientiert, daß es sich vielmehr mit vorgeprägten, klischierten Inhalten befriedigt«[41]. Die Gebirgswelt werde für die Symbolisierung dieses »allgemeinen Heimatgefühls« aus verschiedenen Gründen bevorzugt; dazu gehören der früh konstatierbare tirolische Folklorismusexport (Tirolerlieder) ebenso wie die Kulissen, die der Heimatfilm bevorzugt liefert. Aus der Tatsache, daß neben der konkreten Heimatlandschaft vielfach pittoreske Kulissen und Requisiten das Heimatbewußtsein prägen – Bausinger spricht sogar von »Binnenexotik«[42] – kann man nur folgern, daß dieses Heimatbewußtsein sich nicht nur gleichsam zwangsläufig im Umgang mit der eigenen Heimat herausbildet, sondern – ganz analog zum Naturgefühl – zumindest teilweise durch Massenmedien oder durch Vereine mit entsprechender Zielsetzung (Gebirgs-, Trachtenvereine) vermittelt wird. Die Gebirgskulissen, von denen die Rede war, sind selbstverständlich »jungfräulich«, frei von Hotelsilos, Würstchenbuden und Skilifts. Errungenschaften der »Zivilisation« passen nicht in heimatliche Naturlandschaft.

6. Kulturelle Requisiten

Anders verhält es sich mit »Kultur«, speziell mit »Volkskultur«. Gewissen kulturellen Objektivationen kommt sogar ein besonders hoher Stellenwert im Begriffsfeld »Heimat« zu. René König betont den spezifisch symbolischen Charakter der Heimatbeziehung; ein bestimmtes heimatliches Requisit fungiere oft als Auslöser für heimatbezogene Emotionen: »Das kann etwa gelten für das Geburts- oder das Elternhaus. Das gilt auch für hervorragende Bauwerke, wie etwa der Kölner Dom zum Symbol einer ganzen Stadt werden konnte. Die Identifikation mit einer solchen Gemeinde läuft dann in Form einer Symbol-Identifikation über diesen Teil des Ganzen«[43]. Das »Vaterhaus« als Bezugspunkt individueller und der Kirchturm als Bezugspunkt kollektiven Heimatbewußtseins werden häufig hervorgehoben[44]. Was die Kirchtürme und ähnliche

39 Rudolf Bayr: Heimatgeschichten. In: Daheim ist daheim (Anm. 38), S. 18.
40 Martin Walser: Heimatkunde. In: ders.: Heimatkunde. Aufsätze und Reden (= edition suhrkamp 269), Frankfurt 1968, S. 40–50, hier S. 40.
41 Hermann Bausinger: Volkskultur in der technischen Welt. Stuttgart 1961, S. 90.
42 Ebd., S. 93.
43 König (Anm. 15), S. 24.
44 Zum Vaterhaus vgl. Moebus (Anm. 26), S. 42: »Ich glaube, daß es kein Zufall ist, daß dort, wo – in einem sehr gefühlsbetont-tiefen Sinn – von ›Heimat‹ die Rede ist, sofort der Begriff ›Vaterland‹ auftaucht.«

Heimat-Wahrzeichen betrifft: auch hier darf man nicht vergessen, daß der Symbolwert eines bestimmten Gebäudes in der Regel nicht nur durch stillschweigende Übereinkunft der Bürger, sondern durch vielfältige Abbildung und zunehmend auch durch gezielte kommunale Public Relations zustandekommt. Im Dritten Reich gab es Bestrebungen, im Zuge des Germanenkults »alte Thingplätze«, Fluchtburgen usw. zu zentralen Heimatsymbolen zu erheben[45]. Produktionsstätten haben in der heimatlichen Kulturlandschaft den Definitionen zufolge nur selten Symbolwert; lediglich Brepohl läßt sie für den »Industriemenschen« gelten: »Der Industriemensch lebt in einer Heimat, in der Schornsteine und Hütten etwas ›bedeuten‹; er leidet, wenn sie aus seinem Gesichtskreis verschwinden. Und die Freude des Wiedersehens ist dem Heimkehrenden so eigen wie dem Landmann, der seinen Kirchturm wiedersieht«[46].

Angesichts der für nahezu jede Heimat angepriesenen Wahrzeichen mit hohem Symbolwert (zu denen auch Fahnen und Wappen gehören) wird – wenn wir vom Wohnhaus absehen – meist nicht erkannt, daß mehr oder weniger stark alle Gegenstände im unmittelbaren Erlebnisbereich das Bewußtsein prägen. König formuliert das so: »Wir binden uns nicht emotional an Begriff und Namen; vielmehr sind wir gebunden an bestimmte Bilder, Gebäudeformen, Straßenzüge, Plätze, Farben, Lichter und überhaupt an den Reichtum der optisch greifbaren Außenwelt in allen ihren Gestalten. So gewinnt die Anschaulichkeit des Lebens in der heimatlichen Gemeindebindung ein kaum wieder erreichbares Maximum an Eindringlichkeit«[47].

Ganz im Gegensatz zu König behauptet Heiner Treinen unter Berufung auf Pareto: »Nicht die Örtlichkeit einer Gemeinde, sondern der ihr zugeschriebene Name löst die Gefühlszusammenhänge aus. Das in Frage kommende Aggregat besteht nicht aus einer Verknüpfung von physischem Objekt mit Gefühlen bestimmter Art, sondern aus einem Terminus, der mit Handlungen und Gefühlen eine komplexe Einheit bildet«[48].

Pareto und Treinen irren hier unserer Ansicht nach: Sicherlich ist der Name eines Ortes für das Heimatbewußtsein wichtig, ebenso aber auch konkrete gegenständliche Merkmale. Letztere können das Gefühl heimatlicher Vertrautheit genauso auslösen wie die bloße Nennung von Orts-, Gebäude- oder Straßennamen; die Fotografie des Kirchturms kann ebenso als Symbol fungieren wie die Melodie eines Heimatliedes oder der Geschmack einer Speise (wer denkt bei letzterem nicht an Proust?).

45 Vgl. Jörg Haug: Heimatkunde und Volkskunde (= Volksleben 22), Tübingen 1968, S. 17.
46 Brepohl (Anm. 24), S. 22.
47 König (Anm. 15), S. 24.
48 Treinen (Anm. 1), S. 78. Vgl. Vilfredo Pareto: Traité de Sociologie Générale (= Oeuvres Complètes, Tome 12), Genf 1968, § 1041, 1042.

Das Stichwort »Heimatlied« verweist auf die nicht-gegenständliche soziokulturelle Tradition als Element von »Heimat«. Zu dieser Tradition gehören nach Stavenhagen Sprache, Sittlichkeit, Brauchtum und »ästhetische Erzeugnisse«[49]; von anderen werden Volkserzählung und Volkslied als wesentliche Elemente angeführt. Julius Schwietering meinte sogar, daß die »Schauplätze« der Sagen einer Dorfgemeinschaft das wesentliche Merkmal von »Heimat« seien[50]. Allgemein wird der heimatlichen Sprache grundlegende Bedeutung zuerkannt: »In das Phänomen ›Heimat‹ mit seiner Vielschichtigkeit ist . . . der Raum des in der Sprache geordneten, bestimmten und gesammelten Erlebens mit eingeordnet«[51]. Schon der »Sprachlaut der Heimat« vermittle Menschen gleicher Herkunft, die in der Fremde unvermittelt aufeinanderträfen, »so etwas wie eine freudige Begegnung«[52]. Einige Definitionen zielen dabei auf die »Muttersprache«, andere speziell auf die heimatliche Mundart: »Heimatliche Sprache ist immer Dialekt«[53]. Letztere Definition erscheint uns wiederum zu restriktiv: auch städtisch oder regional geprägte Umgangssprache kann zweifellos Heimat-Assoziationen hervorrufen. Ein weiterer Bestandteil des Begriffsfeldes »Heimat« ist heimatspezifisches Geschichtsbewußtsein: »Geschichtliche Vertiefung ergänzt das H(eimat)erlebnis in vertikaler Richtung«[54]. Etwas überspitzt könnte man sogar behaupten, daß heimatbezogene Historie in manchen Fällen erst Heimatbewußtsein ermöglicht. Der Schriftsteller Jürgen Becker bemerkt im Zusammenhang mit einer eintönigen Stadtlandschaft: »vergegenwärtigen wir doch . . . nur das bißchen Lokalgeschichte, und die Gegend wird schon farbiger«[55]. Becker fragt auch nach den Urhebern bzw. Verbreitern der zahllosen Heimatanekdoten, »dieses lokalhistorischen Tratsches, der uns so rührt und sehnsüchtig macht nach den stillen alten Tagen in der nie mehr erreichbaren Zeit«[56]. Er weist auf die Vermittlungsfunktion heimatbegeisterter Lehrer hin, die eine Überschätzung und Verklärung heimatlicher Begebenheiten – und damit der Heimat – bewirken: »Da verströmt man sich in heimatlichen Emotionen, und dröhnend wird schon die Liebe zum heiligen Vaterlande gefordert; da verzaubern einen hintersinnige Geschichten, und das Licht der Refle-

49 Stavenhagen (Anm. 13), S. 53.
50 Julius Schwietering: Die sozialpolitische Aufgabe der deutschen Volkskunde. In: Oberdeutsche Zeitschrift für Volkskunde. Jg. 7, 1933, S. 3–11, hier S. 10: »Die Heimat einer Dorfgemeinschaft reicht so weit, als die Schauplätze ihrer Sagen reichen.«
51 Brepohl (Anm. 24), S. 19.
52 Moebus (Anm. 26), S. 42.
53 Köhler (Anm. 9), Sp. 57.
54 Scholz (Anm. 16), Sp. 170.
55 Jürgen Becker: Heimatkunde. In: Daheim ist daheim (Anm. 38), S. 20.
56 Ebd., S. 22.

xion wird ausgeblasen«[57]. Sicher gibt es neben derartiger Heimatforschung, »der es oft an Kritik fehlt, ihre eigene Begrenztheit zu erkennen«, wie selbst Heimatfunktionäre zugeben[58], auch zahlreiche methodisch saubere lokalhistorische Arbeiten, die der Heimatideologie durch Schilderung historischer Realität sogar abträglich sind. Das lokale Geschichtsbewußtsein wird indes in der Regel eher von den Anekdotenverbreitern geprägt, die auch über das Medium der lokalen Presse verfügen. Während der russische Emigrant Stepun der politischen Geschichte im Gegensatz zur kulturellen keine Bedeutung für das Heimatgefühl zuerkennt (»Der Kaukasus gehört zu meiner Heimat nicht darum, weil er durch das russische Schwert erobert . . . worden ist, sondern weil ihn Puschkin und Lermontow besungen haben«[59]), wird von vielen deutschen Heimatverteidigern gerade das historisch-politische Argument für die Begründung des Rechts auf die (alte) Heimat herangezogen: »Einer der heiligsten Werte, die der Mensch auf dieser Erde hat, ist die Heimat. Bei jedem Volk hängt die ungeheure Mehrheit an dem Boden, den ihre Vorfahren gepflügt und gegen Angreifer verteidigt haben«[60]. Das Verb »verteidigen« in diesem Zusammenhang ist übrigens symptomatisch; durch Verdrängung anderer ist anscheinend nie »Heimat« geschaffen worden!

Damit haben wir eine Reihe von Heimatdefinitionen vor allem im Hinblick auf die darin enthaltenen »äußeren« Merkmale gesichtet: die Erstreckung von Heimat im Raum, das dazugehörige Personal, Heimat als Natur- und Kulturlandschaft mit »typischen Requisiten« und schließlich die Ausprägungen in Sprache, Sitte und Brauch, im literarischen Bereich und in der Geschichte. Wir konnten feststellen, daß schon bei der Festlegung dieser äußeren Merkmale eine große Zahl von Irrationalismen und Verfälschungen auftreten, zum Teil in deutlicher Abhängigkeit von den jeweils dominierenden politischen Zielsetzungen (z. B. im Faschismus). Der ideologische Charakter des Heimatbegriffs ist in seinen »inneren« Merkmalen weitaus intensiver, in den meisten Definitionen jedenfalls. Allerdings stoßen wir in diesem Bereich auf das Problem, daß statt präziser Bestimmungen häufig »schwammige« Metaphern angeboten werden.

57 Ebd., S. 26.
58 Röhrig (Anm. 8), S. 35.
59 Stepun (Anm. 20), S. 149.
60 Rudolf Laun: Das Recht auf die Heimat. In: Das Recht auf die Heimat. Zweite Fachtagung, hrsg. v. Kurt Rabl, Bd. 2, München 1959, S. 95–118, hier S. 95.

7. Geborgenheit im vertrauten Ganzen

Die meistverwendete dieser Metaphern ist »Geborgenheit« oder »Geborgensein«, »bergende Kräfte«, usw. Sogar in neueren Nachschlagewerken wird auf dieses Merkmal nicht verzichtet: Laut »Lexikon für Theologie und Kirche« darf Heimat als »das urtümlich bergende u. tragende Stück Welt empfunden« werden [61], und im Brockhaus steht noch 1963: »Besonders im Deutschen begreift das Wort eine Gemütsbindung ein, das Daheim-Geborgensein« [62]. Selbst René König reklamiert familiäre »Geborgenheit« – in abgeschwächter Intensität – für das Verhältnis des Menschen zu seiner Wohngemeinde [63]. Der bedeutungsmäßig verwandten Wortsippe »Schutz« »schützen« begegnet man bezeichnenderweise im Zusammenhang mit Heimat weitaus seltener; sie ist wohl zu nüchtern. Entscheidend ist jedoch nicht die schon aus der Wortwahl ablesbare affektive Qualität des Merkmals »Schutzfunktion«, sondern seine Absolutsetzung: in keiner Definition erscheinen die Parias, für die der Schutz nicht oder nur vermindert gilt; Fremde gibt es nur außerhalb der Heimat oder in Gestalt unerwünschter Eindringlinge.

Als weitere emotionale Merkmale für Heimat erscheinen »Vertrautheit« bzw. »Vertrautsein« und »Liebe«. Gemeint ist in diesem Zusammenhang nicht die Liebe, die man der Heimat entgegenbringt, sondern diejenige, die man dort erfährt. Wir haben oben bereits Köhler mit seiner These von »jener völligen Vertrautheit . . . in der Menschen als Beheimatete sich geborgen wissen können« [64] zitiert. Moebus spricht von »urtümlichem Vertrautsein« [65], Richard Weiß von »innigstem Vertrautsein« [66]. Gerade die Attribute enthüllen die irrationale Komponente dieses Merkmals. Wenn dagegen Brepohl von »großer Vertrautheit« spricht, die durch Anhäufung von Kenntnissen und Erfahrungen bei den Bewohnern einer Region entstehe [67], so können wir das als Umschreibung von erworbener hochgradiger Verhaltenssicherheit gegenüber der unmittelbaren Umwelt durchaus akzeptieren. Die Klassifizierung sozialer Beziehungen im Heimatbereich als »Liebe« haben wir oben [68] bereits behandelt. Nachzutragen bleiben nur noch die Formeln

---

61 Scholz (Anm. 16), Sp. 169.
62 Heimat. In: Brockhaus Enzyklopädie, Bd. 8, 1963, S. 316.
63 König (Anm. 15), S. 25.
64 Vgl. Zitat zu Anm. 9.
65 Moebus (Anm. 26), S. 42.
66 Richard Weiß: Heimat und Humanität. In: Heimat und Humanität, Festschrift für Karl Meuli zum 60. Geburtstag. Basel 1951. S. 1–10, hier S. 8. Vgl. auch die Formel »Heimat als der Inbegriff . . . von allem, was ›heimelig‹ und vertraut ist«, in: Richard Weiß: Volkskunde der Schweiz. Grundriß. Erlenbach-Zürich 1946, S. 333.
67 Brepohl (Anm. 24), S. 22.
68 Im Abschnitt »Soziale Dimension«.

von Stepun, bei dem »Heimat . . . aus der gegenseitigen Liebe ihrer Mitglieder, vielleicht richtiger ihrer Gliedmaßen lebt« [69] und von Stavenhagen, der Heimat als »Summe und Inbegriff aller Herzensbeziehungen« bewertet [70].

Ein anderer für Heimatdefinitionen typischer Begriff ist »Ganzheit«. Köhler spricht von »einer kleinen, aber doch eine Lebensganzheit repräsentierenden Welt«, die von ihren Bewohnern »jeder anderen vorgezogen« werde [71]. Kretschmer redet vom »vollmenschlichen Lebensraum . . . in welchem dem Menschen nichts fehlt« [72]. Das halten wir – mit Verlaub gesagt – für äußerst dumm. Was wissen diejenigen, die solche Definitionen von sich geben, von den Bedürfnissen der Menschen, die etwa ihr ganzes Leben an ein und demselben Ort verbringen? Spukt in ihren Köpfen vielleicht noch die Vorstellung vom ach-so-glücklichen Wilden? Wir meinen, daß die Überschreitung der heimatlichen Grenzen und das Bekanntwerden mit anderen Lebensformen für den Menschen wesentlich ist, daß dem fest in eine Heimat Integrierten vieles »fehlt«, vor allem Freiheit.

Nicht weit von »Ganzheit« entfernt ist das Heimatmerkmal »statischer Charakter«, das in vielen Definitionen implizit oder explizit bewundert wird. Schon die vielzitierten »Wurzeln« des beheimateten Menschen deuten darauf hin; auch bei Brepohl mußten wir eine durchweg positive Einschätzung der »festen« sozialen Verbindungen im Heimatraum konstatieren. Zu einem solchen Gesellschaftsbild paßt das Urteil von Martin Walser: »Heimat, das ist sicher der schönste Name für Zurückgebliebenheit« [73].

Gerade Brepohl, der sich viel mit Wanderungsproblemen beschäftigte [74], hat jedoch später, vor allem in seiner letzten Arbeit zum Heimatbegriff, für den modernen, durch verschiedene Umstände zum Ortswechsel veranlaßten Menschen eine neue, dynamische Form der Heimat konzipiert: »Weil . . . der Mensch von Natur aus Heimat hat und haben muß, baut er sie in seinem Bewußtsein und durch sein Verhalten immer wieder von neuem auf – er muß das tun, wohin immer er gelangt« [75]. Daraus er-

69 Stepun (Anm. 20), S. 148.
70 Stavenhagen (Anm. 13), S. 92.
71 Köhler (Anm. 9), Sp. 56.
72 Kretschmer (Anm. 35), S. 56.
73 Walser (Anm. 40), S. 40.
74 Vgl. Wilhelm Brepohl: Industrievolk im Wandel von der agrarischen zur industriellen Daseinsform, dargestellt am Ruhrgebiet (= Soziale Forschung und Praxis, hsrg. v. der Sozialforschungsstelle an der Universität Münster, Dortmund, Bd. 18), Tübingen 1957.
75 Wilhelm Brepohl: Heimat und Heimatgesinnung als soziologische Begriffe und Wirklichkeiten. In: Das Recht auf Heimat, hrsg. v. Kurt Rabl. München 1959 (= Studien und Gespräche über Heimat und Heimatrecht 2), S. 13–27; auch in: Das Recht auf Heimat, Ergänzungsband, 1965, S. 42–58, hier S. 54.

gebe sich die Konsequenz: »›Heimat‹ ist also heute kein Zustand mehr, sondern ein Vorgang, ein Prozeß: eben jene kontinuierliche Akkomodation der einzelnen an die sich ständig wandelnde Umwelt, die, wenn sie sich erschütterungslos und frei von äußeren Zugriffen und Katastrophen zu vollziehen vermag, schließlich dennoch zur gesellschaftlichen Stabilität der Volkskörper führt – nur ist es keine Stabilität in der Statik mehr wie früher, sondern eine dynamische Stabilität«[76]. Schon am »dennoch« ist abzulesen, daß diese moderne Spielart von Heimat nicht Brepohls erste Wahl darstellt, aber immerhin bezieht er hier eine wirklichkeitsoffene Position[77]. Wir müssen allerdings noch die Einschränkung erläutern, die Brepohl hinsichtlich des individuellen Anpassungsvermögens für nötig hält: eine positive, auf eine neue Heimat bezogene Emotionalität kann sich seiner Ansicht nach nur bei denjenigen bilden, die »aus eigenem freiem Entschluß« die Heimat wechseln, nicht bei Vertriebenen: »Der Mensch, der gewaltsam aus seiner Heimat vertrieben wird, gerät nicht in einen Prozeß, wie ich ihn für die Auswanderer beschrieben habe, sondern er wird schlagartig alles dessen beraubt, auf das er sich bei der Gestaltung seiner zwischenmenschlichen Beziehungen bisher berufen . . . konnte: nicht nur die überlieferten Tabus und Kulturwerte stürzen zusammen, sondern auch sein ganzes, auf ihre Beobachtung gestütztes Selbstgefühl . . .«[78]. Ein solcher Milieuverlust könne vom Menschen »normalerweise« – eine Ausnahme seien Intellektuelle – höchstens einmal im Leben »einigermaßen« und »keinesfalls ohne nachteilige Folgen für seine Einstellung zur Umwelt« verkraftet werden[79].

Wir bemerken hier immer noch eine Überschätzung des heimatlichen Normengefüges: erstens bestimmt es nie allein die sozialen Beziehungen – schließlich gibt es z. B. überregional gültige rechtliche und religiöse Normen; auch Moden dringen immer wieder in den Heimatbezirk ein –, zweitens findet der Emigrant am neuen Wohnort häufig vergleichbare Normen vor, an die er sich anpassen kann, und drittens bringt er in die neue Heimat eventuell Verhaltensformen und Fertigkeiten mit, die ihm dort schnell Prestige und damit ein neues »Heimatgefühl« verschaffen. Wir stimmen René König zu, wenn er vom Umsiedler, ungeachtet der Ursache für den Ortswechsel, sagt: »Der Mensch ist dann umgeformt, durch neue Bindungen, die sowohl weiterer Natur sein als auch den Charakter einer neuen Heimat gewinnen können, ohne daß darum in diesen neuen Bindungen die symbolischen und effektiven Identifikationen schwächer sein müssen«[80]. Ina-Maria Greverus, die sich bisher wohl am intensivsten mit dem Phänomen der Nostalgie im Sinne von »Heimweh«

---

76 Ebd. Vgl. auch Brepohl (Anm. 24), S. 15 f.
77 Vgl. dazu das Unterkapitel über Heimat und Heimatbegriff der DDR.
78 Brepohl (Anm. 75), S. 55.
79 Ebd., S. 58.
80 König (Anm. 15), S. 26.

beschäftigt hat, stellte bei einer diesem Gegenstand geltenden Befragung von Flüchtlingen und Gastarbeitern fest, daß die Stärke des Heimwehs vor allem von der materiellen Existenz in der neuen Umgebung abhängt; das Vorhandensein einer sicheren neuen Existenz schwäche das Heimweh deutlich ab, bis hin zum völligen Verschwinden [81]. Damit sind wir beim Merkmalspaar »gesund«/»krank«, das durch die Heimatdefinitionen geistert, sich aber auch in literarischen Manifestationen des Themas »Heimat« häufig nachweisen läßt [82]. Natürlich ist hierbei vor allem die psychische Gesundheit der in einer Heimat Befindlichen gemeint [83], die bereits dem Kind von den Eltern und anderen Autoritäten in Gestalt eines der Orientierung dienenden Regelgefüges vermittelt werde; deshalb könne »Heimathaben« für »das Sichbewähren des Menschen im Leben gar nicht überschätzt werden« [84]. Dieses Gesundheit garantierende Korsett wird offenbar beim Kontakt mit der Fremde beschädigt; Moebus beklagt die »ungesunde soziale Mobilität« [85]. Eine entlarvende Bemerkung zu dieser Bedeutungskomponente von »Heimat« begegnet uns in dem 1959 von Herbert Röhrig gehaltenen Vortrag »Der Heimatgedanke in unserer Zeit«. Röhrig spricht von der Bedrohung allen Lebens durch die Atombombe und fährt fort: »Für die seelische Gesundheit des Menschen scheint mir aber manchmal die hoffnungslose Ausweitung des Wissens auch eine wirkliche Bedrohung zu bedeuten« [86]. Wissen muß in der Tat diese Art von Heimat zerstören, denn es hebt Beschränkungen auf und zerreißt den mythischen Schleier; die Zauberformeln »schicksalhafte Wirklichkeit« [87], »geheimnisvolle Einung mit dem Boden« [88] oder »etwas Heiliges« [89] verlieren jäh ihre Gültigkeit.

81 Ina-Maria Greverus: Heimat und Tradition. In: Schweizerisches Archiv für Volkskunde, Bd. 61, 1965, S. 1–31; vgl. dazu auch Greverus (Anm. 3), S. 262: Die Funktionäre der Heimatvertriebenen konnten dieses Anpassungsverhalten der Mehrheit der von ihnen Betreuten nicht akzeptieren. Dabei hätten ihnen die Phänomene zu denken geben müssen, die im Zusammenhang mit freiwilliger Auswanderung z. B. nach Amerika schon lange zu beobachten sind: wirtschaftlicher Erfolg und ein Mindestmaß an sozialer Integration schaffen eine gleichwertige neue »Geborgenheit«.
82 Mit dem gerade in dieser Hinsicht spektakulären Fall Ganghofer befassen wir uns in Kapitel III.
83 Obwohl Kretschmer auch von »hysterischen Körperstörungen« in Zusammenhang mit unfreiwilligem Heimatverlust spricht: vgl. Kretschmer (Anm. 35), S. 66.
84 Moebus (Anm. 26), S. 44.
85 Ebd., S. 49.
86 Röhrig (Anm. 8), S. 37.
87 Köhler (Anm. 9), Sp. 57:»H. aber ist eine schicksalhafte Wirklichkeit, Geschichte eigener Art, in der die Chronologie beiläufig ist.«
88 Scholz (Anm. 16), Sp. 169.
89 Moebus (Anm. 26), S. 43; er beruft sich dafür auf Vergil.

8. Gemeinschaft

Obwohl wir noch weitere in Definitionen eingebettete Einzelmerkmale heimatlicher Psyche herausoperieren könnten [90], wollen wir uns jetzt einer Charakterisierung zuwenden, welche die inneren Werte von »Heimat« – und die dort herrschenden Beziehungen – zusammenzufassen sucht. Richard Weiß und Fedor Stepun übersetzen »Heimat« mit »Gemeinschaft«, Stepun unter ausdrücklicher Berufung auf Ferdinand Tönnies [91]. Tönnies führte bereits 1887 das Begriffspaar »Gemeinschaft« und »Gesellschaft« in die Soziologie ein: »Die Theorie der Gemeinschaft geht . . . von der vollkommenen Einheit menschlicher Willen als einem ursprünglichen oder natürlichen Zustande aus, welcher trotz der empirischen Trennung und durch dieselbe hindurch, sich erhalte . . . Die allgemeine Wurzel dieser Verhältnisse ist der Zusammenhang des vegetativen Lebens durch die Geburt; die Tatsache, daß menschliche Willen, insofern als jeder einer leiblichen Konstitution entspricht, durch Abstammung und Geschlecht miteinander verbunden sind und bleiben, oder notwendigerweise werden« [92]. Tönnies faßt unter »Gemeinschaft« Familie, Nachbarschaft und Kommunen, nicht jedoch den Staat, der eher durch das Modell der »Gesellschaft« erklärt werden könne: »Die Theorie der Gesellschaft konstruiert einen Kreis von Menschen, welche . . . auf friedliche Art nebeneinander leben und wohnen, aber nicht wesentlich verbunden, sondern wesentlich getrennt sind . . . hier ist ein jeder für sich allein, und im Zustande der Spannung gegen alle übrigen« [93]. Die Gleichsetzung von »Heimat« mit einer derart – auch aus ihrem Gegenteil – bestimmten »Gemeinschaft« erscheint einleuchtend, jedoch nicht ausreichend. Der Begriff der Gemeinschaft zielt nur auf den sozialen Zusammenhang und sagt nichts über die Affinität menschlichen Bewußtseins an die in einem Territorium vorhandenen natürlichen und kulturellen Faktoren. Er trifft sich allerdings mit einem wesentlichen Element der Heimatideologie, indem er menschliche Solidarität allein aus gleicher »Abstammung« bzw. aus Verwandtschaft herleitet und nicht etwa aus gemeinsamer Zielsetzung für die Zukunft. So werden Formen der Solidarität, wie sie sich etwa in Parteien oder Verbänden

---

90 Sehr ergiebig sind dafür nationalsozialistische Heimat-»Theoretiker«. Limmer z. B. sah in der »deutschen Heimat« auch eine Brutstätte für Tugenden wie Tapferkeit, Mut, Ausdauer, Treue und Ehrgefühl; vgl. Rudolf Limmer: Heimatkunde. In: Nationalsozialistisches Bildungswesen, Jg. 3, 1938, S. 27–32, hier S. 30.

91 Weiß (Anm. 66), S. 8; Stepun (Anm. 20), S. 148.

92 Ferdinand Tönnies: Gemeinschaft und Gesellschaft. Grundbegriffe der reinen Soziologie (1887), Neuausgabe Darmstadt 1963, S. 8; vgl. Schwietering (Anm. 50), S. 7: »Bäuerliche Gemeinschaft ist nicht Interessengemeinschaft, sondern Gesinnungsgemeinschaft.«

93 Ebd., S. 40.

darstellen, abgewertet. Obwohl der Gemeinschaftsbegriff (in der Definition durch Tönnies) rationaler anmutet als die meisten Heimatdefinitionen – immerhin werden auch für die lokale Gemeinschaft Interessengegensätze angenommen –, bringt er uns dem Ziel, aus der Kritik der vorhandenen Heimatdefinitionen einen neuen, für unsere gegenwärtige Gesellschaft »brauchbaren« Begriff zu entwickeln, nicht entscheidend näher.

9. Die biologische Konstante »Territorialität«

Deshalb wollen wir im folgenden ausführlich die Bestimmung des Heimatbegriffes analysieren, die in dem 1972 veröffentlichten Werk von Ina-Maria Greverus »Der territoriale Mensch. Ein literatur-anthropologischer Versuch zum Heimatphänomen« enthalten ist. Diese materialreiche Arbeit, die Verbindungen zu einer Reihe von geistes- und sozialwissenschaftlichen Disziplinen, aber auch zur zoologischen Verhaltensforschung herstellt, beschäftigt sich zwar mit Heimat- bzw. präziser: mit heimatbezogenem Verhalten –, lehnt jedoch die Verwendung des Begriffs »Heimat« ab; dieser sei durch Sentimentalisierung und Ideologisierung, durch Fixierung auf positive Werte unbrauchbar geworden[94]. Statt dessen verwendet Greverus die Begriffe »Territorium«, »Territorialität« und »territoriales Verhalten«, die bisher – mit Ausnahme von »Territorium«[95] – in der kultur- und sozialwissenschaftlichen Forschung ungebräuchlich waren. Sie entleiht diese Begriffe, angeregt durch bereits in den fünfziger Jahren entstandene Arbeiten Jakob von Uexkülls und Paul Leyhausens[96], der zoologischen Verhaltensforschung. Besonders der Verhaltensforscher Leyhausen legte dar, daß jedes Tier »an einen begrenzten Lebensraum« gebunden sei, den er als »Aktionsraum«, »Revier« oder »Territorium« bezeichnete. »Innerhalb des Reviers gibt es Orte, die für die jeweilige Tätigkeit . . . besonders geeignet sind. Die sicherste und bequemste Ruhestelle genießt als ›Heim‹ eine besondere

94 Greverus (Anm. 3), S. 48 ff. In ihrer später erschienenen Sammlung von Aufsätzen und Vorträgen »Auf der Suche nach Heimat« (München 1979) hat sie den Begriff zwar nicht rehabilitiert, aber (ohne neueren Kommentar) häufig verwendet, offenbar weil er eingebürgert ist.

95 Ein fest eingebürgerter Begriff in der Geschichts- und der Rechtswissenschaft, der dort allerdings primär den Zuständigkeitsraum für staatliche Macht (Herrschaft) bezeichnet.

96 Jakob von Uexküll: Streifzüge durch die Umwelten von Tieren und Menschen. Ein Bilderbuch unsichtbarer Welten. Bedeutungslehre. Hamburg 1956; Paul Leyhausen: Vergleichendes über die Territorialität bei Tieren und den Raumanspruch des Menschen (1954). In: Konrad Lorenz, Paul Leyhausen: Antriebe tierischen und menschlichen Verhaltens. Gesammelte Abhandlungen. München 1968, S. 118–130.

Bevorzugung seitens des Tieres«[97]. Um das Zentrum Heim erstreckt sich das Gebiet, in dem das Tier seine Nahrung findet. Ruheplatz und Nahrungsraum würden gegenüber Konkurrenten verteidigt; diese vielfach nachweisbare Form territorialen Verhaltens (die schon von Aristoteles bei Vögeln registriert wurde), entspringe einem Sicherheitsbedürfnis, das letzten Endes der Arterhaltung diene. Die Ethologen Darling[98] und Ardrey[99], auf die sich Greverus ebenfalls beruft, haben als Ursachen für Territorialität zusätzlich weitere tierische Grundbedürfnisse vermutet, das Bedürfnis nach *Stimulation* (im Rahmen von »ritualisierten« Grenzstreitigkeiten) und das Bedürfnis nach *Identität* (gegenüber anderen Tieren derselben Gattung).

Nun ist jedoch zu fragen, inwieweit diese Erkenntnisse der Ethologie als gesichert angesehen werden dürfen und ob, oder mit welchen Einschränkungen, ihre Übertragung auf menschliches Verhalten legitim ist. Zur Beantwortung der ersten Frage ziehen wir die neueste Gesamtdarstellung der Ethologie heran, die der Amerikaner Edward Wilson zuerst 1975 unter dem Titel »Sociobiology« veröffentlicht hat. Wilson unterstreicht die Befunde über das territoriale Verhalten der meisten Tierarten, differenziert jedoch stärker als manche seiner Vorgänger in bezug auf die Ausdehnung der von den Tieren jeweils genutzten Räume: Abgesehen von einer bei vielen Arten erkennbaren Privatsphäre, einem Mindestabstand zu Artgenossen (»individual distance«), unterscheidet er zwischen »total range« (dem gesamten von einem Tier im Laufe seines Lebens berührten Gebiet), »home range« (dem Gebiet, das ein Tier intensiv kennenlernt und in dem es sich ständig bewegt), »core area« (dem am meisten genutzten Bezirk innerhalb des »home range«) und schließlich »territory«: »an area occupied more or less exclusively by an animal or group of animals by means of repulsion through overt defense or advertisement«[100]. Verteidigtes Territorium und gewohnheitsmäßig genutztes Heimatrevier werden hier also nicht gleichgesetzt (schon daher erscheint es uns problematisch, den Begriff »Territorium« als Ersatz für »Heimat« zu nehmen). Die Unterscheidung zwischen Territorium und Heimatrevier wird zum einen damit begründet, daß bei einigen Tierarten (auch bei gewissen Säugetieren) bisher kein Verteidigungs-, d. h. territoriales Verhalten beobachtet werden konnte. Unter Berücksichtigung der unterschiedlichen Ausprägungen territorialen tierischen Verhaltens (verteidigt wird mit Gewalt, durch unmittelbare Drohung oder

97 Leyhausen (Anm. 96), S. 119.
98 F. Fraser Darling: Social Behavior and Survival. In: Archiv Univ. Karlovi, 69, 1952, S. 183–191.
99 Robert Ardrey: The Territorial Imperative. A Personal Inquiry in the Animal Origins of Property and Nations. New York 1966.
100 Edward O. Wilson: Sociobiology. The New Synthesis. 3. Aufl., Cambridge (Mass.) und London 1976, S. 256.

durch Setzung von Warnzeichen; Verteidigungsakte werden bei manchen Arten nur zu bestimmten Tages- oder Jahreszeiten bzw. bei bestimmten Anlässen wie Brunst, Nachwuchsaufzucht registriert; Verteidigungsgebiete verändern sich z. B. im Jahresverlauf) kennzeichnet Wilson dieses Verhalten insgesamt als relativ elastisch: »animals respond to their neighbors in a highly variable manner«[101]. Da in Wilsons ausführlicher Darstellung der Zielsetzungen territorialen Verhaltens (Sicherung von Nahrung, Ruhe- bzw. Brutplatz, sexuellen Möglichkeiten)[102] ein Stimulations- oder Identitätsbedürfnis noch nicht einmal erwähnt wird, müssen wir wohl davon ausgehen, daß die moderne Verhaltensforschung die tierische Territorialität differenzierter betrachtet als bei Greverus vorausgesetzt und daß vor allem die über ein »Sicherheitsbedürfnis« hinausgehenden Motivationen noch nicht allgemein anerkannt werden.

Auch die Grundfrage nach der Möglichkeit der Nutzbarmachung von Befunden z. B. aus dem Bereich der Säugetiere oder Vögel für die Erklärung menschlichen Verhaltens wird heute von der Mehrheit der Verhaltensforscher zurückhaltender beantwortet als von denjenigen Wissenschaftlern, auf die sich Ina-Maria Greverus gestützt hat; vor leichtfertigen Analogieschlüssen wird vor allem deshalb gewarnt, weil der Entscheidungsspielraum bei Tieren fast unvergleichlich geringer ist als bei Menschen. Wenn also von Greverus aus der Ethologie ein »anlagebedingter Raumanspruch« des Menschen[103] oder eine »biologische Konstante«[104] abgeleitet werden, so können wir dem nicht folgen[105]; dies gilt erst recht für ihre Überlegungen, ob dem menschlichen Streben nach Beheimatung ein »primäres« Bedürfnis zugrundeliege[106].

Immerhin erscheint es uns lohnend, die analytische Tragfähigkeit des von Greverus entwickelten Heimatbegriffs auch unabhängig von seiner ethologischen Genese zu untersuchen. Wie bereits angedeutet, betrach-

101 Ebd., S. 564.
102 Ebd., S. 263 f.
103 Greverus (Anm. 3), S. 51.
104 Ina-Maria Greverus: Analyse nostalgischer Dichtung als Beitrag zur Erkenntnis menschlicher Territorialität. In: Werte und Funktionen der traditionellen Kultur. Anhang der Akta vom 3. Mitteleuropäischen Kulturtreffen 1968, Gorizia 1970, S. 19.
105 Vgl. auch Hermann Bausinger: Zur kulturalen Dimension von Identität. In: Zeitschrift für Volkskunde, Jg. 73, 1977, S. 210–215: »Das soziale ›Beziehungsfeld‹ Heimat kann sicher nur unvollkommen auf ein biologisches Grundbedürfnis ›Territorialität‹ zurückgeführt werden« (S. 214).
106 Greverus (Anm. 3), S. 16; die an dieser Stelle aufgeworfene Frage wird am Ende nicht eindeutig beantwortet: »Soweit die auf ein Territorium bezogene sprachliche Darstellung die Ziele territorialen Verhaltens aufzeigen konnte, handelt es sich dabei immer um Motivationen aus primären, sekundären oder sublimierten und substituierten Bedürfnissen (in vielfältiger Verflochtenheit)« (S. 396).

tet sie die Bedürfnisse nach Sicherheit, Stimulierung und Identifikation bzw. Identität als wesentliche Komponente der menschlichen »Territorialität«. Dabei komme der letztgenannten Komponente die größte Bedeutung zu (hierin unterscheide sich der Mensch vom Tier) [107]. Es gehe dem Menschen primär um »Identität in einem Schutz und aktives Rollenverhalten gewährenden Territorium« [108]; »ein solcher Handlungsraum kann das Haus sein, der Verein, die Gemeinde, die Region oder das Vaterland« [109].

Hier wird bereits deutlich, daß für Greverus Heimatverhalten überwiegend durch soziale Beziehungen bestimmt ist; die Naturumwelt spielt zwar ebenfalls eine Rolle, ist aber, wie auch ihre Belege ausweisen, zweitrangig. Das erscheint uns ebenso sinnvoll wie ihre Einschätzung des Faktors »Besitz« im Komplex der heimatbezogenen Emotionen: »Besitzstreben im räumlichen und ökonomischen Sinn ist bei menschlicher Territorialität offensichtlich nur ein sekundäres Ziel, und zwar in Gesellschaften, die diese Art des Besitzes zu einer für die Identität notwendigen Selbstwertbestätigung erhoben haben« [110].

Zu kritisieren ist jedoch, daß die Begriffe »Identität« bzw. »Identifikation«, »Sicherheit« bzw. »Schutz« und »Stimulation« bzw. »aktives Rollenverhalten«, »Aktion« bei Greverus nirgends präzis definiert und wohl auch nicht immer in gleicher Bedeutung verwendet werden. Nehmen wir z. B. »Identität«: »Identität« wird einerseits im Sinne von »Ich-Identität« verwendet [111], andererseits im Sinne von »Zugehörigkeit zu einer Gruppe« oder gar gleichgesetzt mit »Geborgenheit« [112]; durchgängig wird statt »Identität« auch »Identifikation« verwendet. Wir meinen jedoch, daß zwischen »Ich-Identität« – im Sinne von »als ›Selbst‹ erlebte innere Einheit der Person« –, »Gruppen-Identität« (damit ist der Begriff eigentlich überfordert, weil die Mitglieder einer sozialen Gruppe nicht im strengen Sinne »identisch« sein können) und »Identifikation« (einem emotionalen Sichgleichsetzen mit einer anderen Person oder mit einer Gruppe; Übernahme ihrer Motive und Ideale in das eigene Ich) scharf unterschieden werden müßte, obwohl selbstverständlich die Ich-Identität eine soziale Dimension hat: »Der einzelne muß, um sich als identisch zu erfahren und zu behaupten, verschiedenartigen, gesellschaftlichen Ansprüchen genügen, ohne sich aufzugeben« [113]. Trotz der begrifflichen Klärung durch Hermann Bausinger sehen wir keinen allzu großen Nutzen in der Übersetzung von »Heimat« durch »Identität«,

107 Ebd., S. 53.
108 Ebd., S. 396.
109 Ebd., S. 54.
110 Ebd., S. 397.
111 Ebd., S. 24 f.
112 Ebd., S. 347 f.
113 Bausinger (Anm. 105), S. 211.

nicht nur wegen des beim Gebrauch von Identität möglichen »privatistischen Mißverständnisses« [114], sondern auch deshalb, weil sich Ich-Identität zwar hauptsächlich, aber nicht ausschließlich in der Auseinandersetzung mit heimischer Umwelt herausbildet. Ähnliche Bedenken gelten für »Schutz« und »Aktion« (bezogen auf ein Territorium): diese Begriffe sind nicht spezifisch genug, »Aktion« ist eine Grundform menschlichen Verhaltens, »Schutz« kann viel bedeuten – von der Sicherung der materiellen Existenz bis zur »Geborgenheit«.

10. »Heimat«: ein Komplex von Umweltbezügen

Unserer Ansicht nach läßt sich Heimatbezogenheit am besten als *eine spezielle Form der Zugehörigkeit und Zusammengehörigkeit* charakterisierten (was summa summarum wohl auch von Greverus gemeint worden ist). Bekanntlich steht das soziale Wesen Mensch in Beziehung zu zahlreichen Gruppen und Einzelpartnern: durch seine Sprache, seinen Glauben, seinen politischen Willen, seine ökonomischen, kulturellen, altersmäßigen, erotischen usw. Interessen. Aus jeder dieser Beziehungen *kann* ein Zu(sammen)gehörigkeitsgefühl oder -bewußtsein entstehen, das u. U. in eine ausgeprägte Solidarität [115] der Gesinnung und/oder des Handelns mündet. Die meisten dieser Beziehungen werden bereits im Elternhaus vermittelt oder es bieten sich Anknüpfungspunkte in der unmittelbaren Umgebung des Betroffenen; allerdings sind auch Beziehungen zu räumlich oder zeitlich entfernten Partnern oder Gruppen möglich [116]. Letzteres bleibt jedoch die Ausnahme; die meisten Zu(sammen)gehörigkeiten ergeben sich durch Kontakte in der vom Individuum *(ständig) genutzten Umwelt:* in der Familie, in der Schule, am Arbeitsplatz, in der Verwandtschaft, mit Freunden und Nachbarn, in Parteien, Gewerkschaften, Kirchen, Verbänden, bei der Zeitungslektüre, beim Radiohören und Fernsehen [117]. Deshalb ist Bausinger zuzu-

---

114 Hermann Bausinger: Heimat und Identität. In: Heimat. Sehnsucht nach Identität. Hrsg. v. Elisabeth Moosmann. Berlin 1980, S. 13–29, hier S. 27.
115 Nicht jede Zugehörigkeit bewirkt Solidarität, deshalb und wegen der nicht eindeutigen Verwendung des Begriffs »Solidarität« (man denke an »Interessensolidarität«) erscheint er uns im Zusammenhang mit »Heimat« ebenso unscharf wie »Identität«.
116 Anhänger exotischer Sekten etwa sind mit dieser Beziehung in ihrer Umwelt oft isoliert; entsprechendes gilt für viele moderne Künstler.
117 Die Massenmedien müssen in diesem Zusammenhang berücksichtigt werden, nicht nur, weil sie sich für einen erheblichen Teil der frei verfügbaren Zeit bzw. für diverse Warte- und Transportzeiten als »Gesprächspartner« etabliert haben, sondern auch deshalb, weil sie das Individuum (unzulänglich, aber in sehr kurzem Rhythmus) über Bezugsgruppen informieren, denen es sich zurechnen kann.

stimmen, wenn er Heimat primär als »räumlich-soziale Einheit mittlerer Reichweite« auffaßt [118]
Es erscheint uns legitim, *die Zu(sammen)gehörigkeiten, die sich in der (ständig) genutzten Umwelt ergeben,* in dem *Sammelbegriff »Heimat(bezogenheit)«* zu bündeln. Allerdings darf dabei nie vergessen werden, daß a) damit noch nicht die Bewußtseins- und Handlungskonflikte ausgeräumt sind, die z. B. bei gleichzeitiger Zugehörigkeit zur katholischen Kirche, zur Gewerkschaft Erziehung und Wissenschaft und zu einem Tennisverein entstehen können und daß b) kein Anlaß besteht, die im »Heimat«-Komplex gebündelten Zugehörigkeiten insgesamt oder gegenüber sonstigen möglichen Zugehörigkeiten zu idealisieren. Wenn jemand wegen abweichender politischer oder religiöser Überzeugung seine Heimat verläßt, d. h. eine Reihe von Zugehörigkeiten abschneidet, so verletzt er damit ebensowenig eine »höherwertige« Norm wie jemand, der dies aus Not oder Abwechslungsbedürfnis tut. Wenn es solchen Auswanderern gelingt, in ihrer neuen Umwelt wenigstens einen Teil der unterbrochenen Zugehörigkeit neu auszubilden, besteht auch keine Gefahr einer psychischen Schädigung. Daß die Anpassung an die neue Umgebung Anstrengung und Zeit erfordert, steht außer Frage. Die beflissene Harmonisierung und Überhöhung von »Heimat« ist ebenso ideologisch wie die leider noch vorherrschende Ausklammerung der Arbeitswelt – und der damit verbundenen Interessengegensätze – aus den Beziehungen, die zusammen Heimat konstituieren [119].
Selbstverständlich bahnen sich in jeder Umwelt neben den sozialen Beziehungen auch Beziehungen zur Natur und zu kulturellen Objektivationen an, zumal ein Teil der sozialen Beziehungen sich außerhalb des Wohnbereichs realisiert. Auch einer Landschaft, ihrem Klima, den dort wachsenden Pflanzen usw. dürfte sich der Mensch daher in der Regel verbunden fühlen. Die Bedeutung der heimatlichen Landschaft sollte jedoch für den heutigen Menschen (zumindest in hochindustrialisierten Ländern) nicht überschätzt werden: durch den Fortschritt der Zivilisation (Kommunikationsapparat, Tourismus, Technisierung von Freizeit-

---

118 Bausinger (Anm. 114), S. 26.
119 Eine Ausnahme bildet der neue Definitionsversuch von »Heimat« durch Georg Seeßlen: »das Zusammengehörigkeitsgefühl, das die Heimat erzeugt«, werde »nicht in erster Linie auf mystische . . . oder politische Kollektiverfahrungen begründet, sondern durch den gemeinsamen Produktions- und Distributionsprozeß« (Seeßlen, Heimat und Familie, in: Georg Seeßlen und Bernt Kling: Lexikon zur populären Kultur, Bd. 2 (= rororo 6210), Reinbek 1977, S. 143–197, hier S. 145). Wenn Seeßlen jedoch weiter ausführt, daß infolge der verschärften Interessengegensätze die moderne Arbeitswelt keine Geborgenheit mehr biete und deshalb nicht mehr zur Heimat gerechnet werden dürfe, so können wir ihm nicht folgen, da Heimat für uns eben *nicht* der »soziale und natürliche Raum« ist, »in dem der Mensch mit seinen Lebensbedingungen *in Harmonie lebt«* (ebd., S. 146).

aktivitäten) und den Rückgang der Berufstätigkeit im primären Sektor ist die emotionale Qualität dieser Zugehörigkeit (einst hochgetrieben durch die Romantik) erheblich vermindert worden. Nach einem Leben voll freiwilliger oder unfreiwilliger Mobilität zieht es den Rentner nicht so sehr an seinen Geburtsort zurück, sondern viel eher (jedenfalls im Winter) nach Mallorca.

11. Heimat und Nostalgie

Abschließend noch einige Bemerkungen zum Begriff der »Nostalgie«, der sich gegenwärtig wachsender Beliebtheit erfreut. Als Belege für diese Beliebtheit mögen ein Vortrag des kürzlich verstorbenen Arnold Gehlen[120] und ein Aufsatz von Dieter Baacke[121] gelten, beide 1976 in der Zeitschrift »Merkur« publiziert. Besonders Baacke müht sich um eine Definition des nostalgischen »Zeitgefühls« bzw. »Sozialklimas«, wenn auch, wie er selbst zugibt, ohne die gewünschte Präzisierung zu erreichen: » ›Nostalgisch sein‹ bedeutet, unscharf und allgemein gesagt, sich in andere Zeiten zurückzuwünschen und dies dadurch auszudrükken, daß man Accessoires der Vergangenheit wieder schätzen und lieben lernt, mit einem Gefühl unbestimmter Sehnsucht nach früher«[122]. Baacke stellt fest, daß der noch im 19. Jahrhundert eindeutig mit »Heimweh« gleichgesetzte Begriff »Nostalgie« in jüngster Zeit eine Akzentverschiebung erfahren habe, vom Räumlichen hin zum Zeitlichen, eben zur Vergangenheit oder genauer: zu bestimmten idealisierten Phasen der Vergangenheit bzw. zu sorgfältig ausgegrenzten, emotional überbewerteten Teilbereichen historischer Realität: »Nostalgie ist eine starke und rührende Stimmung, aber halt ein bißchen dumm. Geschichte wird von den Bedürfnissen der Innerlichkeit mißbraucht«[123].
Wir erkennen einige Parallelen zur Heimatideologie, aber auch Unterschiede: wer über einen primären territorialen Heimatbezug verfügt, kann dennoch nostalgisch sein. Nostalgie ist im Verständnis Gehlens und Baackes eine in bestimmten sozialen Entwicklungen begründete Mode, die in den letzten Jahren durch eine Reihe von Frustrationen im politischen und kulturellen Bereich ausgelöst wurde, quasi das Gegenteil zur Ausflucht in die Utopie[124]. Derartige Moden seien nicht neu: Gehlen und Baacke verweisen u. a. auf die Romantik, z. B. Wackenroders und

---

120 Vgl. Arnold Gehlen: Das entflohene Glück. Eine Deutung der Nostalgie. In: Merkur, Jg. 30, 1976, H. 5, S. 432–442.
121 Vgl. Dieter Baacke: Nostalgie. Ein Phänomen ohne Theorie. In: Merkur, Jg. 30, 1976, H. 5, S. 442–452.
122 Ebd., S. 443.
123 Ebd., S. 444.
124 Gehlen (Anm. 120), S. 437.

Tiecks Mittelalter-Sehnsucht. Dieser modische Charakter nostalgischer Sehnsucht bezeichnet zumindest einen graduellen Unterschied zum ortsbezogenen Heimweh, dem ja immer ein konkreter, wenn auch großenteils kompensierbarer Bezugsverlust zugrundeliegt. Uns fällt es deshalb im Gegensatz zu Gehlen und Baacke schwer, der Nostalgie trotz teilweise kritischer Würdigung einen positiven sozialen Wert beizumessen: eben weil Nostalgie von der gegenwärtigen Realität im gleichen Maße ablenkt wie sie die historische Erkenntnis verfälscht, bleibt unterm Strich zwar eine psychische Entlastung fürs Individuum, die aber ziemlich teuer zu erkaufen ist [125].

---

125 Hier kann nicht der Ort für eine detaillierte Auseinandersetzung mit den beiden »Merkur«-Texten sein. Neben der angedeuteten Grundtendenz erscheint uns jedoch vor allem bei Gehlen noch manches kritikbedürftig, so z. B. seine höchst subjektive Datierung »unserer Nostalgie-Zeit« auf 1850 bis 1914 oder seine Zuordnung des Phänomens zu bestimmten Nationen.

III. Heimat-Romane

1. Ganghofer und Co.

Keine wirksame Ideologie ohne belletristische Umsetzung. Das gilt zumindest fürs neunzehnte Jahrhundert, die Zeit, in der die Heimatideologie in allen wesentlichen Elementen entwickelt wurde. Die Vorläufer dieser Heimatliteratur reichen natürlich weiter zurück. Michael Wegener hat z. B. auf Vergil verwiesen, der dem großstädtischen Luxusleben Roms in den Georgica die einfache, naturnahe Lebensweise seiner ländlichen Heimat gegenüberstellte: »Die Schaffung einer Gegenwelt zum Zwecke der Kritik am Städtischen, Zivilisatorischen oder aber als Flucht vor der unbewältigen Auseinandersetzung mit ihm – es ist das Grundmotiv aller Heimatliteratur« [1]. Im deutschsprachigen Bereich ist eine solche Gegenwelt erstmals wohl in der Schäferdichtung des 17. und 18. Jahrhunderts gegeben: Friedrich Sengle hat darauf hingewiesen, daß die Bukolik für die höfische Gesellschaft bereits eine ähnliche Kontrastfunktion hatte wie später die Bauerndichtung für die bürgerliche. In beiden Fällen sei es »nicht auf Abbilder der realen Gesellschaft, sondern auf Gegenbilder« angekommen, »auf Idealbilder mit den verschiedensten Zielsetzungen politischer und weltanschaulicher Art« [2]. Als Protagonisten des literarischen Trends zum einfachen Leben sind mehrfach auch Rousseau und Voltaire reklamiert worden; ob der große Spötter den Rückzug von Candide und Genossen am Ende seines Romans allerdings als Rückkehr in eine kleine, aber heile Welt verstanden wissen wollte, kann bezweifelt werden [3].
Ein sehr wichtiger Vorläufer der Heimatliteratur ist der Schweizer Pfarrer Albert Bitzius, alias Jeremias Gotthelf (1797–1854). Gotthelf, der Verfasser der ersten europäischen Bauernromane, beschränkte sich nicht auf eine relativ realistische Abbildung ländlicher Milieus (Detailrealismus), sondern schrieb dem Dorf, den Verhältnissen auf dem Dorf,

---

1 Michael Wegener: Die Heimat und die Dichtkunst. In: Trivialliteratur. Aufsätze, hrsg. v. Gerhard Schmidt-Henkel u. a., Berlin 1964, S. 53–62, hier S. 53.

2 Friedrich Sengle: Wunschbild Land und Schreckbild Stadt. Zu einem zentralen Thema der neueren deutschen Literatur. In: Studium generale, Jg. 16, 1963, H. 10, S. 619–631, hier S. 621.

3 Wichtiger als das überschaubare Territorium erscheint in diesem Fall die Zufriedenheit, die aus kontinuierlicher, »fruchtbarer« Arbeit resultiert: »Laßt uns arbeiten, ohne zu räsonieren!«

dem Verhalten seiner Bewohner die Funktion eines Vorbilds für die Gesamtgesellschaft zu. In konservativem politischem und religiösem Sendungsbewußtsein lehnte er die Zivilisation und vor allem die sich abzeichnende Verstädterung ab, und versuchte noch nach 1848 von der Festung Dorf aus eine Gegenoffensive gegen die »Kloake« Stadt zu starten[4]; kein Wunder, daß er von Adolf Bartels später als Vorbild der »Heimatkunst« herangezogen wurde. Sein Werk ist allerdings, nicht nur vom ästhetischen Niveau her, weitaus positiver einzuschätzen als etwa das von Bartels oder Ganghofer.

Populär wurde das ländliche Milieu in der deutschen Belletristik erst durch Berthold Auerbach, eigentlich Moses Baruch Auerbacher (1812–1882). Noch in einer NS-Dissertation über den Heimatroman wird »diesem Juden« aus dem Schwarzwalddorf Nordstetten bescheinigt, daß er »die Dorfgeschichte als willkommene Erholung von dem geistreichen Phrasentum der Salonromane» kreiert habe: »Nur durch seine Erfolge stellte sich das lesende Publikum auf Dorfromane ein, nur durch ihn wurden die kernigen Romane Gotthelfs überhaupt bekannt und zahlreiche andere deutsche Dichter angeregt, ebenfalls Dorfgeschichten und Heimatromane zu schreiben«[5]. Am Ende dieses Zitats zeigt sich übrigens deutlich die verhängnisvolle Gleichsetzung von »Heimat« und »Dorf«, die zu einem wesentlichen Element der Heimatideologie wurde. Auerbachs Erfolg, der vom Erscheinen seiner ersten Dorfgeschichten bis zu seinem Tode andauerte[6], wurde natürlich durch die fortschreitende Industrialisierung und die im Zusammenhang damit sich verstärkenden sozialen Konflikte begünstigt. Auerbach schrieb nicht aus der Perspektive der Landbevölkerung und auch nicht für sie, sondern für ein städtisches Lesepublikum; die *Nordstettener* fanden denn auch seine Schilderung ihres Milieus verlogen und waren »fuchsteufelswild« auf ihn[7]. Die Wirklichkeitsverzerrung der Auerbachschen Geschichten entspricht aber erst zum Teil derjenigen Ganghofers: Zwar unterstellt er seinen Helden und Heldinnen eine unangemessene Sentimentalität, aber als aufgeklärter Liberaler betreibt er die Idyllisierung des Ländlichen doch in Grenzen und ist auch keineswegs stadt- und fortschrittsfeindlich. Ganz im Gegenteil: in seiner Geschichte »Die Sträflin-

4 Vgl. Sengle (Anm. 2), S. 624 u. 627.
5 Vgl. Paul Erich Schütterle: Der Heimatroman in der deutschen Presse der Nachkriegszeit. Dissertation Heidelberg 1935, Würzburg 1936, S. 6 f.
6 Dieser Erfolg beschränkte sich keineswegs auf das deutschsprachige Gebiet; es gab Übersetzungen in fast alle europäischen Sprachen, und an den französischen Lyzeen z. B. gehörten um 1880 Auerbachs Dorfgeschichten zum Lektürekanon des Deutschunterrichts. Vgl. Peter Mettenleiter: Destruktion der Heimatdichtung. Typologische Untersuchungen zu Gotthelf – Auerbach – Ganghofer, Tübingen 1974, S. 349 ff.
7 Vgl. Mettenleiter (Anm. 6), S. 351 f.

ge« z. B. läßt er das Fehlverhalten der Dörfler gegenüber Außenseitern durch Eingriff von außen korrigieren[8].
Etwas stärker schon ist die Verzerrung beim Steiermärker Peter Rosegger (1843–1918). Rosegger, der sich vom Hirtenjungen und Schneiderlehrling zum Schriftsteller hocharbeiten konnte, steht dem Milieu, das er beschreibt, zwar näher als der Akademiker Auerbach, aber kultiviert es in noch stärkerem Maße zum idealen Gegenbild der »Eiterbeule« Stadt, deren raffinierte Genüsse ihn immer wieder mit Abscheu erfüllen und ihn zum Wanderstock greifen lassen, selbstverständlich in Richtung Berge; gerade im Hinblick auf klischeehaftes Natur- und (Land-) Menschenerlebnis – Matten sind in der Regel »blühend«, Felder »wogen«, Schnitter »lachen« usw. – bereitet er Ganghofer vor[9].
Ludwig Ganghofer (1855–1920), der Förstersohn aus Oberbayern, war nicht nur der eigentliche Schöpfer des deutschen Heimatromans, sondern zugleich der erfolgreichste Autor des Genres: schon 1970 betrug die Gesamtauflage seiner Bücher 32 Millionen, heute müßten es – nach einer Verkaufsoffensive des Droemer/Knaur-Verlags in den siebziger Jahren[10] – mindestens 35 Millionen sein. Damit steht Ganghofer unter den deutschsprachigen Bestseller-Autoren an vierter Stelle – nur Hedwig Courths-Mahler, Karl May[11] und Wilhelm Busch fanden mehr Leser[12]. Daneben wurde er durch zahlreiche Verfilmungen bekannt; einige seiner Romane traf dies Schicksal in den siebziger Jahren gar zum vierten oder fünften Male.
Ganghofer wollte zunächst Ingenieur werden, wechselte aber nach einigen Semestern am Polytechnikum zur Literaturgeschichte, in der er 1879 den Doktorgrad erwarb. Der Bayer erwies sich zunächst, vor allem während seines Studiums in Würzburg 1876/77 als recht lebenslustiger Student, war aktiv bei einem Corps und verbrachte die Nächte mit Saufen, Spielen und Mädchen[13]. Bald hatte er beträchtliche Schulden und

---

8 Vgl. dazu Sengle (Anm. 2), S. 624.
9 Vgl. Wegener (Anm. 1), S. 55 f.
10 Vgl. Spiegel 9/1973, S. 102.
11 Auch May hat sich im Heimat-Milieu versucht, mit seinen »Erzgebirgischen Dorfgeschichten« und vor allem mit seinem voluminösen Kolportage-Roman »aus dem Leben Ludwigs des Zweiten« »Der Weg zum Glück« (1886–87), Nachdruck Hildesheim 1971), in dem er – mit übrigens urkomischem falschem Dialekt – Wilderer und Sennerinnen agieren läßt. Das soll nur ein Hinweis auf die Ausstrahlungskraft literarischer Moden im Bereich der Trivial- und Unterhaltungsliteratur sein. Im 19. Jahrhundert fand dort jeder Erfolg zahllose Nachahmer, auch unter denjenigen Kollegen, die sich eigentlich wie May auf andere Genres spezialisiert hatten.
12 Vgl. Gustav Sichelschmidt: Liebe, Mord und Abenteuer. Eine Geschichte der deutschen Unterhaltungsliteratur, Berlin o. J. (1970), S. 213.
13 Zur Biographie Ganghofers, zu seiner »Konversion«, sowie zur daraus resultierenden Lebensphilosophie vgl. den ausgezeichneten Aufsatz von Hans Schwerte: Ganghofers Gesundung. Ein Versuch über sendungsbewußte Trivialliteratur. In: Studien zur Trivialliteratur, hrsg. v. Heinz Otto Burger. Frankfurt/M., 1968, S. 154–208.

dachte in seiner Verzweiflung sogar an Selbstmord. Sowohl in unbändigem Lebensgenuß wie in der Selbstmordidee fühlte er sich durch die Lektüre von Alfred de Musset, Grabbe und Heine bestärkt; er begann, selbst Gedichte und Erzählungen im Stil Heines zu produzieren, die sich um Themen wie »wollüstige Gier« und »Liebesschmerz« rankten. Als er dann sein Studium nach München verlegte, erkrankte er dort schwer an Typhus. Diese Krankheit muß ihm wohl als Strafe für sein bisheriges »wüstes« Leben erschienen sein; mit der Gesundung ließ er dann nicht nur den Typhus hinter sich, sondern auch die Ausschweifungen und die »falschen« Vorbilder, wie eben zum Beispiel Heine: »körperliche und literarische Gesundung vollziehen sich in eins« [14].

Er ist damit frei für neue Leitbilder, und diese werden ihm umgehend vermittelt, bei einer Reise, die er als Rekonvaleszent in das Dorf Hegnenbach unternimmt, in dem er als Jugendlicher längere Zeit gewohnt hatte. Schon die Reise »in schöner Sommerfrühe« [15] überwältigt ihn: das »kleine Tal mit hügeligen Wiesen und goldfarbenen Getreidefeldern«, das »freundliche Dörflein«, die »braunen Ziegeldächer und grünlichen Strohfirste«, die »kleine, baufällige Kirche, vom winzigen Friedhof umgeben« entdecken sich ihm als – leichtfertig vergessene – Heimat. Er kommt im Pfarrhaus unter: »Und dann dieses stille, friedliche, weiße Pfarrhaus in seiner spiegelnden Reinlichkeit, mit den träumerischen Altväterstuben, mit seinen Heiligenbildern, Weihwasserkesselchen und Kruzifixen, mit den blumenbestellten Fenstergesimsen und dem blankgescheuerten Holzgerät, mit diesem feinen Sandgeruch an allen festen Dingen und mit dem schneeweiß gedeckten Tisch, auf dem die winzigen, weißglasierten Steingutschüsselchen nicht für hungrige Menschen, sondern für mäßig pickende Kanarienvögel berechnet schienen. Gleich bei der ersten Mahlzeit setzte mir der Pfarrer unter feinem Erröten auseinander, daß es bei ihm ›sehr einfach‹ zuginge« [16]. Dafür hätte er sich gar nicht zu entschuldigen brauchen, gerade diese Einfachheit, verbunden mit neu entdeckten ästhetischen Reizen, fasziniert den Gast: hier ist die noch heile Welt, die den verunsicherten Intellektuellen aufnimmt. Die Genesung vollendet sich in Gesprächen mit dem Pfarrer: »Wer ihn so sah, diesen kleinen Pfarrer mit den frommen, gläubigen Traumaugen, der mußte ihn lieben. Im Dorfe nannten sie ihn: ›ünser guets Männdle‹«. Der Ganghofer Ludwig fühlt sich geborgen. »Ich setzte mich in der schönen Dämmerung neben der Haustür des Pfarrhofs auf die hölzerne Bank. Und die träumende Stunde gab mir dieses Lied:

14 Ebd., S. 172 f.
15 Vgl. dazu Ganghofers Autobiographie »Lebenslauf eines Optimisten« (1909–11), Neuauflage Stuttgart 1925, S. 522 ff.
16 Ebd., S. 522 f.

Es ist ob Flur und Wald schon lange
Der Abendglocke Lied verklungen
Und hat mit seinem sanften Klange
Das müde Dorf zur Ruh gesungen.«

Nachdem die »weihevolle Stille« einige Strophen lang ausgebreitet worden ist, darf sie auch das Herz des Dichters ergreifen:

>»So stört den Frieden mir im Herzen,
>Den ich in diesem Heim gefunden,
>Nur leise noch ein letztes Schmerzen
>Der fast vernarbten Lebenswunden« [17]

Ganghofer ist, wie er selbst gemeint hat, durch das Erlebnis von Heimat und »natürlichem« Menschentum psychisch gesundet und auch als Schriftsteller auf den rechten Weg gewiesen worden. Er fühlt sich mehr und mehr berufen, diese Gesundung auch anderen Menschen zu vermitteln, die von der Krankheit Zivilisation befallen sind. Um den Heilungseffekt zu verstärken, hat er seine Erzählungen dann nicht nur fast ausschließlich in den Bergen, im »Hochland«, angesiedelt – das er erst nach seiner Gesundung kennenlernte –, sondern auch mit idealen Menschen bevölkert: »Diese alten, klugschwatzenden Förster, die jungen, kecken Jagdgehilfen und die lachenden, gliederstarken Holzknechte wurden für mich zu heiteren Lebenskünstlern, zu frohen Weltweisen, zu ›Menschen, wie sie sein sollten‹ . . . Der Arbeitsschmutz an den Händen und Hemden dieser ›Mannsbilder‹ war mir kein Wesentliches; die Sache, auf die es ankam, war der Glanz in ihren Augen, das Lachen in ihren Herzen, der frohe Lebensklang in ihren Liedern und Jauchzern« [18]. Das ist deutlich: Hier wird ganz offen zugegeben, daß die soziale Realität nicht interessiert, hier wird eine klare Gegenposition zum Naturalismus bezogen.

Position bezieht Ganghofer nach der Gesundung auch politisch. Er entwirft eine Sozialutopie, deren Grundzüge er später in seiner Autobiographie wiedergibt [19]. »Dieses ›Programm‹ des jungen Ganghofer stellt den Versuch dar, das eigene Berg- und Konversionserlebnis in eine Staatsutopie vom natürlich-gesunden Menschen um- und fortzusetzen, ein bemerkenswertes ideologisches Dokument des Ausweichens vor den realen Gegebenheiten, die Naturwissenschaft, Technik und Industrie auch in Deutschland damals längst geschaffen hatten, mitsamt den dazu-

17 Ebd., S. 524.
18 Ebd., S. 558.
19 Ebd., S. 635–667.

gehörenden sozialen und gesellschaftlichen Aufgaben und Forderungen[20].« Da sich deutliche Spuren dieser Utopie in Ganghofers Romanen und bei seinen zahllosen Epigonen finden, erscheint es notwendig, sie relativ genau zu betrachten. Im Kern geht es dem Reformer nach seinen eigenen Worten darum, »das Blut des Staates aus den Kräften der Jugend gesund zu erneuern, das Recht der Jugend ans Leben festzustellen und zu schützen, die Jugend früher zur Mitarbeit im Staate und mit unverbrauchter Frische zur Ehe zu bringen, die junge Liebe zu heiligen und das Werden des Kindes zu behüten«[21]. Nur so könne sich ein Staat wahrhaft erhalten.

Blut, Jugend, Wehrhaftigkeit – das kommt einem irgendwie bekannt vor! Dieser Eindruck verstärkt sich, wenn man einige Detailforderungen zur Kenntnis nimmt, z. B. das Verbot, die Attraktivität einer Braut durch Mitgift zu erhöhen: »Das Weib soll gewählt werden um seiner selbst willen, nicht dem Geldsack zuliebe. So wird alles Krankhafte und Minderwertige von der Fortpflanzung ausgeschieden, und das schönste und gesündeste Weib wird den tüchtigsten der Männer wählen. Die Menschheit wird sich veredeln, wird an Lebensfreude und Lebenskraft gewinnen. Der atmende Unwert wird immer seltener werden, wird aussterben«[22]. Wohlgemerkt, Ganghofer ist noch nicht für die Vergasung des »atmenden Unwerts«, aber er stellt sich mit diesem Programm in die Reihe ihrer geistigen Wegbereiter. So auch im folgenden Zitat: »Von der Ehe ist ausgeschlossen, wer als Mann oder Weib am Gift der Liebe erkrankte, wer Verbrechen beging, wer mit unheilbarem Leiden behaftet ist, der Schwachsinnige, das Weib, das seinen Leib verkaufte, der Mann, der wider die Natur geartet ist. Die Minderwertigen sollen einsam bleiben und erlöschen. Doch sie sollen Wohltat und Erbarmen genießen . . . Sie sind Schuldlose, an denen sich Torheit und Sünde vergangener Zeiten rächen[23].« Hier zeigt sich deutlich, daß faschistisches Denken bei Ganghofer in seinen Konsequenzen noch durch das Prinzip der christlichen Nächstenliebe gebremst ist. Dennoch ergeben sich klare Markierungen: wertvoll/wertlos (bzw. »minderwertig«), gesund/krank, gut/böse. Prinzipiell wertvoll, gesund und gut ist das Bauerntum: »Es muß eine zärtliche Sorge des Staates sein, den bäuerlichen Besitz zu erhalten, die Zahl der Bauern zu vermehren. Erde ist ein ewiger Brunnen der Kraft[24].« Für Arbeiter und kleine Beamte wird zumindest das »eigene Dach« gefordert, damit auch sie irgendwo verwurzelt sind. Kein Wunder, daß der Begriff »Blut und Boden« zum erstenmal 1902 in Um-

20 Schwerte (Anm. 13), S. 181.
21 Ganghofer (Anm. 15), S. 667.
22 Ebd., S. 638.
23 Eb., S. 656 f.
24 Ebd., S. 656.

kreis Ganghofers auftauchte[25]. Eher schon verwunderlich, daß Adolf Hitler, der bekanntlich nach seiner Machtübernahme noch das Gesamtwerk Karl Mays verschlungen hat, kein Ganghofer-Fan war. Dafür hatte der Schriftsteller seit dem Beginn seiner Volksstück- und Romanproduktion viele andere prominente Bewunderer aufzuweisen, so z. B. Kaiser Wilhelm II.[26]. Ganghofer errang seine Popularität auf zwei Wegen: durchs Theater und durch die »Gartenlaube«. 1880 kam in München sein erstes Volksschauspiel heraus, »Der Herrgottschnitzer von Ammergau«. Der Erfolg, es kam nur zu 17 Aufführungen, war hier zunächst mäßig, um so größer aber in Berlin. Erst der Durchbruch auf »feindlichem« Territorium verhalf dem Stück dann auch in München zu mehr als 100 Wiederholungen. In seiner Bühnenproduktion, in der er manche Romanstoffe sozusagen ausprobierte, versuchte Ganghofer an Ludwig Anzengruber anzuknüpfen, der sich seinerseits wieder auf Auerbachs Geschichten berief[27]. Ganghofer brachte »als geschickter Kompilator Auerbachs Bildungsfracht, Anzengrubers Heroik, Roseggers Dämonie und Außenseiterproblematik unterhaltsam, d. h. unaufdringlich, unters Volk« und nahm »gleichzeitig schon die Ideologie der Heimatkunstbewegung in wichtigen Teilen mit leichter Hand vorweg«[28]. Mitarbeiter der »Gartenlaube«, der bedeutendsten, d. h. auflagenstärksten populären Wochenschrift der zweiten Hälfte des 19. Jahrhunderts, war Ganghofer seit 1885. Die seit 1870 nationalkonservative Zeitschrift und der Autor paßten ausgezeichnet zueinander: beide wendeten sich mit »sauberer« Unterhaltung primär an mittleres und höheres Bürgertum, beide wollten vor allem Harmonie und Geborgenheit vermitteln; so konnte sich Ganghofer für die »Gartenlaube« zur »männlichen Marlitt« entwickeln. »Wunscherfüllung heißt das wichtigste Erfolgsgeheimnis Ganghoferscher Bergromane: Der Fürst gesundet, die Edlen finden sich, es ist die große Liebe, und der Böse wird bestraft. Hier ist die Welt in Ordnung, und man vergißt, daß im eigenen Leben alles nicht so perfekt funktioniert[29].« Diese Charakterisierung läßt sich auf weite Bereiche (auch der modernen) kulturindustriellen Produktion übertragen, im Grunde begegnet uns da das schöne alte Märchen. Dennoch ist das alles nicht harmlos, und Ganghofer schon gar nicht. Im Ersten Weltkrieg z. B. setzte er seine ganze Popularität im Zuge der Kriegspropaganda ein. Da er ja etwas sehr Wertvolles zu verteidigen

25 Schwerte (Anm. 13), S. 205. Schöpfer des Begriffs war Michael Georg Conrad.
26 Vgl. Karlheinz Rossbacher: Heimatkunstbewegung und Heimatroman. Zu einer Literatursoziologie der Jahrhundertwende. Stuttgart 1975, S. 15.
27 Informative Kurzdarstellungen der Werke von Anzengruber und anderen im Kontext Heimatliteratur bedeutsamen Autoren (mit Bibliographien) bietet Jürgen Hein: Dorfgeschichte (= Sammlung Metzler 145), Stuttgart 1976.
28 Mettenleiter (Anm. 6), S. 332.
29 Ebd., S. 371.

hatte, verfaßte er nicht nur Tag für Tag ein Kriegsgedicht, sondern ging sogar als Kriegsberichterstatter an die Front und berichtete seinen Lesern, daß in den Gesichtern der für ihre Heimat gefallenen deutschen Helden »eine stille, zufriedene Ruhe, fast ein Lächeln« liege, wogegen die toten Russen »verzerrt, entstellt, verwüstet« aussähen[30]. Der Heimatdichter war wohl überhaupt der erste deutsche Kriegsberichterstatter; er reiste 1913 im Auftrag des Kaisers an Ost- und Westfront, seine Berichte darüber erreichten eine Gesamtauflage von 550000 Exemplaren[31].

Mettenleiter schreibt zusammenfassend über Ganghofers Werke: »Zwischen präfaschistoider Indoktrination und Propaganda der trivialen Heimatromane Ganghofers und dem unverhüllten Rassenmythos der Blut- und Boden-Literatur ist nur ein gradueller Unterschied[32].« Ganghofer ist ideologisch mindestens ebenso bedeutsam wie die im folgenden dargestellte Heimatkunst-Bewegung. Vielleicht ist sein ideologisches Gewicht für die Zeit nach 1945 sogar größer, denn er ist durch den Blut- und Bodenkult bei weitem nicht so strapaziert worden wie die Gruppe um Bartels und Lienhard.

Auch die »Heimatkunst« muß primär als Gegenbewegung verstanden werden: sie richtet sich gegen den Naturalismus (vor allem gegen Zola), gegen die Großstadt und die städtische Kultur, gegen Naturwissenschaft und Technik, gegen Intellektuelle und gegen Juden. »Gegenüber der großstädtischen Dekadenz und ihrer Künstlichkeit wird das Gewachsene des Rustikalen betont«[33], man sucht das Heil in den Provinzen. Am Anfang steht eigentlich Langbehn mit seinem kulturchauvinistischen Werk »Rembrandt als Erzieher« (1890): »Julius Langbehns Einfluß ist kaum zu überschätzen«[34]. Er bündelt gewissermaßen die Ideologie einer arischen Erneuerung, die zu einem wesentlichen Fundament der Heimatkunst-Programmatik wird. Auf eine weitere wichtige Wurzel hat Dieter Kramer[35] aufmerksam gemacht. Er verweist auf den Zusammenhang von ökonomischer Entwicklung und »Heimatkunst«: Die

30 Ebd., S. 374.
31 Werner Koch: Der Kriegsberichterstatter Ganghofer. In: Akzente. Jg. 19, 1972, S. 425–430, hier S. 427.
32 Mettenleiter (Anm. 6), S. 376 f.; es gibt allerdings doch einen prinzipiellen Unterschied: Ganghofer war nicht Antisemit. Vgl. Koch (Anm. 31), S. 430. Zur heutigen Bewertung von Ganghofer auch Werner Koch: Diesseits von Gut und Böse. Zur 50. Wiederkehr des Todestages von Ludwig Ganghofer. In: Monat, Jg. 22, 1970, H. 262, S. 77–84.
33 Ernst Waldinger: Über Heimatkunst und Blut- und Bodenideologie. In: German Life and Letters, NS vol. 10, 1956/57, S. 106–119.
34 Rossbacher (Anm. 26), S. 17.
35 Dieter Kramer: Die politische und ökonomische Funktionalisierung von ›Heimat‹ im deutschen Imperialismus und Faschismus. In: Diskurs, Jg. 3, 1973, H. 3/4, S. 3–22; vgl. auch Rossbacher (Anm. 26), S. 118 ff.

1890 vom Reichskanzler Caprivi eingeschlagene Freihandelspolitik habe die Industrie begünstigt und den Interessen der Großgrundbesitzer und Landwirte geschadet, vor allem damit, daß in noch stärkerem Maße als bisher Arbeitskräfte vom Land abgezogen worden seien. Daraufhin kam es 1893 zur Gründung des »Bundes der Landwirte« und 1896 zur Gründung des »Ausschusses für Wohlfahrtspflege auf dem Lande« (1904 umbenannt in »Deutscher Verein für ländliche Wohlfahrts- und Heimatpflege«). Gründer der letzteren Organisation war Heinrich Sohnrey, Herausgeber der Zeitschrift »Das Land« und zugleich wichtiger Propagandist der »Heimatkunst«, deren Funktion für die agrarische Lobby eindeutig die Aufwertung des ländlichen Lebensraums (vor allem durch »imaginative nostalgische Rückkehr zu vorindustriellen agrarischen Zuständen«[36]) und die Abwertung von Zivilisation, Bildung, technischer Innovation, eben der »städtischen« Stimuli war.

Der Begriff »Heimatkunst« wurde wohl von dem fanatischen Antisemiten Adolf Bartels geprägt (1896 oder 1897), der als wichtigster Theoretiker der Bewegung gelten darf. Von 1900 bis 1904 gab er zusammen mit Friedrich Lienhard die Zeitschrift »Die Heimat« heraus. Dort definiert er Heimatkunst als »hingebendes, treues Darstellen und Schaffen aus heimischem Leben heraus«, das vor allem kleineren Talenten zu empfehlen sei, die so vor »genialischem Außer-Rand-und-Band-Kommen und Sich-Verlieren bewahrt« würden; er hofft aber auch auf große Talente, die die Heimat zum Ausgangspunkt »einer neuen Höhen-Volksund Menschheitskunst« machen würden. Man sieht, daß hier durchaus ein Qualitätsanspruch erhoben wird. Die Heimatkunst beanspruchte in Konkurrenz zum Naturalismus die Führungsposition in der Literaturszene um 1900. Ganghofer war ihr daher auch zunächst zu kitschig, wurde dann aber doch integriert, da die Interessenidentität unverkennbar war: Auch die Heimatkunst forderte ja eine nationale »Gesundung« durch Rückbesinnung auf den Humus des ländlichen Volkes, sie stand dem wilhelmischen Imperialismus ebenso nahe wie Ganghofer selbst. Differenzen gab es allerdings im religiösen Bereich: Bartels hat die Heimatkunstbewegung mit einem antikatholischen Akzent versehen, der auf die ultramontane Ausrichtung des Katholizismus dieser Zeit zurückzuführen ist; er zielte wie Langbehn auf eine Nationalisierung der Religion[37].

Zur »Heimatkunst« ist eine relativ große Anzahl von Schriftstellern zu rechnen, die Bewegung zog sogar solche Autoren an, die, wie Michael Georg Conrad, ursprünglich für den Naturalismus eingetreten waren. Produziert wurden nicht nur Romane, sondern auch Gedichte, Erzählungen, Essays, Reisebeschreibungen. Aber die Romane erzielten wohl

---

36 Kramer (Anm. 35), S. 15.
37 Vgl. Rossbacher (Anm. 26), S. 62.

doch die nachhaltigste Wirkung[38], allen voran Gustav Frenssens »Jörn Uhl« (1901), der bis 1905 schon etwa 200000 Exemplare erreichte – viel mehr als die gleichzeitig erschienenen »Buddenbrooks« – und damit zunächst sogar erfolgreicher war als die Ganghoferschen Produkte[39]. »Jörn Uhl« wurde nicht nur von den Heimatkunst-Freunden als ein großer Wurf gefeiert, sondern auch von Paul Heyse und Rainer Maria Rilke. Am Anfang der Heimatkunst-Romane stand Wilhelm von Polenz' »Der Büttnerbauer« (1895)[40], mit am Ende dann »Der Wehrwolf« (1910) des Heidedichters Hermann Löns, der für die NS-Literatur zu einem der wichtigsten Vorbilder werden sollte. Schwerte beurteilt die Heimatkunstbewegung richtig als verhängnisvollen Irrtum: »Die ›Heimatkunst‹ . . . war vor Hitler eine der großen und letzten literarischen deutschtümelnden Sammelbewegungen, in der die Austreibung der angeblich westlichen, der angeblich undeutschen, der angeblich jüdischen, der angeblich großstädtischen und intellektuell zersetzenden Vernunft . . . betrieben wurde, vor allem indem man, literarisch und ideologisch, in einem hochindustrialisierten und technisierten Staat mit allen seinen ungelösten sozialen und geistigen Problemen das ›idealische‹ Gegenbild des bäuerlichen, stammhaften, ›einfachen‹ Landmenschen, als des urbildhaften Menschen schlechthin, . . . durch Jahrzehnte verbreitete[41].«

In der Weimarer Republik war die Heimatideologie samt ihren belletristischen Umsetzungen zunächst – im Vergleich zur Vorkriegszeit – zwar etwas zurückgedrängt, aber doch von Anfang an existent, stets in enger Verbindung zu völkischem Denken, obwohl es da auch Spannungen gab: Manchen Nationalisten war die Basis »Heimat« in der provinziellen Ausformung der »Heimatkunst« zu schmal, die liebevoll gepflegten territorialen Besonderheiten paßten nicht in ihr straff durchorganisiertes, zentralistisches System. Dieser Punkt markiert denn auch den wesentlichsten Unterschied zwischen der bisherigen Heimatliteratur und dem »Blut-und-Boden«-Schrifttum, das andererseits eine Reihe von Ideolo-

38 Einen guten Überblick bietet neben Rossbacher auch Peter Zimmermann: Der Bauernroman. Antifeudalismus, Konservatismus, Faschismus. Stuttgart 1975.
39 Vgl. Rossbacher (Anm. 26), S. 245; nach 1905 stieg die Auflage dieses Romans erheblich langsamer, 1925 war erst das 288. Tausend erreicht; dann aber kam für dieses Werk wie für viele vergleichbare aus dem Bereich der Heimatkunst eine zweite Konjunktur im Rahmen der NS-Literatur: 1940 waren schon 463000 Exemplare abgesetzt.
40 Vgl. dazu die ausführliche Interpretation bei Gerhard Schweizer: Bauernroman und Faschismus. Zur Ideologiekritik einer literarischen Gattung. Tübingen 1976.
41 Hans Schwerte: Zum Begriff der sogenannten Heimatkunst in Deutschland. In: Aufklärung heute – Probleme der deutschen Gesellschaft, hrsg. v. Hermann Glaser, Freiburg 1967, S. 177–189, hier S. 188.

gemen fast unverändert übernehmen konnte, so die Idealisierung des Bauerntums und die Abwertung der städtischen Unkultur. »Der Bauer ist der eigentliche Träger der nordisch-germanischen Art«, heißt es bei Arno Mulot, einem der führenden Literaturhistoriker des Dritten Reiches [42]. Besonders hoch bewertet werden diejenigen älteren Heimatromane, in denen, wie im »Wehrwolf«, sich arische Bauern in harten Auseinandersetzungen gegen Fremde – in diesem Fall: die Soldateska des Dreißigjährigen Krieges – behaupten [43]. Die städtische Lebensform wird von den »Blut-und-Boden«-Ideologen zwar nicht völlig abgelehnt, aber doch mit sehr vielen negativen Vorzeichen versehen: Oberflächlichkeit, Verarmung des Gemütes, Nivellierung, Individualismus, Subjektivismus, isolierte Erotik, Unruhe, Naturferne usw., alles zusammengefaßt im Negativbegriff »seelische Verstädterung« [44].

Viele Merkmale der Blut-und-Boden-Literatur finden sich bereits in dem Roman »Das heidnische Dorf« (1933) von Konrad Beste [45], für den der Autor 1934 den Lessingpreis der Stadt Hamburg erhielt, und der in vielen Tageszeitungen nachgedruckt wurde [46]. Die Handlung ist einfach: Der Hoferbe Ferdinand Cordes verschmäht die ihm zugedachte reiche, gebildete Braut, weil er sich zu Lina, einem zwar armen und einfältigen, aber redlichen, stolzen und starken Mädchen, das als Magd auf dem elterlichen Hof arbeitet, hingezogen fühlt. Die Mutter der verschmähten Braut versucht darauf, ihn zu ruinieren. Unter anderem veranlaßt sie ihn, seinen Hof mit Hilfe städtischer Geschäftsleute zu mechanisieren und in seinem Garten nach Öl bohren zu lassen, letzteres auf den Rat eines fiesen wissenschaftsgläubigen Ingenieurs namens Czwicklinski, der genauso aussieht wie er heißt. Natürlich kommt es zur Katastrophe, die Ölquelle versiegt. Konrad muß seinen Hof aufgeben, wird dann aber von Lina gerettet, d. h. darf seine Schuld als Knecht auf dem Hof ihres Vaters sühnen (mit Aussicht auf Lina und die Erbschaft). Die klischeehafte Handlung könnte, wie Wegener richtig bemerkt, durchaus einem Ganghofer-Roman entstammen. Ein Unterschied besteht jedoch in der Mythisierung der Figuren und der Natur: Lina z. B. bezieht ihre Stärke aus geheimnisvollen Kräften, die ihr gewissermaßen aus der heimatlichen

---

42 Arno Mulot: Das Bauerntum in der deutschen Dichtung unserer Zeit, Stuttgart 1937, S. 51.
43 Die Gesamtauflage dieser »Bauernchronik« von Löns betrug 1944 bereits 890 000. Vgl. Wegener (Anm. 1), S. 60.
44 Vgl. Peter von Werder: Literatur im Banne der Verstädterung. Eine kulturpolitische Untersuchung. Leipzig 1943, bes. S. 32 ff.; von Werder kann sich dabei auf Hans Günther und Willy Hellpach berufen.
45 Gründliche Analyse bei Schweizer (Anm. 40); vgl. auch Wegener (Anm. 1), S. 60 f.
46 Vgl. Schütterle (Anm. 5), S. 76. Schütterle führt übrigens in seiner Dissertation fast alle in den ersten Jahren des Dritten Reiches relevanten Blut-und-Boden-Romanciers auf.

Erde zuwachsen.»Die Menschen dieser dörflichen Welt . . . sind alle tief im Irrationalen verhaftet, die Kräfte ihres Seins wurzeln in chthonischem Dunkel[47].«
Bei Kriegsende bricht diese literarische Strömung durchaus nicht völlig ab. Zumindest einzelne NS-Heimatromae werden auch nach 1945 verbreitet, darunter»Das heidnische Dorf«[48]. Noch 1964 erhielt der in allen NS-Literaturgeschichten hochgelobte Friedrich Griese den Mecklenburgischen Kulturpreis (in Anwesenheit von Vertretern der Schleswig-Holsteinischen Landesregierung)[49]. Der Kontext ist deutlich: Griese repräsentiert jetzt die Kultur eines Vertriebenen-Verbandes. Aus ähnlichen Gründen kam im gleichen Jahr noch einmal der 1945 verstorbene Adolf Bartels, der den Nationalsozialismus schon 1924 in einem Traktat als»Deutschlands Rettung« gepriesen hatte, in seinem Heimatort Wesselburen und in Dithmarschen zu Ehren: man wollte sogar eine Schule wieder nach Bartels benennen dürfen[50]. Ein»großer« Mitbürger erhöht das Selbstwertgefühl!
Aber auch materielle Interessen sorgten für das Weiterleben von Heimatdichtern. Zum 50. Todestag von Ganghofer wurde in Berchtesgaden (wo der Autor weder gelebt hat noch gestorben ist, wo es aber einen tüchtigen Kurdirektor gibt) eine Ganghofer-Festwoche abgehalten – mit Bürgermeister-Rede, Filmvorführungen und einem von der ortsansässigen Brauerei aus diesem Anlaß eigens erzeugten Doppelbock[51]. Und was Ludwig Ganghofer für Berchtesgaden und den Tegernsee ist, das ist der im Ersten Weltkrieg gefallene Hermann Löns für die Lüneburger Heide. Dort wurde Löns 1966 in verschiedenen Orten anläßlich seines hundertsten Geburtstags geehrt (unter anderem in Bevensen, wo er nie war, das aber auch Kurbetrieb hat)[52] und 1974 anläßlich seines 60. To-

47 Wegener (Anm. 1), S. 60.
48 Vgl. Schweizer (Anm. 40), S. 321: Dieses Werk fand sogar Aufnahme in das Programm des Bertelsmann-Leserings.
49 Vgl. Karl Otto Conrady: Sind wir wieder so weit? In: Die Zeit Nr. 27 v. 3. 7. 1964, S. 11. Dazu die Erwiderung Grieses und eine zweite Stellungnahme Conradys in: Die Zeit Nr. 30 v. 24. 7. 1964, S. 12.
50 Es handelte sich um die Mittelschule in Wesselburen, der 1958 erst vom Kultusminister Schleswig-Holsteins die Weiterführung des Namens Adolf-Bartels-Schule verboten worden war. Vgl. Karl Otto Conrady: Vor Adolf Bartels wird gewarnt. Aus einem Kapitel mißverstandener Heimatliebe. In: Die Zeit Nr. 51 v. 18. 12. 1964, S. 9. Ferner H. W.: Die Dithmarscher Fehde. Der Streit um Adolf Bartels geht weiter. In: Die Zeit Nr. 5 v. 29. 1. 1965, S. 7.
51 Vgl. Helmut Schneider: Ganghofer-Gedenken in Berchtesgaden: O du mein Alpenglühen! In: Die Zeit Nr. 33 v. 14. 8. 1970, S. 13.
52 Vgl. Dietrich Strothmann: Löns ist die Heide, die Heide ist . . . Ein hundertster Geburtstag und ein paar hundert Gratulanten. In: Die Zeit Nr. 36 v. 2. 9. 1966, S. 2; dieser Geburtstag wurde natürlich auch in den»Deutschen Nachrichten« und in der »National- und Soldatenzeitung« nicht vergessen!

destages; sicher wird es 1984 die nächste Feier geben, mit gesteigertem Absatz von Löns-Aschenbechern, Löns-Pfeifen und Löns-Schnaps, und sicher ist dann wieder die »Hermann-Löns-Stadt« Walsrode dabei, in deren Nähe es ein falsches Löns-Grab gibt [53].
Überlebt haben die Heimatromanautoren, allen voran Ganghofer, aber auch in ihren Epigonen, die Woche für Woche standardisierte Kurzromane für den Kiosk-Verkauf produzieren. Ende März 1981 lagen im Bahnhofskiosk von Marburg neun einschlägige Heftromanreihen aus [54]; drei davon haben es bis jetzt auf mehr als elfhundert Titel gebracht. Die Auflagenhöhen werden von den Verlagen zwar geheimgehalten, aber man darf doch wohl von jeweils mindestens 10000 ausgehen. Damit käme man für die neun Reihen auf eine bisherige Gesamtauflage von mehr als 55 Millionen. Das beweist: Der Heimatroman alter Art hat immer noch ein beträchtliches Publikum, darunter wahrscheinlich mehr Frauen als Männer, relativ viele ältere Leser (zwei der neun Reihen präsentieren sich »in großer Schrift« für Sehbehinderte) und relativ viele Landbewohner. Acht der neun aktuellen Heimat-Heftromane handeln übrigens in den »Bergen«; die Heimat der Trivialliteratur ist fast ganz auf die Alpen reduziert!
Neben dem trivialen Heimatroman, der einen ähnlichen Bedarf abdeckt wie Arzt-, Adels-, Familien- und sonstige Liebesromane in der gleichen Vertriebsform, hat sich in den beiden letzten Jahrzehnten aber auch der – selbstverständlich für ein ganz anderes Publikum bestimmte – kritische Heimatroman entwickelt. Damit sind hier nicht Werke wie »Die Blechtrommel« von Günter Grass gemeint, die als Rahmen einer Handlung erlebtes Milieu aus kritischer Distanz abbilden (ohne dabei explizit auf die traditionelle Heimatideologie einzugehen), sondern Arbeiten, in denen »Heimat« das zentrale Thema ist. Dazu im folgenden drei Beispiele.

53 Das Löns-Grab ist eine gelungene Erfindung der NS-Propaganda; da der Autor in Frankreich in einem Massengrab verscharrt war, ließen die Nazis einfach irgendwelche Gebeine ausgraben und in die Heide überführen. Vgl. Horst Szwitalski: Der Schwindel mit dem Heidedichter. In: Stern Nr. 41/1974, S. 113–119.
54 Gretl Theurer: Unfriede im »Alpenhof« (= Brabant Erstdruck 211); Anne Altenried: Sie suchte den Bergtod (= Brabant Neudruck 92); Alois Johann Lippl: Schatten im Hallwangerhof (= Edelweiß-Bergroman 352); Georg Altlechner: Die Heimkehr der Veri Leuthammer (= Edelstein-Roman 1329); Maria Stief: Grenzwacht am Gletscher (= Heimat-Roman 532); Markus Steinberger: Das Gesetz der Berge (= Berg-Roman 634); Monika Leitner: Bergfrühling (= Bastei Heimat-Roman 1173); Andreas Kufsteiner: König meines Herzens (= Der Bergdoktor 12); Marhild Hehn: Gutsherrin ohne Moral (= Heimatglocken 1247).

2. Die infizierte Information

Zu Weihnachten 1970 erscheint in der »Süddeutschen Zeitung« ein Artikel über das »Entwicklungsland an der ostbayerischen Grenze«: »Wo die Waldorgel braust ... Zukunft für Pendler- und Holzhauerdörfer: Unter Fichten sterben oder mit Fremden überleben[55].« Der Redakteur Hannes Burger schildert am Beispiel der nur drei Kilometer von der tschechischen Grenze entfernten, aus vier kleinen Dörfern bestehenden Gemeinde Philippsreut (im Landkreis Freyung-Grafenau) ein gewichtiges soziales Problem samt Hintergrund und Perspektive: Armut und Rückständigkeit im Bayerischen Wald. Dort hatte vor mehr als 200 Jahren der Fürstbischof von Passau Ansiedlungen gegründet, um die Grenze gegen Böhmen zu sichern. Leider übersah er (ebenso wie seine Nachfolger), daß in diesem für Landwirtschaft und Viehzucht wenig geeigneten, im Winter lange unzugänglichen Gebiet kaum die Voraussetzungen für eine menschenwürdige Existenz gegeben waren, selbst wenn die Siedler versuchten, mit Heimarbeit, Grenzhandel, Schmuggel und zuletzt Waldarbeit ihr kärgliches Einkommen aufzubessern. Die nie ausreichende ökonomische Basis dieser Dörfer verursachte selbstverständlich einen Zivilisations- und Bildungsrückstand: Erst 1956 wurden die Dörfer an das Stromnetz angeschlossen, und es dauerte bis zum Ende der sechziger Jahre, bis sie eine Wasserleitung erhielten. Die Kanalisation befand sich zur Zeit von Burgers Recherchen noch in der Planung, und auch mit der Schul- und Berufsbildung war es nicht weit her. Die jüngeren Leute wanderten größtenteils, falls sie sich nicht als Wochenendpendler in fernen Großstädten verdingten, aus diesem strukturpolitisch vernachlässigten Hinterland ab, ein Dorf in der Nähe von Philippsreut war deshalb vor kurzem ganz ausgestorben. Als Alternativen zur Abwanderung boten sich nach einhelliger Meinung der Lokal- und Kreispolitiker nur Industrieansiedlung und Entwicklung des Fremdenverkehrs an. Der Journalist Hannes Burger beschreibt diese Situation sehr präzis und anschaulich. Er hat sich Zahlen besorgt und viele Gespräche geführt, mit Politikern, Pfarrern und direkt Betroffenen. Er verbirgt nicht, daß auch die beiden positiven Perspektiven Industrie und Fremdenverkehr mit erheblichen Problemen verbunden sind; in beiden Fällen saniere sich, auch mit Hilfe staatlicher Förderungsmittel, eine kleine Anzahl von Unternehmern und Grundstücksspekulanten, während die Masse der Bevölkerung meist leer ausgehe (die Arbeitslöhne im heimischen Bereich seien extrem niedrig; auch der Fremdenverkehr rentiere sich wegen der Standortnachteile und der zu kurzen Saison nicht bzw. noch nicht). Die Stimmung des Artikels ist insgesamt pessimistisch. Selbst bei verbesserter staatlicher Förderung, d. h. bei einer Verhinde-

55 Süddeutsche Zeitung Nr. 307–309, vom 24.–27. 12. 1970, S. 5.

rung des Mißbrauchs der Mittel und bei einer verbesserten Beratung der »Waldler«, werde »der Existenzkampf des ostbayerischen Grenzlandes . . . auf jeden Fall nicht leicht sein«.

Bei der Arbeit an dieser respektablen Reportage ist Burger dann wohl auf die Idee gekommen, die Informationen über die Lage im Bayerischen Wald in Form eines unterhaltsamen Romans zu vertiefen und auch über den Leserkreis der SZ hinaus zu verbreiten. Vielleicht wollte er daneben den Waldbewohnern auch zeigen, wie's richtig gemacht wird mit dem Fremdenverkehr, denn diesen Menschen fehle, wie er in seinem Artikel darlegte, nicht nur Kapital, sondern auch Erfahrung: »Die meisten Einwohner der Gemeinde Philipppsreut kennen keinen Urlaub und haben noch nie ein Hotel oder eine Fremdenpension von innen gesehen. Woher sollten sie wissen, was die Gäste heute an Komfort, Service und Gastronomie erwarten.« Die »schwerfälligen und eigenbrödlerischen« Waldler sähen nicht ein, daß Wasserversorgung und Kanalisation Mindestvoraussetzungen seien.

Wie dem auch sei, Mitte 1973 erschien in München das Buch »Feichtenreut. Roman eines Dorfes«, das bis zum Ende dieses Jahres schon die 3. Auflage (13 000) erreichte. Franz Peter Wirth machte daraus ein Fernsehspiel (»Die Leute von Feichtenreut«), das von der ARD am 28. 9. 1976 erstgesendet und am 16. 3. 1979 wiederholt wurde. Der Autor erklärte sich mit der Fernsehfassung durchaus zufrieden: »Bei der Verfilmung meines Romans ›Feichtenreut‹ galt es, zwei Gefahren unbedingt zu vermeiden: Daß ein netter, unverbindlicher Heimatfilm entsteht, in dem die schöne Landschaft und die Liebesverwicklungen die Hauptrolle spielen, und man mußte sich hüten, die Bauern aus dem Bayerischen Wald allzu humorvoll, mit diffamierender Distanz – eben als Hinterwäldler – zu schildern, deren Probleme nicht ernstzunehmen sind. Das scheint mir gelungen[56].« Der Fernsehkritiker Valentin Polcuch allerdings war enttäuscht: »Es war ein Volksstück, zwar mit eingebauten Realitäten, aber so gut abgeschmiert, daß sich alle Versatzstücke ohne zu scheppern nach den schlichten Kurbeldrehungen des Autors im Kreise bewegten. Wir sahen sie alle wieder, die Abziehbilder der bayerischen Bauernstücke, bieder bis knorrig, auf Geld aus und auf Liebe, Edles im Sinn, wenngleich mit Maßen auch von schlitzohrigen Schüben getrieben. Selbst die Verwicklungen, in die sie der Autor weitsichtig stupste, kamen einem vertraut vor wie die einschichtige Dramaturgie oberpfälzischer Kalendergeschichten[57].« Und Klaus Umbach fragte: »Kann denn ein Fernsehspiel zugleich Remmidemmi zeigen und soziologische Aufklärung betreiben? Lassen sich die ökonomischen Sorgen einer bun-

56 WDR-Pressetext, zitiert nach K. W. »Kein Heimatfilm«, Frankfurter Rundschau, Nr. 217 v. 28. 9. 1976, S. 11.
57 Hör zu Nr. 42/1976, S. 59.

desdeutschen Außenseiter-Region mit Einblicken in kriminalistisch aufgepäppelten Familientratsch illustrieren? Geht das zusammen – Feature, ›Tatort‹, ›Komödienstadel‹? ... Durch die anschauliche Geschichte vom Reformeifer der Hinterwäldler ziehen sich bleiern die Schicksalsfäden, wie sie weiland der Ganghofer Ludwig in seinen alpenländischen Melodramen gehäkelt hat[58].«

Zwar sind diese Kritiker unverkennbar boshaft, aber sie haben unserer Ansicht nach recht: Im Fernsehspiel ging die gute Absicht des Autors glatt unter; die unterhaltsamen Effekte, mittels derer die Informationen zum Zuschauer transportiert werden sollten, reduzierten die Realität zur Kulisse. Da der Roman eindeutig besser ist, wollen wir ihn im folgenden einer genaueren Analyse unterziehen, allerdings mit dem klaren Ziel, auch hier den Ganghofer-Bazillus aufzuspüren, der (süd-?)deutsche Schriftstellerhirne noch immer befällt, wenn sie sich mit Heimat befassen, mit ihrer eigenen oder einer artverwandten (»Als einem Verwandten dieses Menschenschlags ist dem Autor die Mentalität der Bewohner von Feichtenreut wohlvertraut«)[59].

Schauen wir uns zunächst die Handlung an:
Martin, der Sohn des reichen Feichtenreuter Bürgermeisters Alois Stiegler, läßt seine Freundin Hilde Kahlich, die in Feichtenreut geborene Tochter eines Vertriebenen, trotz fester Verabredung zum gemeinsamen Besuch eines Faschingsballs im Nachbardorf im Stich: der Student der Betriebswirtschaft hat in München den letzten Zug verpaßt. Hilde tröstet sich auf dem Fest mit dem ebenfalls aus Feichtenreut gekommenen Bauern Florian Brandner, der auf jeder derartigen Veranstaltung nach einer zweiten Frau für sich sucht (seine erste ist ihm aus Abneigung gegen die harte Arbeit in der Landwirtschaft davongelaufen). Auf der anschließenden Heimfahrt mit seinem Wagen versucht Florian Hilde zu vergewaltigen, weil sie ihn zu lange hat glauben lassen, daß er willkommen sei. In einem längeren anschließenden Gespräch gelingt es ihnen dann, diese Situation aufzulösen. Zudem wird auch Brandners schwierige Situation deutlich: nur durch Öffnung des Dorfes Feichtenreut für den Tourismus ergäbe sich für ihn mit seinem größtenteils unfruchtbaren, aber z. B. für Appartements geeigneten Besitz eine Chance zum wirtschaftlichen Aufstieg und zur Wiederheirat. Eben diese Chance aber hat der konservative Bürgermeister Stiegler – als Wirt und Metzger reich geworden – bisher blockiert: Stiegler möchte die (für ihn) heile Bauernwelt erhalten und scheut auch vor Investitionen zurück. Hilde erkennt Florians Interessen als berechtigt an und schließt mit ihm Freundschaft; er hingegen will künftig ihre Liebe zum Sohn seines lokalpolitischen Kontrahenten respektieren.

58 Der Spiegel, Nr. 40/1976, S. 221 f.
59 Klappentext.

Da schlägt das Schicksal zu: Auf dem zweiten Teil der Heimfahrt überfährt Florian Brandner im Schneesturm ausgerechnet den von einer anderen Feier zu Fuß nach Hause wankenden Bürgermeister. Stiegler ist sofort tot; Brandner, der fürchtet, daß man ihm den überwiegend von Stiegler verschuldeten Unfall als Mord am Gegner auslegen werde und daß dabei auch die Affäre mit Hilde herauskäme, läßt sich von Hilde nicht davon abhalten, Fahrerflucht zu begehen: »Mir könna glatt auswandern, wenn des aufkommt.«

Mit verbotener Liebe, Unfall und Fahrerflucht begründet Burger ein dramatisches Geschehen, in das er seine soziologische Analyse eines rückständigen Dorfes einbetten möchte. Zunächst jedoch werden breit die Probleme erörtert, die sich für die Hinterbliebenen des Bürgermeisters ergeben. Die Witwe kann Landwirtschaft, Metzgerei und Gasthof nicht allein weiterführen; da die älteste Tochter nach auswärts verheiratet und der jüngere, für die Landwirtschaft ausersehene Sohn noch schulpflichtig ist, so muß Martin sich jetzt überlegen, ob er sein Studium abbrechen oder ob alles verkauft werden soll. Dabei erweist es sich als schwierig, die ökonomische Zukunft der Landwirtschaft und der anhängenden Betriebe abzuschätzen. Die beste Lösung für die nächste Zeit wäre nach Ansicht der meisten Familienmitglieder eine rasche Wiederheirat der noch attraktiven Witwe Betty Stiegler (sie war die zweite Frau des Verstorbenen). Der neue Pfarrer und Florian Brandner (dessen Unfallflucht zunächst unentdeckt bleibt) raten Martin jedoch dazu, sich auch selbst im väterlichen Anwesen zu engagieren: er solle, im Interesse des ganzen Dorfes, die Umstrukturierung von der Landwirtschaft zum Fremdenverkehr anführen. Kurz darauf schafft der Gemeinderat, der nach dem Tod Alois Stieglers von Hildes besonnenem Vater Hans Kahlich geleitet wird, mit knapper Mehrheit die entscheidende Voraussetzung für wirtschaftliche Neuerungen: man beschließt den Bau von Wasserleitung und Kanalisation; allerdings bleibt noch offen, ob man eher auf Tourismus oder auf Industrieansiedlung zusteuern solle. Letztere wird vor allem von Toni Berghammer propagiert, der die väterliche Schmiede mit Erfolg in eine Kombination von Landmaschinenhandel, Installationsbetrieb, Heizölvertrieb und Tankstelle umgewandelt hat; Toni bringt viele gute Gründe gegen den Fremdenverkehr vor: hohe Investitionen, kurze Saison, großes Startrisiko. Martin hat ebensogute Argumente gegen Industrieansiedlung: Umweltverschmutzung, ruinöse Konkurrenz gegen andere an Industrie interessierte Gemeinden. Jedenfalls trifft er erste Vorbereitungen zur ökonomischen Umstellung des Stieglerschen Anwesens: Das Vieh wird verkauft, der Stall zu einem Bettentrakt umgebaut. Bei der Bestellung der Felder hilft den Stieglers Florian Brandner, einerseits um seine immer noch nicht eingestandene Mitschuld am Unfall zu kompensieren, andererseits aus Sympathie für Martins Stiefmutter Betty, die er aber wegen der verheimlichten Schuld nicht als Frau zu begehren wagt.

Das Tourismusprojekt in Feichtenreut scheint Auftrieb zu gewinnen, als eine windige Abschreibungsfirma hier den Bau eines Freizeitzentrums und eines Appartementhotels für 1200 Gäste in Angriff nehmen will. Die monströsen Baupläne der Abschreibungsfirma erschrecken jedoch die Feichtenreuter Verhandlungspartner; Hildes Vater und Martin erkennen zudem, daß bei dieser Konzeption für das Dorf mehr Schaden als Nutzen zu erwarten wäre. Schließlich werden die Verhandlungen durch eine heftige Demonstration der Fremdenverkehrsgegner abgebrochen, bei der der alte Kahlich durch einen Steinwurf verletzt und ein Teil des Brandnerschen Anwesens aus Versehen niedergebrannt wird; die Vertreter der Abschreibungsfirma ergreifen, um ihr Leben fürchtend, sofort die Flucht (sie werden als so unsympathisch dargestellt, daß mancher Leser bestimmt bedauert, daß sie mit dem bloßen Schrecken davonkommen).

Der Volkszorn trägt dem Fremdenverkehrsgegner Toni bei der kurz darauf durchgeführten Neuwahl das Amt des Bürgermeisters ein, allerdings auch gleich sehr viel Ärger mit einem Teil seiner Wähler, die sich von ihm zu Unrecht auch eine Verhinderung des Wasserleitungsbaus erhofft hatten. Deshalb beruft er eine Bürgerversammlung ein, auf der es ihm mit Hilfe des Landrats und eines anderen einflußreichen Kreispolitikers gelingt, eine Einigung über den künftigen Kurs des Dorfes herbeizuführen: Eine große Mehrheit entscheidet sich für die Modernisierung und auch für ein Primat des Fremdenverkehrs über die Industrieansiedlung, denn der Landrat hat klargemacht, daß nur ausgesprochen umweltfreundliche Industrien mit dem Tourismus vereinbar seien und daß der Kreis zu einer Konzentration der Industrieansiedlung in der Kreisstadt tendiere. Für die Umstellung auf Fremdenverkehr wird auch mehr finanzielle Unterstützung angeboten; speziell den Stieglers wird geraten, nicht nur ein paar Zimmer zu bauen, sondern mit Hilfe von Krediten ein richtiges Hotel.

An diesem Punkt – etwa in der Mitte – könnte der Roman eigentlich enden: der entscheidende Schritt für die Umstrukturierung des Dorfes ist getan, die kommunale Perspektive ist geklärt. Ungeklärt sind jedoch noch fast alle persönlichen Perspektiven, sowohl im Bereich der Liebe (wird die wegen der heimlichen Schuld »unmögliche«, aus wirtschaftlichen Gründen aber sinnvolle Verbindung zwischen Florian Brandner und der Witwe Betty Stiegler doch noch zustandekommen?) wie im beruflichen Bereich (wird Martin sich wirklich in seinem Heimatdorf etablieren?). Nachdem der Autor diese Probleme mit viel Fleiß großgezogen hat, benötigt er auch viel Raum zu ihrer Lösung, und deshalb kommt in der zweiten Hälfte des Romans die Tradition des Heimat-, Familien- und Liebesromans immer stärker zur Geltung.

Die Dramatik steigert sich zunächst, als Florian Betty bei einem Tête-à-tête im sommerlichen Wald den Unfallhergang gesteht, ohne allerdings Hildes Beteiligung zu erwähnen. Florian kann gerade deshalb nicht länger schweigen, weil Betty ihm sagt, daß sie – abgesehen von ihren Kindern – nur ihm voll vertraue. Hilde hat das Rendezvous der beiden beobachtet, aber nicht belauschen und bis zum Ende verfolgen können. Sie zieht aus dem Gesehenen den falschen Schluß, daß Florian skrupellos auf eine schnelle Heirat mit Betty zusteuere, während in Wirklichkeit die Freundschaft der beiden zwar nicht zerbrochen, aber doch erschüttert und eine eheliche Verbindung ganz unmöglich geworden ist. Hilde meint jetzt, ihrerseits alles gestehen zu müssen, und zwar in Briefen an die Polizei und an Martin, ihren Verlobten, der wieder in München studiert. Martin ist zunächst entsetzt, weniger über den jetzt enthüllten Unfallhergang selbst als über die langdauernde Unaufrichtigkeit bzw. Feigheit von Braut und Freund; außerdem fürchtet er sich vor dem Dorfklatsch. In seiner Verzweiflung besäuft er sich in seiner Schwabinger Stammkneipe und meint, sich nun von Hilde trennen zu müssen.

Da greift zum zweitenmal nachdrücklich das Schicksal ein, und zwar in Gestalt der ebenso attraktiven wie hilfsbereiten Kellnerin Barbara, die den Betrunkenen besänftigt und noch in der Nacht nach Feichtenreut bringt, wo ihm seine Stiefmutter von Florians Geständnis erzählt und damit weiter beruhigt. Die hilfreiche Barbara hatte eigentlich angekündigt, am nächsten Morgen gleich zu ihren ebenfalls im Bayerischen Wald wohnenden Eltern weiterfahren zu wollen, aber der Autor scheint sie noch in Feichtenreut zu benötigen: so muß sie Martin noch schnell die paar Meter zu seinem (Ex-?)Freund Florian hochfahren und dabei mit ihrem Wagen mit dem Florians, der ihr entgegenkommt, zusammenstoßen. (Schicksal!) Bei diesem Unfall gibt's zum Glück keine Toten, sondern, ganz im Gegenteil, zwei offensichtlich leicht Verliebte, die eine Atmosphäre schaffen, in der Martins geplante Abrechnung mit Florian schnell in eine Versöhnung mündet, zumal sich Florian inzwischen freiwillig bei der Polizei als Unfallfahrer gemeldet hat, um Hilde, die ihn von ihrer Anzeige informiert hat, nicht als Zeugin mit hineinzuziehen. Martin ist allerdings immer noch böse auf seine Verlobte, weil diese nicht zuerst ihn, sondern die Polizei benachrichtigt und so verhindert habe, daß die Angelegenheit allein zwischen ihm und Florian abgemacht werden konnte. Diesen Vorwurf kann Hilde leicht entkräften: sie hat den angekündigten Brief an die Polizei eben dieses Bedenkens wegen noch nicht abgeschickt.

Summa summarum: Alle Beteiligten haben sich, nach dem Ehrenkodex des Bayerischen Waldes, so fair wie irgend möglich verhalten. Und da es sich hier um die Aufklärung eines Todesfalles und nicht nur um einen »harmlosen« Steinwurf oder eine versehentliche Brandstiftung handelte, ist auch, wenn auch durch ein Mißverständnis, die Polizei über das heimatliche Geschehen informiert worden, womit nun wirklich alles in Ordnung ist. Man sieht, welchen Aufwand der Autor treibt, um die Integrität seiner ihm immer sympathischer werdenden Helden zu retten und dennoch glaubhaft zu bleiben.

Da es kaum zu glauben wäre, daß Martin als Hauptgeschädigter die rational einleuchtenden Erklärungen von Braut und Freund auch emotional sofort verkraftet, darf er am Ende der Aussprache noch Dampf ablassen: durch eine scharfe Strafpredigt für Hilde, die sich übernommen, d. h. nicht seinem weisen Rat anvertraut hat, und durch einen Kinnhaken für den Freund, der im unpassenden Moment zwischen den Verlobten vermitteln will.

Dann wird's wieder realistischer. In der jetzt folgenden Passage zeigt der Autor ungeschminkt die alltäglichen Folgen verinnerlichter Heimatideologie: Als Florians Mitschuld am Tod des alten Stiegler bekannt wird, kehrt sich, mit Ausnahme von Martin, Betty, Kahlich und anderen Freunden, ganz Feichtenreut gegen ihn und verdächtigt ihn des absichtlichen Mordes (was seine Unfallflucht eigentlich im Nachhinein rechtfertigt!). Man geht ihm aus dem Weg, spuckt vor ihm aus, stellt ihn an einen »Pranger des Schweigens«, motiviert von Mißgunst. Da er nach wie vor die Stieglersche Landwirtschaft mitbetreibt, ist seine wirtschaftliche Situation besser als vor dem Unfall und auch besser im Vergleich zu manch anderen Feichtenreuter Landwirten; außerdem glaubt man, daß er vom kommenden Fremdenverkehr mehr als andere profitieren werde. Die negativen Seiten der Heimatgemeinschaft werden aus diesem Anlaß nicht nur ohne Beschönigung dargestellt, sondern auch überzeugend erklärt: »Das abgrundtiefe Mißtrauen, das die Bayerwälder nicht nur gegen alle Fremden, sondern auch untereinander hegen, die Mißgunst, der Neid und die hämische Freude sogar noch über den eigenen Schaden wurzeln tief in der wirtschaftlichen und gesellschaftlichen Entwicklung. . . . Die harte Arbeit, die kargen Erträge und der Kampf ums bloße Überleben in einer zeitweise unerbittlichen Natur hatte die Menschen . . . selbst hart werden lassen. . . . Die an sich selbst erfahrene Ungerechtigkeit und Grausamkeit machte manche Waldler auch ungerecht und grausam gegen andere; sie verleitet leicht dazu, selbst auch noch Schwächere zu treten und zu übervorteilen [60].«

Auch Hilde wird »im Namen des Volkes« bzw. des »gesunden Volksempfindens« als leichtsinniges Mädchen angegriffen, zumal Martin sich nach dem Krach sofort wieder nach München verzogen hat, um sein Betriebswirtschaftsstudium abzuschließen: »Erst jetzt wurde ihr auch bewußt, wie viele Leute im Dorf es ihr nicht gegönnt hatten, daß ausgerechnet sie als Flüchtlingsmädchen den Traumjunggesellen Martin – reich, intelligent und gut aussehend – an Land ziehen sollte [61].« Doch bald wird sie erlöst, durch Martins jüngeren Bruder Ludwig, einen Lausbuben, dessen Vorfahr unverkennbar die gleichnamige Figur aus den »Tante Frieda«-Geschichten Ludwig Thomas ist: Ludwig arrangiert ein

60 Burger, Feichtenreut, S. 232 ff.
61 Ebd., S. 236.

Treffen der Verkrachten in München, und da es ja eigentlich keinen zwingenden Grund für die Verstimmung gegeben hat, kommt es schnell zur »Wiedervereinigung«, bei der auch endgültig beschlossen wird, daß die beiden sich trotz der Borniertheit der Dörfler nach der Heirat in Feichtenreut niederlassen, d. h. dort das Stieglersche 80-Betten-Hotel führen wollen, wenn es fertig ist. Allerdings macht ihnen die hilfreiche Barbara klar, daß sie erst noch gastronomische Kenntnisse erwerben müssen, indem sie sich für ein Jahr in renommierten Hotelbetrieben als Praktikanten verdingen; gleichzeitig erklärt sie sich bereit, in der Zwischenzeit Betty beim Aufbau des Betriebes, vor allem im Restaurant, zu unterstützen. Die Fremdenverkehrspläne der Stieglers werden auch dadurch begünstigt, daß in der Nähe ihres Betriebes eine neu auftretende Baugesellschaft »ein Feriendorf mit vorerst sechzig hübschen holzverkleideten Häusern im Bayerwaldstil über den breiten Hang hingruppieren« will, dazu Hallenbad, Kinderspielplatz und drei neue Läden, die an Interessenten aus Feichtenreut vergeben werden sollen. Letztere haben zwar zu wenig Kapital, aber auch dieses Problem wird leicht gelöst: Auf gutes Zureden des Bürgermeisters tun sich ein Metzger und zwei Gemischtwarenhändler zusammen, um einen leistungsfähigen Supermarkt im Feriendorf und zwei moderne Geschäfte im Ortszentrum zu erstellen: »Wieder ein kleiner Schritt vorwärts für Feichtenreut.«

Es fällt auf, daß im letzten Drittel des Romans die Harmonie unter den Feichtenreutern ständig zunimmt, nicht einmal herzhafte Schlägereien werden mehr veranstaltet. Den Anlaß für eine solche bildet schließlich jedoch die von München nach Feichtenreut übergesiedelte Barbara, nach der ausgerechnet am Fronleichnamsmittag, als die Mehrzahl der männlichen Dorfbewohner in der Wirtsstube der Stieglers versammelt ist, zwei Herren aus München forschen: Erwin, ihr verflossener Freund, der sie zur Prostitution zwingen wollte, und dessen ebenso schmieriger Spezi. Als alle Überredungskünste nichts nützen, wollen die beiden Großstädter Barbara einfach in ihr Auto zerren und entführen. Florian, der immer noch ein Auge auf Barbara hat, obwohl sich ihr kurzer Flirt (anläßlich der ersten Begegnung) noch nicht weiterentwickeln konnte, bemerkt, daß die beiden Zuhälter das Mädchen schlagen. Er greift Erwin an und bringt ihn so in Bedrängnis, daß der Münchner zum Messer greift (sein Freund wird von den herbeigeeilten Dorfbewohnern festgehalten): »Der Erwin hat sich aufgerichtet und geht drohend mit dem offenen Messer auf den Florian los, der breitbeinig geduckt dasteht, aber langsam an die Hauswand zurückweicht. Jetzt fliegen plötzlich alle Sympathien dem Florian zu, der sich eindeutig in der schwächeren Position befindet [62].« Florian gelingt es, trotz einer Verletzung durch das Messer, den Schurken mit einem ihm von Ludwig zugeworfenen Bierschlegel (!)

62 Ebd., S. 311 f.

niederzuschlagen: »Mit diesem verzweifelten Hieb hat der Florian nicht nur den Kampf gewonnen, sondern auch die Trennwand zwischen sich und den anderen Männern im Dorf endgültig durchbrochen [63].« Der Geächtete hat die Ehre des Heimatdorfes gegen die bösen Fremden gerettet und ist dadurch auf einen Schlag zum strahlenden Helden geworden, dem nun natürlich auch alle die jetzt heiß entflammte Liebe Barbaras gönnen. Die beiden Kriminellen werden der herbeigerufenen Polizei übergeben, in der Wirtsstube fließt noch mehr Bier als üblich, und die Heldensaga wird von Stunde zu Stunde weiter ausgeschmückt.

Die Entwicklung in Feichtenreut in den Monaten nach Florians Heldentat wird dann nur noch im Zeitrafferstil (durch Briefe Ludwigs an Martin und Hilde in der Schweiz) angedeutet. Der Tourismus läuft gut an, ist aber noch nicht rentabel. Zwecks Schaffung einer zweiten Saison baut die Gemeinde einen Skilift, ohne großen Streit. Alle marschieren jetzt einmütig auf den Fremdenverkehr zu: ». . . und wenn wir jetzt schon einmal den Fremdenverkehr angefangen haben, dann müssen wir ihn durchhalten, auch im Winter [64].«

In den Weihnachtsferien des zweiten Tourismus-Jahres dürfen wir dann den Hauptakteuren noch einmal persönlich begegnen: schließlich steht ja noch ein Happy-End aus: Wer beendet Bettys Frustration, nachdem der Flori sich in die Babsi verliebt hat? Nun, da hat der Autor noch den Bauunternehmer Lorenz Raab aus dem Nachbarort, der fast alle Neubauten in Feichtenreut erstellen und sich dazu der properen Witwe annehmen darf. Da er älter als sie ist, paßt er natürlich auch besser zu ihr als der etwas jüngere Florian! Zum Schluß gibt es noch einen Beinahe-Unfall Bettys und Ludwigs mit Florians neuem Pferdeschlitten, den ersten Beischlaf des durch seine Mißerfolge mit Hilde und Betty schüchtern gewordenen Florians mit Barbara (»Die lange gestaute Liebeskraft trägt die zwei in einen langen Höhenflug über alle Gipfel einer temperamentvollen Waldlerliebe« [65]) und ein gemeinsames Prosten auf den Stiegler-Nachwuchs, der sich bei Hilde bereits ankündigt, obwohl die Hochzeit erst im Frühjahr sein soll (»Mir san eh net so streng.« [66]).

Mit dieser ausführlichen Wiedergabe der Handlungsstruktur des Romans sollte ein erster Beweis für die Lebendigkeit von Heimat-Klischees (exakter: Klischees der Heimatromane) selbst bei einem um realistische Milieudarstellung bemühten modernen Autor erbracht werden. Unserer Ansicht nach ist unverkennbar, daß Burger immer mehr die Distanz zu seinen Feichtenreuter Protagonisten verliert, daß er sie zunehmend idealisiert, ihr Verhalten rechtfertigt usw. Die Idealisierung und Har-

.

63 Ebd., S. 312.
64 Ebd., S. 321.
65 Ebd., S. 348.
66 Ebd., S. 352.

monisierung greift von den Hauptfiguren am Ende auf die Gesamtheit der Dorfbewohner über, während in krassem Gegensatz dazu den im Roman auftretenden Städtern durchweg negative Eigenschaften zugewiesen werden, dazu noch Überheblichkeit gegenüber den »dummen« Bauern. Wie in jedem »echten« Heimatroman erweist sich die Heimat bei der Auseinandersetzung mit der Fremde als stärker: Bodenspekulanten und Zuhälter werden in die Flucht geschlagen. Besonders interessant ist in diesem Zusammenhang die Figur der Kellnerin Barbara. Barbara hat die Heimat, angezogen vom falschen Glanz der Großstadt, verlassen. Prompt ist sie in München in schlechte Gesellschaft geraten (ein skrupelloser Sexist nutzt ihre gesunde Triebhaftigkeit aus), aber die in ihr steckende heimatliche Substanz verhilft ihr nicht nur dazu, ihr Fehlverhalten zu korrigieren, sondern stimuliert sie auch zur Fürsorge für den Heimatgenossen Martin, der daraufhin ihre Reintegration in die Heimat einleitet. Durch die Verbindung mit Florian wird diese Wiederaufnahme abgeschlossen. Man beachte dabei die Sensibilität des Autors: Da Barbara »gebraucht« und auch Florian durch Schuld vorbelastet ist, dürfen die beiden sich erst nach einigen Monaten in die Arme fallen, gewissermaßen nach einer der Läuterung dienenden Wartezeit!

Ähnlich aufschlußreich ist auch die Analyse des Sexualverhaltens der Hauptpersonen Martin, Hilde und Betty: Obwohl ebenfalls von gesunden Trieben beseelt, bleiben sie sämtlich »sauber«. Hilde schläft nur mit Martin, und auch dies erst nach angemessen langer Verlobungszeit, mit sicherer Heiratsperspektive; die von ihr provozierte Vergewaltigung durch Florian bleibt ihr erspart, weil dieser in der Aufregung »sein Pulver« zu früh verschießt. Martin erweist sich als immun gegen alle sexuellen Anfechtungen der Großstadt; als er auf seine Braut böse ist, hindert ihn Stiefmutter Betty daran, eine Affäre mit Barbara anzuzetteln. Als Betty schließlich die sexuelle Enthaltsamkeit nach dem Tode ihres Mannes durch den Beischlaf mit Florian beenden will, stellt sich Florians schlechtes Gewissen zwischen die beiden. Es wäre ja auch höchst degoutant, wenn sich eine Witwe mit dem »Mörder« des Gatten einließe! So etwas wäre in einem Boulevardstück kaum möglich, schon gar nicht im Heimat-Volkstheater.

Überhaupt das Verhältnis der Geschlechter: In der Heimat geziemt es sich offenbar immer noch, daß Männer stark und relativ klug, Frauen dagegen attraktiv sind. Die Stärke der Männer dokumentiert sich bereits in Gang und Haltung: dieser ist »schwer« und »selbstbewußt«, man »stapft mit festem Schritt« durch den Schnee, steht breitbeinig da, »schiebt die Schultern ein wenig hoch, wie um dadurch breitschultriger zu erscheinen« usw. Noch stärker wirkt der Heimat-Mann natürlich beim Zuschlagen und beim Trinken von »Bayerwald-Diesel« (Bärwurz-Schnaps). Die Heimat-Frau dagegen verfügt über Schönheit und Sinnlichkeit, die sich besonders im Busen manifestieren. So verbirgt sich hinter Barbaras »prinzipiell zu kleinen, rund ausgeschnittenen Dienstpullovern . . . nur mühsam eine so kühn gestaltete Karosserie, daß sie sich der Angebote . . . kaum erwehren kann«[67], und Martins Stiefmutter präsentiert sich Sohn und Lesern wie folgt: »Der Zorn hat ihr Gesicht gerötet, die aufgelösten Haare fallen ihr über die Schultern, und der vor Erregung federnde Busen wird von dem dünnen Nachthemd nur recht unzulänglich verhüllt. Eine natürliche, ländlich-barocke Schönheit ist sie schon, denkt der Martin und bewundert im Geiste seinen Vater, der sich noch in fortgeschrittenen Jahren ein solches Vollblutweib ins Haus geholt hat[68].« Dafür fehlt es den Vollblutweibern an Intelligenz, sie benötigen neben dem starken Arm des Mannes auch geistige Führung. Barbara und Betty z. B. dürfen Martin nur beraten, wenn er sinnlos betrunken ist; sonst dominiert eindeutig er, auch gegenüber Hilde. Er ist es denn auch, der die entscheidenden Argumente für die Niederlassung in Feichtenreut liefert: »Da bin ich wer, da kann ich was Sichtbares leisten, hier [in München] bin ich halt a blaue Ameise, a einziges, jederzeit austauschbares Radl in einem großen Uhrwerk[69].«

Schließlich können wir unsere Beweisführung auch auf die Landschaftsdarstellungen des Buches stützen. Zum Beleg der Naturzustand beim Bürgermeister-Begräbnis: »Als ob er einem seiner Dorfkönige noch einen würdigen Abschied bereiten wolle, hat der Bayerische Wald ringsum seinen prächtigsten Winterschmuck angelegt. Aus einem stahlblauen, von weißen, dampfnudelförmigen Kumuluswolken aufgelockerten Himmel läßt die helleuchtende, aber noch kaum wärmende Februarsonne den verharschten Schnee auf den Hängen und in den Talmulden aufglitzern als festliches, paillettenbesticktes Kleid über dem einfachen bäuerlichen Gewand der Wiesen und Felder[70].« Gar nicht so übel dieses Bild, aber verräterisch: wie in der Heimatdichtung üblich kommuniziert die animierte Natur mit den Figuren, der Boden mit dem Blute. Und das Blut revanchiert sich: Als es Martin und Toni gelungen ist, mit ihrem Urin die Anfangsbuchstaben ihrer Namen in den Schnee zu schreiben, sind sie »stolz wie zwei Pioniere des Wilden Ostens, die soeben dem Land mit Wasserzeichen ihren Stempel aufgedrückt haben«[71].

Auch der Autor stempelt mit Namen, nicht den Schnee, aber seine Roman-Heimat. Während er in seiner Reportage über Philippsreut als Gewährspersonen den Bürgermeister Otto Damasko und den Pfarrer Max Richtsfeld zitiert, haben die entsprechenden Romanfiguren heimatliche Namen: Toni Berghammer, Balthasar Grünäugl, und um sie herum wimmelt es von schon dem Namen nach authentischen, d. h. komischen

---

67 Ebd., S. 198.
68 Ebd., S. 208.
69 Ebd., S. 261.
70 Ebd., S. 88.
71 Ebd., S. 113.

oder urigen Typen: Korbinian Schleich, Andreas Leberl, Maria Wacht-veitel, Vinzenz Kargl usw. So weiß der geneigte Leser stets, wo er sich befindet. Nur bei der Mundart hat Burger Konzessionen gemacht:»Der besseren Verständlichkeit halber hat er den weniger geläufigen Wald-lerdialekt einem allgemeineren bayerischen angepaßt [72].«
Und dies ist zwar verständlich, denn fast jeder Autor will sein Anliegen einem möglichst großen Publikum mitteilen, ganz besonders dann, wenn er wie Hannes Burger eine sozialkritische Intention verfolgt. Aber es ist andererseits auch bezeichnend: Da die Original-Heimat Außenstehen-den sprachlich schwer zugänglich ist, werden Konzessionen gemacht, d. h. genauer: wird sie in diejenige »Bayern«-Heimat verwandelt, die durch Massenmedien und Tourismus geläufig ist. Da erscheint es sinn-voll, auch kritisch nach Burgers Perspektive für Feichtenreut zu fragen: Wird nicht der als Ausweg angepriesene Tourismus die Heimat und ihre Bewohner verändern? Nach allen vorliegenden Erfahrungen muß man diese Frage bejahen. Wenn wir uns nun die Art dieser Veränderungen genauer anschauen, kommen wir in etwa zu folgendem Befund:
1. Tourismus macht die Heimat schmuck. Er ist umweltfreundlich, schafft farbige Fassaden und Blumenkästen her, die Misthaufen dagegen weg. Denn die gepflegte Heimat, im Prospekt propagiert, ist der Zu-satzwert, der bei gleichen natürlichen Gegebenheiten und bei gleicher touristischer Infrastruktur die Fremden nach Feichtenreut ziehen kann. Eventuell entschädigt die gepflegte Heimat sogar fürs vielleicht noch fehlende Hallenbad.
2. Tourismus verändert die Bewohner der Heimat. Sie müssen sich ko-stümieren (als Kellner und sonntags als Folkloretänzer), sie lernen, äl-tere Damen mit »gnädige Frau« anzureden und sportliche Porschefahrer zu duzen (jedenfalls im Skikurs), kurz, sie passen ihr Verhalten in erheb-lichem Maß den touristischen Erwartungen der Besucher an. Aus den störrischen Waldlern werden flexible Dienstleister, die auf Heimat-abenden sogar störrische Waldler darstellen.
3. Tourismus schafft, wenn er floriert, neue soziale Differenzierungen. Der Hotelbesitzer (Liftbetreiber, Ladeninhaber) Stiegler wird immer wohlhabender, die anderen Dorfbewohner teils zu seinen Angestellten, teils zum Bestandteil der Kulisse, die die Fremden anlockt (schließlich erwarten diese ja in einem Dorf noch »richtige« Landwirtschaft).
Zu Burgers Alternative »Unter Fichten sterben oder mit Fremden über-leben« ist abschließend zu bemerken: Die Dorf-Heimat, die sich dem Tourismus öffnet, durchläuft einen Integrationsprozeß. Während sie nach außen immer mehr publikumswirksame Besonderheiten heraus-stellt, paßt sie sich innerlich dem Normensystem der Industriegesell-schaft an (durch Tourismusindustrie).

72 Klappentext.

Übrigens: Philippsreut hat sich tatsächlich in Burgers Sinn entwickelt; allein im Ortsteil Mitterfirmiansreut gibt es heute drei Hotels (zwei davon mit Hallenbad) und sechs Pensionen, dazu Ferienhäuser, Ferienwohnungen und Privatzimmer. Speziell für Winterurlauber preist sich der Ort mit 5 Skiliften, Langlaufloipen, Eisstockschießen, Pferdeschlitten, Skirennen, einem Skikindergarten und dem »einzigen Skizirkus des Bayerischen Waldes« an. Abends hat der Tourist die Auswahl zwischen Diskothek und einem »echten bayerischen Bier, auch am Kaminfeuer«[73]. Feichtenreut scheint am Ziel zu sein!

3. Eine Heimatverbrennung: Siegfried Lenz

Siegfried Lenz ist Masure. Er wurde 1926 in Lyck, nicht weit von der polnisch-deutschen Grenze, geboren und wuchs auch dort auf, in einer noch primär agrarisch bzw. kleinstädtisch determinierten Grenzbevölkerung, die nach 1933 relativ stark vom Nationalsozialismus geprägt und am Ende des Krieges vernichtet bzw. vertrieben wurde. Lenz hat in Masuren »Heimat« noch sehr intensiv erfahren: unverbrauchte Natur, Gemeinschaftsbewußtsein, Überschaubarkeit, Mundart usw. Er hat aber auch die Ideologisierung von »Heimat« durch die Faschisten erlebt und – nach der Vertreibung – sehr ähnliche Phänomene in den Organisationen der Heimatvertriebenen.

Kein Wunder also, daß ihm Heimat mehrfach zum Thema geworden ist, zuletzt 1978 in dem Roman »Heimatmuseum«, der zu seinen wichtigsten Werken gezählt werden muß und eine detaillierte Analyse unter dem Aspekt »Heimatideologie« verdient. Zuvor jedoch wollen wir uns mit den heimatbezogenen Kurzgeschichten beschäftigen, die er 1955 und 1975 publiziert hat, mit den masurischen Geschichten·»So zärtlich war Suleyken« und den Geschichten aus seiner dänischen Zweitheimat »Bollerup«.

1955 war die ostpreußische Heimat für Lenz noch etwas rundum Positives, uneingeschränkt Lebenswertes, ein Gegenbild zu der problematischen Wirklichkeit der Nachkriegszeit[74], mit der er sich in seinen früheren Romanen »Es waren Habichte in der Luft« (1951) und »Duell mit dem Schatten« (1953) auseinandergesetzt hatte. Im Nachwort zu »Suleyken« heißt es u. a.: »Diese Geschichten sind zwinkernde Liebeserklärungen an mein Land, eine aufgeräumte Huldigung an die Leute von

---

73 Prospekt der staatlich anerkannten Erholungsorte Philippsreut, mit Wintersportzentrum Mitterfirmiansreut 10/79.

74 Vgl. Theo Elm: Komik und Humor. Die masurischen Geschichten. In: Der Schriftsteller Siegfried Lenz. Urteile und Standpunkte. Hrsg. v. Colin Russ, Hamburg 1973, S. 191–204, hier S. 191.

Masuren«. Zwar habe er da manches »ein wenig übertrieben«, aber nur zwecks Hervorhebung des besonders Charakteristischen. Der Leser solle auf jeden Fall tolerant sein und sich mit dem Autor einig wissen »in unserer grübelnden Zärtlichkeit zu Suleyken«[75]. Lenz spricht in diesen zwanzig Erzählungen primär Emotionales an, nicht den Verstand. Er will erheitern und rühren und so etwas wie den Volkscharakter des südlichen Ostpreußens vermitteln, den er um die Begriffe »unterschwellige Intelligenz« (»eine Intelligenz, . . . die auf erhabene Weise unbegreiflich ist«) und »Seele« zentriert.

Schauen wir uns die erste dieser Geschichten genauer an! Sie erzählt unter dem Titel »Der Leseteufel«[76] von einem Masuren, der sich erst mit einundsiebzig Jahren das Lesen beibringt, sich dieser Kunst aber dann mit einer Besessenheit hingibt, die seine Umwelt geradezu erschreckt. Die Intensität der späten Lesewut manifestiert sich besonders während eines kriegerischen Ereignisses, nämlich einer Auseinandersetzung mit marodierenden Soldaten. Hamilkar Schaß, der Leseteufel, will sich zunächst gar nicht an der Verteidigung des heimatlichen Dorfes beteiligen; er hat ja Wichtigeres vor. Dann jedoch läßt er sich überreden und bezieht mit seinem Freund Adolf Abromeit Posten in einem Jagdhaus weit vor dem Dorf. Unglücklicherweise entdeckt er dort während des Wartens eine neue Lektüre: »Ein Zittern durchlief seinen Körper, eine heillose Freude rumorte in der Brust, und er lehnte hastig, wie ein Süchtiger, die Flinte an einen Stuhl, warf sich, wo er stand, auf die Erde und las. Vergessen war der Schmerz der Kälte in den Zehen, vergessen war Adolf Abromeit an der Luke und Wawrila aus den Sümpfen: der Posten Hamilkar Schaß existierte nicht mehr.« Er unterbricht seine Lektüre auch nicht, als der Räuber Wawrila mit seinen Leuten heranrückt und der Mitverteidiger Abromeit durch einen Schuß ins Ohr außer Gefecht gesetzt wird. Selbst als Wawrila neben ihm steht und ihm mit unmittelbarer Erschießung droht, besteht Hamilkar darauf, erst noch zu Ende zu lesen. »Da packte . . . Wawrila und seine Bagage ein solch unheimliches Entsetzen, daß sie, ihre Flinten zurücklassend, dahin flohen, woher sie gekommen waren . . .«

Eine amüsante Geschichte zweifellos: die Sprengkraft der Bildung treibt die Ungeheuer in die Sümpfe zurück. Und der bildungsbesessene Held wird auch nicht einfach vorgeführt; man spürt Sympathie, wenn nicht gar Solidarität des Autors mit seiner Figur. Aber: mit Realität hat das alles – wenn man vom Analphabetismus absieht – wenig zu tun. Die Ursachen des Konflikts zwischen slawischen Angreifern und masurisch-deutschen Verteidigern werden nicht erklärt, und niemand ist ernsthaft getroffen

75 Siegfried Lenz: So zärtlich war Suleyken. Masurische Geschichten (= Fischer Taschenbuch 312), Frankfurt/M. 1978, S. 117 f.
76 Ebd., S. 7–12.

worden: Abromeit hat vorbeigeschossen und ist seinerseits nur an einem gewissermaßen symbolischen Körperteil getroffen worden. Denn mit der Figur Abromeit verfährt der Dichter durchaus nicht so behutsam wie mit dem Lesefanatiker; von Abromeit heißt es gleich beim ersten Auftreten, daß er » Zeit seines Lebens nicht mehr gezeigt hatte als zwei große rosa Ohren«. Abromeit wird zum komischen Objekt reduziert, und er hat in den anderen Geschichten dieser Sammlung etliche Leidensgenossen, so den Schuster Kuckuck, der zunächst » mit Trichterbrust und ungleich langen Armen« ausgestattet und dann wegen seiner Magerkeit zu »einem Stück Schusterschnur« vereinfacht wird. Solche komischen Verunstaltungen erinnern an Volkstheater (und innerhalb dieser Gattung mehr an den » Komödienstadel« als an Nestroy); wie in Gregor von Rezzoris » Maghrebinischen Geschichten« (1953) wird Heimat mit exotisch-urigen Typen besetzt, über die von aufgeklärter Position aus herzlich gelacht werden darf.

Noch deutlicher dokumentiert sich das zunächst ziemlich unreflektierte Verhältnis des Autors zum Phänomen Heimat jedoch darin, daß er in den masurischen Geschichten eine weitgehend heile Welt zimmert, in der jeder seinen Platz kennt und einhält, in der die Nachbarn gegen Fremde zusammenhalten, in der fast jeder Streit durch Versöhnung beigelegt wird, in der traditionelle Verhaltensweisen häufig den Fortschritt entbehrlich erscheinen lassen. Obwohl sich zu jedem dieser Punkte mehrere Belege anführen ließen, wollen wir hier nur den letzten anhand von zwei Geschichten veranschaulichen.

In »Eine Kleinbahn namens Popp«[77] soll ebendieselbe nach ihrer Fertigstellung am Endpunkt Suleyken feierlich eingeweiht werden: »Sie war neu und braun. Stand mit ihren Rädern auf den Schienen, diese Kleinbahn, hatte drei Wagen, eine Lokomotive, sah ganz nach was aus.« Das Dorf stellt sich der Innovation zunächst durchaus ohne feste Meinung: »Die Suleyker Gesellschaft prüfte alles genau, wimmelte durcheinander, klopfte, schraubte, drehte, machte hier was auf und das was, roch und schimpfte, stieß Laute der Verwunderung aus oder seltsame Rufe der Angst; auch Jubel konnte man hören.« Dann aber erklärt der auswärtige Festredner den Dörflern die ungeheure Bedeutung der neuen Einrichtung: Amerika sei dadurch jetzt zum Greifen nah, »wir sind geworden Nachbarn von Amerika«. Eine Diskussion entspinnt sich, die Suleyker entdecken immer mehr mit der Eisenbahn verbundene Probleme. Schließlich fragt die vorher dem Anschein nach beschränkteste Suleykerin, warum sie denn alle nach Amerika fahren sollten: »Ist's hier nicht auch schön?« Großer Beifall, nur wenige Suleyker wollen jetzt noch an der Probefahrt teilnehmen, und diese wenigen springen dann noch unterwegs ab. Die Kleinbahn muß nach kurzer Zeit mangels Zuspruchs den Betrieb einstellen, Suleyken bleibt Insel, die Heimatidylle unzerstört.

77 Ebd., S. 68–74.

Noch deutlicher stellt sich uns das Verhältnis Suleykens zum Fortschritt in »Eine Sache wie das Impfen« dar[78]. Das Kreisgesundheitsamt schickt eine Kommission ins Dorf, die die in Armut und Schmutz aufwachsenden 16 Kinder einer Dorfbewohnerin impfen und die Mutter zu hygienischem Verhalten veranlassen will. Vor Vollzug der Impfaktion fliehen die Kinder, verstecken sich tagelang und werden dabei von der Mutter heimlich verpflegt. Schließlich hat die Kommission doch noch Erfolg, die Kinder lassen sich endlich impfen, und die Mutter wird dazu überredet, sie nicht mehr gemeinsam aus einem großen Topf, sondern einzeln von Tellern essen zu lassen. Aber gerade dieser Ratschlag führt nach Abzug der Kommission zu allgemeiner Krankheit. Da stellt Mutter die Teller weg und wieder den großen Topf mit Kohl auf die Erde:»Und siehe da: das schon welke Leben begann – sacht, versteht sich – wieder zu knospen, das Fieber blieb langsam weg und schließlich auch die anderen Übelkeiten. Und nachdem, militärisch gesprochen, der Donner verraucht war, ereignete sich das Leben wieder nach Suleyker Art: nämlich blühend.« Dieses blühende Leben führt Fortschritt und Hygiene ad absurdum, es besiegt aber ganz nebenbei auch die Armut; denn Kohl ist offenbar in Suleyken immer ausreichend vorhanden, woher er auch kommen mag.

In einem Aufsatz über den masurischen Humor »Lächeln und Geographie«[79] hat Siegfried Lenz den masurischen Humor mit dem Humor von Jean Pauls Schulmeisterlein Maria Wutz verglichen: beide entsprängen »pfiffiger Selbstbeschränkung und fideler Einfalt«[80]. Gegen diese Gleichsetzung (die Lenz sicher auch für seine Suleyker Figuren geltend macht) hat Theo Elm mit Recht eingewendet:»Wutzens Idylle ist von der Inhumanität der Gesellschaft und Herrschaft bedroht, muß ihr listig abgewonnen und mit Leid erkauft werden; die Suleyker aber sind frei, unter sich und leiden allenfalls an den Mißgeschicken ihres Alltags. Ihre Situation ist die des komischen Personals der von aktueller Gesellschaftsbezogenheit entfernten Schwänke[81].« Die masurischen Geschichten seien als »gänzlich unpolitische Dichtung« einzustufen. Vielleicht erklärt gerade dies mit ihren großen Erfolg: von der Taschenbuchausgabe wurde 1979 bereits das 972. Tausend aufgelegt.

In Anknüpfung an diesen Bestseller veröffentlichte Lenz 1975 unter dem Titel »Der Geist der Mirabelle«[82] zwölf Kurzgeschichten aus »Bol-

78 Ebd., S. 85–89.
79 Siegfried Lenz: Lächeln und Geographie. Über den masurischen Humor. In: Ders.: Beziehungen, Ansichten und Bekenntnisse zur Literatur (= dtv 800), München 1972, S. 75–87.
80 Ebd., S. 77.
81 Elm (vgl. Anm. 74), S. 202.
82 Im folgenden zitiert nach der Taschenbuchausgabe: Siegfried Lenz: Der Geist der Mirabelle. Geschichten aus Bollerup (dtv 1445), München 1979.

lerup«, einem Dorf an der dänischen Küste, das mit Suleyken vieles gemeinsam hat, obwohl der Autor dies in seinem Vorwort zunächst zu bestreiten scheint: »Bollerup ist kein vergessenes Dorf. Es liegt weder im Rücken der Geschichte [wie Suleyken] noch in der geographischen Abgeschiedenheit, die der Idylle bekömmlich ist.« Es sei »ein Dorf von heute«, in vielem schon der städtischen Kultur angeglichen, jedoch nicht in allem: »In seinen Geschichten bewahrt sich Bollerup seine Eigenart, seinen verborgenen Charakter, meinetwegen sein zweites Gesicht [83].« In den folgenden Geschichten, die Lenz vorgeblich nur referiert, kommt das »Dorf von heute« dann kaum noch vor, um so mehr jedoch der »verborgene Charakter« bzw. »heimatspezifische« Charaktere, die eng mit dem Suleyker Personal verwandt sind. So z. B. schon der äußeren Erscheinung nach Sven Feddersen in der Geschichte »Hintergründe einer Hochzeit« [84]: »Ein langarmiger Mann mit schleppenden Bewegungen, mit wäßrigen Augen und dem Hals eines ausgewachsenen Truthahns«. Dieser Sven, ein wohlhabender Bauer, erregt lange Zeit dadurch die Verwunderung der anderen Dorfbewohner, daß er unverheiratet bleibt. Mit siebenundfünfzig Jahren jedoch verlobt er sich mit Elke Brummel »einer zarten, aber zähen Person, die beliebt war wegen ihrer Fähigkeit, Unterhaltungen wortlos zu bestreiten, alles Wesentliche durch Nicken zu sagen«. Allerdings zögert er dann die Hochzeit noch einmal neun Jahre hinaus, im ersten Jahr mit der Begründung, daß sein Onkel gestorben sei, danach ohne Angabe von Gründen. Auf der Hochzeitsfeier erklärt er sein merkwürdiges Verhalten auf Befragen dann so: »Als mein Onkel starb, da hinterließ er mir einen ganzen Keller voll Johannisbeerwein. Es gibt nichts, was ich so gern trinke wie dieses Zeugs. Nachdem ich die erste Flasche probiert hatte, sagte ich mir: heiraten kannst du, wenn der Keller leer ist; denn so ein Tröpfchen, das trinkt man besser allein.« Erst der Wein, dann das tumbe Weib: ei wie lustig geht's in Bollerup zu und wie wirklichkeitsnah.» Verpuffende, gelegentlich auf den Autor zurückschlagende Satire, Kompensation mangelnder erzählerischer Materie durch pointenhafte Zuspitzung und Überhöhung ins Groteske, Stilisierung des dänischen Dorfes Bollerup zu einer eigenen Welt außerhalb der Welt – diese Hauptzüge der Sammlung widersprechen der erklärten Absicht des Autors, Geschichten vom Lande als auf gegenwärtige Wirklichkeit bezogene Geschichten zu erzählen, Regionalismus und Realismus zu verbinden [85].« Man könnte Lenzens Bollerup mit einem Marionettentheater vergleichen, auf dem – zur Belustigung der verehrten, immer wieder mit der Anrede »Nachbarn« geköderten Zuschauer –

83 Ebd., S. 9 f.
84 Ebd., S. 74–79.
85 Norbert Mecklenburg: Dorfgeschichten als Pseudorealismus. In: Text und Kritik, H. 52: Siegfried Lenz, München 1976, S. 30–34, hier S. 34.

deformierte Figuren kuriose Späße aufführen müssen, Figuren, für die der Autor deutlich weniger Verständnis und Sympathie aufbringt als einst für seine Masuren. Das mag darin begründet sein, daß »Bollerup« für den Autor nicht nur Zweitheimat, sondern auch Zweitwohnsitz ist: seinen ersten Wohnsitz hat er in der Großstadt Hamburg.

Unter den Bollerup-Geschichten findet sich auch eine, die sich explizit mit der Heimatdichtung und deren Rezeption auseinandersetzt, und die deshalb natürlich besondere Aufmerksamkeit verdient[86]. In der heilen Inselwelt lebt, so will es jedenfalls der Autor, auch die »Bauerndichterin« Alma-Bruhn Feddersen, die eines Tages das Dorf zu einer Lesung aus ihren gesammelten Werken einlädt. Diese Dichterin wirkt schon äußerlich derart abstoßend (»herrisch, mit unwirschem Doggengesicht trat sie aufs Podium, eine riesige schwarze Häkeldecke über dem birnenförmigen Körper«; »bei den ruckhaften Bewegungen ihres Kopfes schlakkerte das hängende Wangenfleisch«), daß sie normalerweise kaum auf Zuhörer rechnen dürfte. Aber Lenz will es anders: das ganze Dorf ist da und erwartet demütig den Kunstgenuß. Nach einigen Einschüchterungsmanovern (sie schneuzt sich so kraftvoll, »daß die elektrischen Birnen im Saal zu flackern begannen« und diszipliniert durch »sengenden Blick« und Moralpredigt einen betrunkenen Störenfried) läßt sie hören, »was ihr in selbstgewählter Einsamkeit eingegeben wurde«: das sind durchweg triviale Klischees wie »wunde Rehlein, die im Schnee nach Gräsern graben«, »weidende, rote Rößlein« oder »das fröhliche Zischen der Sicheln«. Das Publikum ist nicht sehr beeindruckt, einzelne wagen sogar Kritik: »Mir ist es noch nie gelungen, dies Zischen zu hören . . ., denn in Bollerup gibt es keine Sicheln mehr.« Und ein Forstgehilfe moniert, daß nur Hirsche im Schnee nach Gräsern graben, nicht aber Rehe. Alma zeigt daraufhin nicht etwa Einsicht, sondern beschimpft ihre Hörer als geistig Behinderte (»so kann nur einer reden, der täglich sein Quantum mit dem Vorschlaghammer auf die Birne bekommt«). Da ist endlich die Geduld der Bolleruper zu Ende, sie zwingen die Bauerndichterin zum Rückzug und zur Herausgabe des Eintrittsgeldes; abgehend bemerkt sie noch: »Hier hat man zuviel Sinn für Tatsachen, darum ist Dichtung reine Verschwendung für euch.«
Zu dieser Geschichte meint Winfried Baßmann: »Die mit dem Anspruch auf Realismus auftretende Heimatdichtung wird demaskiert durch den eigentlichen Realismus der Bolleruper, die sich als politische Figuren entpuppen[87].« Diese Bewertung erscheint uns allerdings nicht

86 Vgl. für das Folgende die Geschichte »Die Bauerndichterin«, in »Geist« (Anm. 82), S. 80–94.
87 Winfried Baßmann: Siegfried Lenz. Sein Werk als Beispiel für Weg und Standort der Literatur in der Bundesrepublik Deutschland (= Abhandlungen zur Kunst-, Musik- und Literaturwissenschaft Bd. 222), Bonn 1976, S. 27.

angemessen. So wie die Bauerndichterin auftritt, bedarf es keiner Demaskierung. Lenz drischt offensichtlich auf einen Popanz ein: diese Art von Heimatdichter dürfte doch ausgestorben sein. Und die Bolleruper demonstrieren weniger Rationalität oder kritisches Bewußtsein als vielmehr eine groteske Naivität, die nicht nur dem Kitsch, sondern auch ästhetisch hochwertigen Realitätsumformungen den Boden entzieht. Diese Abrechnung des Autors Lenz mit der Heimatideologie bzw. einer ihrer Erscheinungsformen ist unserer Ansicht nach mißlungen, weil er es sich hier zu einfach macht und aus einem eher ins vorige Jahrhundert gehörenden »Heimat«-Milieu recht fragwürdige komische Effekte destilliert.

Die Ideologiekritik in dem nur drei Jahre später erschienenen Roman »Heimatmuseum« [88] dagegen ist recht gewichtig: der Autor hat offenbar gründlich nachgedacht, vielleicht unter dem Einfluß von Kritikern wie Mecklenburg [89], die bei ihm eine starke Diskrepanz zwischen politischem Anspruch und Umsetzung im schriftstellerischen Werk monierten. Jedenfalls lohnt hier eine detaillierte Analyse.

Da anzunehmen ist, daß der Umfang dieses Prosawerkes (650 Seiten) so manchen bisher noch vom Lesen abgehalten hat, vorab ein Abriß der Handlung: Im Mittelpunkt steht die Beziehung zweier Männer zueinander und zum Komplex »Heimat«. Beide sind so um 1905 geboren, in Lucknow, einem masurischen Städtchen nahe der polnischen Grenze, in dem unschwer der Heimatort Lyck des allerdings zwanzig Jahre jüngeren Autors zu erkennen ist. Zu Beginn des Buches berichtet der Ich-Erzähler Zygmunt Rogalla vom Brand des von ihm nach dem Zweiten Weltkrieg in Schleswig-Holstein eingerichteten masurischen Heimatmuseums. Er hat das Feuer selbst gelegt, dabei sein benachbartes Wohnhaus aus Fahrlässigkeit mit niedergebrannt und sich schwere Brandverletzungen zugezogen, als er vergeblich das Wertvollste zu retten versuchte. Zygmunt liegt deshalb jetzt im Krankenhaus, wo ihn Tag für Tag ein mit seiner Tochter befreundeter jungen Mann besucht, dem er zwecks Erklärung der Brandstiftung die Geschichte seines Lebens und besonders seiner gescheiterten Freundschaft mit Conny Karrasch erzählt. Kindheit und Jugend Zygmunts sind wesentlich geprägt von seinem Onkel Adam, einem »freiberuflichen Heimatforscher«, der mit immensem Fleiß in seinem Haus Zeugnisse der masurischen Vergangenheit zusammenträgt und konserviert. Er vermittelt dem jungen Zygmunt, der ihm schon als Kind beim Ausgraben und Ordnen helfen darf, die Erkenntnis, »daß Weltkunde mit Heimatkunde beginnt – oder mit ihr endet« [90] und dazu eine so starke Motivation für das Sammeln

88 Siegfried Lenz: Heimatmuseum. Roman. Hamburg 1978.
89 Vgl. Anm. 12.
90 Heimatmuseum (Anm. 88), S. 15.

von Heimat-Zeugnissen, daß der Neffe später – nach einer schweren Erkrankung des Onkels – das private Museum weiterführt und ausbaut. Die Tradition der Heimat wird jedoch nicht nur durch den Onkel an ihn herangetragen, sondern auch durch den Vater, der – auf Alchimie und Volksmedizin gestützt – Wundermittel gegen Krankheiten produziert und verkauft, und durch seine Lehrmeisterin Sonja Turk, bei der er das Handwerk der Teppichweberei erlernt, d. h. präziser: die künstlerisch hochstehende Herstellung von Wandteppichen mit masurisch-slawischer bzw. manchmal auch magischer Symbolik. Bei seiner Arbeit für das private Heimatmuseum wird Zygmunt von seiner Familie, er heiratet Connys Schwester Edith, von Schulfreunden und schließlich auch vom Lucknower Heimatverein unterstützt. Schulfreund Conny, der Setzer und dann Redakteur bei der Lucknower Zeitung wird, betrachtet das Museum allerdings mit gemischten Gefühlen: er bemerkt, wie das Museum schon bei der Abstimmung 1920, bei der unter der Aufsicht des Völkerbundes die Lucknower für Deutschland oder Polen votieren sollen, und erst recht ab 1933 in den Sog des Chauvinismus gerät. Conny bestärkt Zygmunt darin, den Forderungen der Nationalsozialisten nach »Reinigung« des Museums von slawischen Belegen und nach Umformung in ein nationalsozialistisches Kampfinstrument hinhaltenden Widerstand entgegenzusetzen. Als die Pressionen ihren Höhepunkt erreichen, schließt Zygmunt sein Museum für die Öffentlichkeit und entzieht es damit dem Zugriff der völkischen Kulturpfleger. Im Laufe des Krieges wird Zygmunt eingezogen, aber schon nach kurzer Zeit wegen schwerer Verwundung entlassen. Nach seiner Rückkehr eröffnet er heimlich wieder das Museum: er möchte wenigstens einer kleinen Zahl von Mitbürgern die Möglichkeit zu gewissermaßen objektiver historischer Orientierung bieten, zur Vertiefung »in die vielgestaltige Chronik der Vergeblichkeit« und damit zur Distanz von faschistischen Parolen. Conny, der, vom Wehrdienst freigestellt, inzwischen aktiven Widerstand gegen die Nationalsozialisten betreibt, bezweifelt den von Zygmunt angestrebten Effekt: »Wann werdet ihr merken, daß Heimat nichts ist als die Freistätte ungebrochener Überheblichkeit und beschränkter Selbstfeier: ein Alibi[91].« Zygmunt läßt sich aber nicht beirren; noch beim Grabenausheben als Volkssturmmann sammelt er vorgeschichtliche Belege und packt schließlich, zur Flucht mit dem Treck gezwungen, die wichtigsten Stücke ein: »Du mußt mir schon glauben, daß ich die Funde und Dokumente, daß ich Belege und vielfache Beweise für unsere tief verfädelte Existenz nicht deshalb zum Transport fertig machte, weil sie dereinst einen Anspruch begründen, ein Recht einklagen sollten; vielmehr packte ich und legte alles zurecht, weil es einfach zu uns gehörte, zu unserer Gegend, zu unserem Leben, zu den gesicherten Erkenntnissen über uns

91 Ebd., S. 480.

selbst, mit deren Hilfe wir die krummen Pfade unserer Herkunft zurückverfolgen konnten . . .[92].« Im Laufe der Flucht mit Leiterwagen und Schiff geht nicht nur ein Teil des Museumsgutes verloren, sondern auch Zygmunts Familie: der Sohn wird von einer Kugel getroffen, Mutter und Lehrmeisterin ertrinken, die Frau bleibt verschollen.

Allein kommt er in der Gegend von Schleswig an, findet aber sofort mit all seinen Sachen Aufnahme bei einem hilfsbereiten älteren Paar, das ihm schließlich ein Haus vermacht, in dem er auch sein Handwerk wieder ausüben kann, unterstützt von Schülern, seinem ehemaligen Klassenkameraden Simon und seiner neuen, aus Schleswig-Holstein stammenden Ehefrau Carola. Simon und Carola animieren ihn zum Neubau und zur Wiedereröffnung des Museums, zu der sich auch Conny Karrasch einfindet, der noch in den letzten Kriegstagen von der Gestapo verhaftet, von den Russen zunächst befreit, dann aber für viele Jahre in ein Kriegsgefangenenlager verschleppt worden war. Conny arbeitet wieder als Journalist, er gibt jetzt für seine vertriebenen Landsleute den »Lucknower Boten« heraus.

Zygmunt stellt jedoch bald mit großem Erschrecken fest, daß der alte Freund den politischen Standort gewechselt hat: Aus dem überzeugten Widerstandskämpfer, der sich der Wahrheit so verpflichtet fühlte, daß er dafür in einem spektakulären Prozeß vor einem NS-Gericht sein Leben riskierte, ist ein Vertriebenen-Funktionär geworden, der sich sein Heimatblättchen ausgerechnet von Reschat, dem einst führenden Nationalsozialisten Lucknows, finanzieren läßt, ein »beflissenes Sprachrohr biedermännerbündisch auftrumpfender Vertriebenen-Militanz«[93]. Conny Karrasch, der Zygmunt einst zum Widerstand gegen die Gleichschaltung des Museums ermutigt hatte, tritt jetzt mit Unterstützung des neugegründeten Lucknower Heimatvereins selbst für die Ausrichtung der Ausstellung auf die aktuelle Politik der Vertriebenen-Verbände ein. Das wird besonders deutlich, als – in Anwesenheit von Zygmunt und Conny – ein polnisches Fernsehteam das Museum filmt. Nach dem Besuch will Conny alle Stücke entfernt wissen, aus denen sich ein polnischer Anspruch aufs masurische Grenzland herleiten ließe, dazu aber auch nationalsozialistische Propagandaplakate, die er selbst einst beigesteuert hatte: »Diesmal also war es Conny, der einen Anlaß zum großen Sortieren gegeben sah.« Zygmunt wehrt sich und verweist ihn – wie einst die Faschisten – darauf, daß das Museum samt Inhalt Privatbesitz sei. Darauf droht ihm Conny mit Boykottaufrufen durch »Lucknower Boten« und Heimatverein. Einige Tage später findet das Lucknower Heimat-Treffen statt, auf dem mit Hilfe Connys ausgerechnet der Altnazi Reschat zum neuen Vorsitzenden des Heimatvereins gewählt wird.

92 Ebd., S. 537.
93 So Peter Wapnewski in seiner Rezension des Romans in Der Spiegel (Nr. 34/1978, S. 160–162); Wapnewski sieht richtig in dem unbegründeten Wesensbruch der Figur Conny Karrasch einen entscheidenden künstlerischen Mangel.

Conny teilt Zygmunt mit, daß mit Reschat schon die Übernahme des Rogallaschen Museums durch den Heimatverein beschlossen sei:»Eine neue Ära beginnt.«Die aber kann Gralshüter Zygmunt nicht zulassen: weil er sich den Fanatikern nicht gewachsen glaubt, vernichtet er, um ganz sicher zu gehen, sein Lebenswerk. Die Reaktion auf diese Tat wird nur angedeutet: Unverständnis bei Familie und Freunden (mit Ausnahme des progressiven Sohnes aus der zweiten Ehe), und Conny denunziert ihn öffentlich als»treulosen Treuhänder der Vergangenheit«.

Jeder Kulturforscher weiß, daß gerade Heimatmuseen sehr unterschiedliche Zeugnisse beinhalten können. Zwecks Ermittlung des Lenzschen Heimatverständnisses erscheint es uns unbedingt notwendig, den Inhalt von Zygmunts Museum zu charakterisieren. Insgesamt gesehen dominiert Älteres (von vorgeschichtlichen Grabbeigaben bis zur Volkskunst des frühen 20. Jahrhunderts) über Neueres (z. B. Dokumente aus der NS-Zeit) und Schönes bzw. Wertvolles (Silberschmuck, Volkskunst) über Alltägliches (z. B. Bügeleisen, Kohlstampfer, Spielzeug). Aber wichtig erscheint uns, daß die Gegenwart und das»kleine, private Leben«[94] überhaupt repräsentiert sind, daß neben den Kriegen – dokumentiert durch Waffen, Uniformknöpfe, Aufmarschpläne – auch die Arbeitswelt berücksichtigt ist. Auch wenn dem Autor Lenz die Museumsdidaktik der Gegenwart offenbar nicht geläufig ist (merkwürdigerweise sind aus Rogallas Museum Fotografien verbannt; Grund: sie besäßen nicht die Ausstrahlungskraft der»Dinge«)[95], so kann man konstatieren, daß die Besucher hier, zumal wenn Zygmunt sie sachkundig führt, durchaus etwas über Geschichte und Gesellschaft einer Region erfahren können. Besonders ausgeprägt ist die Einbeziehung schriftlicher Quellen: Rezeptbücher, Dokumente für Eß-, Trink- und Arbeitsgewohnheiten, Urkunden, Briefe und ein von den Rogallas selbst erstelltes masurisches Wörterbuch.
Auch die Thematisierung des Krieges in diesem Museum scheint annehmbar: der Akzent liegt hier nicht bei deutschen Siegen bzw. Abwertung/Beschimpfung der Gegner, sondern bei den negativen Auswirkungen jedes Krieges auf Natur, Kultur und die Menschen des davon betroffenen Gebiets. Lenz ist an keiner Stelle Chauvinist oder auch nur Nationalist, das muß zu seiner Ehre gesagt werden. Er zeigt andererseits aber auch kein konsequentes politisches Bewußtsein. Das wird z. B. an seiner Darstellung des Faschismus deutlich. Lenz läßt zwar den Faschismus durch seine Hauptfiguren Zygmunt und Conny negativ bewerten, zeigt aber weder die Ursachen für diese Bewegung auf noch politische Gründe für den Widerstand dagegen. Zygmunt leistet Widerstand nur als Hüter

94 Vgl. Heimatmuseum (Anm. 88), S. 255.
95 Ebd., S. 325.

des Museums bzw. der unverfälschten Heimatgeschichte[96]; Conny gehört zwar einer Widerstandsgruppe an – deren politische Orientierung bezeichnenderweise nicht angegeben wird –, tritt aber im wesentlichen nur gegen Rechtsbrüche oder Brutalitäten der Nazis in Aktion. Diese Brutalität manifestiert sich nur in einzelnen Personen (Reschat), nicht aber im System.

Zurück zum Komplex »Heimat«! Lenz definiert die regionale Zugehörigkeit nicht nur durch die Ansammlung von symbolträchtigen Gegenständen im Museum, sondern – durch den Erzähler Zygmunt Rogalla – auch verbal, negativ ausgrenzend und positiv. Heimat ist für ihn *nicht* »der Ort, wo sich der Blick von selbst näßt, wo das Gemüt zu brüten beginnt, wo Sprache durch ungenaues Gefühl ersetzt werden darf«[97] und schon gar nicht »die Freistätte ungebrochener Überheblichkeit und beschränkter Selbstfeier«[98] oder ein Anlaß zum »Haß auf die anderen«[99]. Für Rogalla-Lenz ist Heimat vielmehr »der Winkel vielfältiger Geborgenheit, es ist der Platz, an den man aufgehoben ist, in der Sprache, im Gefühl, ja, selbst im Schweigen aufgehoben, und es ist der Flecken, an dem man wiedererkannt wird; und das möchte doch wohl jeder eines Tages: wiedererkannt, und das heißt: aufgenommen werden . . .«[100]. Heimat bestätigt also die (Bedeutsamkeit der) eigene(n) Existenz: »im Heimatgefühl liegt auch der Anspruch, unverwechselbar zu bleiben«[101]. Heimat als Antidot gegen die Anonymität der heutigen Massengesellschaft, aber auch gegen die Vergänglichkeit: »Herausgefordert durch Vergänglichkeit, versuchen wir, den Zeugnissen unseres Vorhandenseins überschaubare Dauer zu verschaffen, und das kann nur an begrenztem Ort geschehen, in der ›Heimat‹«[102]. Nun ist kaum bestreitbar, daß die Erlangung von räumlicher und zeitlicher, d. h. von geschichtlicher Bedeutsamkeit, eine legitime Zielsetzung ist. Aber: Gibt es nicht auch andere, damit konkurrierende legitime Zielsetzungen? Und, das erscheint uns noch wichtiger: Kann die legitime Zielsetzung »Identität« nicht auch in anderen Zusammenhängen realisiert werden? Der Schriftsteller Siegfried Lenz z. B. erlangt »Unverwechselbarkeit« und »Dauer« in der gegenwärtigen und künftigen Rezeption durch seine Leser, denen er nicht nur die Erfahrung von Heimat vermittelt.[103] Lenzens positivem

96 Ebd., S. 401.
97 Ebd., S. 120.
98 Ebd., S. 479.
99 Ebd., S. 233.
100 Ebd., S. 120.
101 Ebd., S. 348.
102 Ebd., S. 143.
103 Sein 1979 aus der DDR (vorläufig?) emigrierter Kollege Günter Kunert bemerkte zu diesem Thema kürzlich in einem Interview: »Als Autor lebt man zuallererst im merkwürdigen Land der Literatur . . . Schreiben ersetzt Heimat.« In: Niklas Frank. Schreiben ersetzt Leben. »Stern« Nr. 13/1981, S. 167–170; hier S. 170.

Heimatbegriff mangelt es an der notwendigen Relativierung. Er ist deshalb ungewollt ideologisch, wenngleich natürlich viel sympathischer als dasjenige Verständnis von Heimat, gegen das Lenz seinen Helden Zygmunt antreten läßt. Das Bestreben, im Heimatbezug Identität zu gewinnen, hat den Autor (durch den Mund seines Ich-Erzählers) zudem an einigen Stellen doch zur Überbewertung der eigenen Heimat, zu »ungenauen Gefühlen«, veranlaßt; so schreibt er der im allgemeinen recht eindrucksvoll beschriebenen Heimatlandschaft gelegentlich eine Einzigartigkeit zu, die objektiv nicht gegeben ist: »Wer nicht diese Stille erlebt hat, in Masuren, im Winter, der kann gar nicht mitreden, wenn über Stille gesprochen wird[104].« Wirklich?
Damit sind wir bei einer der vielen kleinen Ungenauigkeiten, die, wie Wapnewski meint[105], den Wert dieses literarischen Werkes mindern. Wir können in unserem Zusammenhang darauf nicht näher eingehen, sollten jedoch abschließend noch die Frage diskutieren, ob die Vernichtung des Museums wirklich sinnvoll war: »Warum aber dieser wütende Akt des Ausbrennens[106]?« Könnte man wirklich den Mißbrauch von (Heimat-)Geschichte durch derart spektakuläre Aktionen verhindern? Wäre nicht eine argumentative Auseinandersetzung in der Öffentlichkeit (z. B. bei einer Zusammenkunft von Vertriebenen) eher angebracht als eine Art »Kulturrevolution?« Hier müssen wir allerdings Siegfried von Zygmunt trennen: Siegfried hat ja nicht gezündelt, sondern öffentlich argumentiert. Nur kam diese Argumentation sehr spät, vielleicht schon zu spät; die politische Bedeutung der Vertriebenen-Verbände und ihrer ideologischen Zielsetzungen ist gegenwärtig nur noch gering. Wie im Fall der Bauerndichterin Alma-Bruhn Feddersen wird hier eigentlich ein Angriff gegen etwas Nicht-mehr-Aktuelles vorgetragen (und die Chance vertan, sich mit Aktualisierungen der Heimatideologie z. B. in der Selbstdarstellung von Bundesländern und Kommunen auseinanderzusetzen!). Im Grunde rechnet Lenz in diesem Buch mit seiner eigenen Vergangenheit ab, präziser: mit seinem früheren unreflektierten Heimat-Gebrauch. »Ein Schwank, ein dickaufgetragener, ein selbstzufriedener Schwank?[107]«. Eben darin verkörpere sich Heimat nicht, versucht Zygmunt Rogalla seinem kritischen Zuhörer Martin Witt klarzumachen. Suleyken scheint Lenz – obwohl er es in Bollerup und noch in einigen Episoden des hier analysierten Romans fortsetzte – inzwischen zu bedrücken. Im »Heimatmuseum« wird es mitverbrannt.

---

104 Heimatmuseum (Anm. 88), S. 58 f.
105 Vgl. Wapnewski (Anm. 93).
106 Ebd.
107 Vgl. Heimatmuseum (Anm. 88), S. 120.

4. Drei Nest-Beschmutzer: Franz Innerhofer, Gernot Wolfgruber, Elfriede Jelinek

Ausgerechnet in Österreich, dem Land, in dem Peter Rosegger immer noch zu den Spitzenautoren zählt, hat sich in den siebziger Jahren ein Typus des Heimatromans entwickelt, den Norbert Mecklenburg völlig richtig als »radikale Anti-Heimatliteratur« bezeichnet [108]. Gemeint sind Franz Innerhofers Arbeiten »Schöne Tage« (1974), »Schattseite« (1975) und »Die großen Wörter« (1977), Gernot Wolfgrubers »Herrenjahre« (1976) und Elfriede Jelineks »Die Liebhaberinnen« (1975) [109]. Diese österreichischen Autoren sind 1944 und 1946 geboren, gehören also schon einer anderen Generation an als Siegfried Lenz; vielleicht erklärt diese Tatsache vor anderem, daß die Heimatideologie der Vergangenheit sie an keiner Stelle mehr fasziniert, vielmehr generell zur Destruktion animiert. Wir werden uns allerdings die Frage stellen müssen, ob hier die Zerschlagung der ideologischen Fassade die Realität menschlichen Verhaltens hervorbringt oder ob das Kind mit dem Bade ausgeschüttet, die Realität negativ verfremdet wird.

Bei Franz Innerhofer wäre eine solche negative Überzeichnung verständlich: er hat »Heimat« als Zuchthaus erfahren. Wie sein alter ego Franz Holl in den Romanen wurde er als unehelicher Sohn einer Landarbeiterin im Salzburgischen geboren, war zunächst bei Pflegeeltern, dann bei der Mutter, die ihn mit sechs Jahren, weil das geringe Einkommen des Stiefvaters für Franz nicht mehr mitreichte, an den Vater, einen wohlhabenden Großbauern, als billige Arbeitskraft, als »Leibeigenen«, auslieferte. Erst mit siebzehn konnte er sich dem väterlichen Zugriff entziehen, eine Schmiedelehre erfolgreich abschließen, das Abitur nachholen und schließlich sogar studieren. Seine Kindheit und Jugend bis zur Trennung vom Vater hat er in den Roman »Schöne Tage« übersetzt, für den er 1975 den Bremer Literaturpreis erhielt.

»Der Pflege einer kinderlosen Frau entrissen, sah Holl sich plötzlich in eine fremde Welt gestellt. Es waren da große Räume und viele Menschen, die keine Zeit hatten für Kinder, denn sie mußten sich heftig bewegen. Die Felder waren verwahrlost, und die Menschen hungrig. Gleich zu Beginn stifteten die Vorgänge um Holl eine große Verwirrung in ihm [110].« Innerhofer-Holls erste Lebensjahre fallen in eine Zeit, die

---

108 Vgl. Norbert Mecklenburg: Poetisches Hinterland. Notizen zur literarischen Heimatwelle. In: Neue Zürcher Zeitung v. 4. 1. 1980, S. 27. Weitere Hinweise zum neuen österreichischen Heimatroman und speziell zu F. Innerhofer verdanken wir Hans Witke, St. Johann im Pongau.

109 Den neuen österreichischen Heimatroman repräsentieren außerdem z. B. Max Maetz (eig. K. Wiesinger) mit »Bauernroman. Weilling Land und Leute« (1972) und Gert F. Jonke mit »Geometrischer Heimatroman« (1969).

110 Franz Innerhofer: Schöne Tage. Roman. 3. Aufl., Salzburg 1974, S. 5.

vom Kriegsende und der Armut der ersten Nachkriegsjahre geprägt ist, und in der deshalb repressive Elemente in Familie, Nachbarschaft, örtlichem Milieu stärker durchschlagen als in ökonomisch günstigeren Perioden. Da Mutter und Großmutter keine Zeit für Erklärungen haben, wird das Verhalten des Kindes durch Befehle und durch Schläge bei deren Nichtbefolgung kontrolliert. Bei Holl als unehelichem Kind sind Schläge auch als Vorbeugung gegen künftige Unmoral angebracht; schließlich ist er ja vorbelastet.»Da Holl sich noch nichts zusammenreimen konnte, häufig aber Züchtigungen über sich ergehen lassen mußte, weil die Erwachsenen von ihrem Verhalten auf das des Kindes schlossen, begriff er immer weniger. Er saß oft stundenlang hinterm Küchentisch, aß nichts, fragte nichts. Dort hatte er sich so eine Art Heimat gebildet. Einmal wurde Holl vor dem Haus von einem Lastwagen niedergestoßen. Er lag mit Hautabschürfungen auf der Straße, anstatt hervorzukriechen, kroch er noch tiefer unter den Wagen hinein [111].« Dem Kind wird nicht nur die Nestwärme verweigert, sondern auch die Kommunikation; wie ein geschundenes Tier flüchtet es sich in entlegene Winkel. In dieser Trostlosigkeit und Einsamkeit bietet ihm nur der Stiefvater, der selbst als Kind viel durchgemacht hat, etwas Hilfe; in dessen Gegenwart beschränkt sich die Mutter aufs Schimpfen.

Der Stiefvater bleibt sogar einige Tage bei Holl in der neuen Umgebung, als er mit sechs Jahren dem Vater abgetreten wird. Der Vater erzwingt die Übergabe mit der Drohung, die Alimente nicht mehr weiterzuzahlen. Wenn er schon für den unehelichen Sohn aufkommt, dann möchte er etwas von ihm haben. Schon der Sechsjährige wird bei der Heuernte eingesetzt: er muß ein Pferd führen, obwohl er große Angst davor hat:»Das Stampfen der Hufe, das Schnauben, das Heuwagengepolter jagten ihm so viel Schrecken ein, daß er den Vater vergaß und davonlief, aber nur einige Schritte, dann packte ihn eine feste Hand, er blickte in das finstere Strohhutgesicht, bekam einen Schlag, spürte auf der einen Wange die Grasstoppeln und auf der anderen ein Brennen, wurde hochgerissen und fand sich weinend vor dem Pferd herlaufend wieder [112].« Dem Vater kann es eigentlich noch gar nicht um die Arbeitsleistung des Kindes gehen. Als Großbauer gebietet er über fünf Knechte, drei Mägde und – bei besonderen Anlässen wie die Heuernte – über eine Schar von Tagelöhnern. Ihm geht es aber schon jetzt um Abrichtung; der uneheliche Sohn soll ihm einmal einen guten Knecht abgeben. Das Verhalten des Vaters ist dabei durchaus zeit- und ortsgemäß, entspricht den gültigen Verhaltensnormen und wird durch alle Institutionen der dörflichen Gesellschaft (Kirche, Schule, Gemeinde) unterstützt.

Im ersten Jahrzehnt nach dem Krieg herrschen in der alpenländischen

---

111 Ebd., S. 7.
112 Ebd., S. 16.

Landwirtschaft, speziell bei den Bergbauern, noch traditionelle Produktionsformen: Es wird noch mit der Sense gemäht, mit der Hand gemolken, mit selbstgesammeltem Holz geheizt, die Almwirtschaft hat noch große Bedeutung. So werden mangels Maschinen zahlreiche Arbeitskräfte benötigt, die jedoch nicht viel kosten dürfen. Da es auf dem Lande noch wenig Industrie gibt und das Pendeln zu städtischen Arbeitsplätzen wegen der Verkehrsverhältnisse noch kaum möglich ist, ist die Mehrheit der ländlichen Bevölkerung gezwungen, ihre Arbeitskraft gegen Kost, Logis und ein Taschengeld bzw. gegen Tagelohn an mittlere und große Bauern – wie Holls Vater – zu verkaufen. Neben den Dienstboten werden aber immer noch die Familienangehörigen ausgebeutet, auch die Kinder, erst recht natürlich die illegitimen wie Holl, die keinerlei Ansprüche auf den Besitz haben, aber andererseits, weil sie »zur Familie gehören«, noch nicht einmal Entlohnung erhalten. (Innerhofer spricht von der »versteckten Leibeigenschaft« Holls.)

Diese Wirtschaftsform funktioniert nur durch Ausbeutung und Repression: »Die Dienstboten und Leibeigenen wurden, sobald einer den Kopf aus der finsteren Dachkammer reckte, sofort in die Finsternis zurückgetrieben. Jahraus, jahrein wurden sie um die Kost über die grelle Landschaft gehetzt, wo sie sich tagein, tagaus bis zum Grabrand vorarbeiteten, aufschrien und hineinpurzelten. Mit Brotklumpen und Suppen zog man sie auf, mit Fußtritten trieb man sie an, bis sie nur mehr essen und trinken konnten, mit Gebeten und Predigten knebelte man sie. Es hat Bauernaufstände gegeben, aber keine Aufstände der Dienstboten, obwohl diese mit geringen Abweichungen überall den gleichen Bedingungen ausgesetzt waren. Ein Kasten und das Notwendigste zum Anziehen waren ihre ganze Habe. Die Kinder, die bei den heimlichen Liebschaften auf Strohsäcken und Heustöcken entstanden, wurden von den Bauern sofort wieder zu Dienstboten gemacht[113].« Innerhofer schildert »Heimat« aus der Dienstbotenperspektive als ausweglose Misere, die sich so schon seit Jahrhunderten fortsetzt. Er beschreibt ihre Sozialstruktur als Klassensystem mit minimaler Mobilität.

Ein Aufstieg ist nur wenigen gelungen, so z. B. Holls Großvater (väterlicherseits). Aber mit welchen Mitteln: »Der Alte hatte als Knecht angefangen, hatte so lange Dienstboten mit allen erdenklichen Unterdrückungsschikanen geschunden, hatte seine Kinder geschlagen und geschunden, hatte seine Frau geschunden, hatte in der Kirche Kühe gehandelt und war als Großbauer gestorben, und der Vater hatte den großen zusammengestohlenen Besitz geerbt und hatte auf dem zusammengestohlenen Diebsgut sofort angefangen, die selbst erlittenen Unterdrückungsschikanen ganz bewußt andere spüren zu lassen, um sich das Diebsgut zu erhalten und zu vergrößern[114].«»Er konnte den Großvater

---

113 Ebd., S. 24.
114 Ebd., S. 180.

angehen, von wo er wollte, er stieß überall nur auf Kriminalität[115].«
Auch unter den Bauern gibt es Gemeinschaft nur, wenn es gegen die
Dienstboten und Tagelöhner geht. Sonst herrscht scharfe Konkurrenz,
die sich verbal, in Sticheleien, übler Nachrede, aber auch in mutwilliger
Zerstörung des gegnerischen Besitzes, in Diebstählen und in Prozessen
manifestiert[116].

Wir haben bereits angedeutet, daß die maßgeblichen Institutionen dieser Gesellschaft Repression und Ausbeutung fördern, wollen das jetzt
aber genauer darlegen. Als wichtigste ideologische Säule des Systems
brandmarkt Innerhofer die Kirche:»Die Priester gingen wie böse Stiere,
die man mit verbundenen Augen in das Schlachthaus führt, durch die
Tage. Von der Kanzel herunter verboten sie den vorehelichen Ge-
schlechtsverkehr und schauten in die Dienstbotengesichter, denen außer
Arbeiten alles verboten war. Heiraten hieß es, kann nur, wer etwas hat.
Aber die Dienstboten hatten nichts als ihre Not, sie waren arm wie die
Urchristen, aber längst keine Christen mehr. Sie gingen ja nur in die Kirche, weil sie mußten, weil die Bauern sie sonst hätten verhungern lassen.
Wer sich weigerte, am Sonntag in die Kirche zu gehen, wurde noch am
selben Tag vom Hof gejagt[117].« Durchaus verständlich: Da die Kirche
auch die weltliche Herrschaft verteidigt, ist der Kirchenfeind ein potentieller Umstürzler, einer, dem nicht zu trauen ist. Kirche und Besitzende
arbeiten Hand in Hand bei der Einübung und Aufrechterhaltung von
Ordnung und Disziplin. Als Holl während des Gottesdienstes mit einem
Nachbarn flüstert, muß er zur Strafe im Angesicht der ganzen Gemeinde
auf den Steinplatten knien und wird später vom Vater nochmals gezüch-
tigt. Beim Religionsunterricht in der Schule gebraucht der Pfarrer selbst
den Stock. Bei den Heranwachsenden bzw. Erwachsenen gibt es dann
ebenso wirksame Disziplinierungsmittel: Beichte und öffentlicher Tadel
unerwünschten Verhaltens. Besonders auf weibliche Dienstboten wirkt
die religiöse Repression so stark, daß manche in religiösen Wahn verfallen[118]. Jedenfalls können Bauern wie Holls Vater auch bei Konflikten in
der Arbeitswelt immer auf die autoritäre Prägung ihrer Untergebenen
durch Kirche und Schule rechnen, bzw. ihre Herrschaftsinteressen in einem entsprechend einseitigen Kommunikationsprozeß mit entsprechender Topologie leichter durchsetzen[119]. Kein Wunder, daß die Bauern die Kirche bzw. den jeweiligen Pfarrer auch finanziell unterstützen –
Holl bemerkt einmal, daß auf den Wandgemälden in der Kirche fast nur

115 Ebd., S. 188.
116 Ebd., S. 199 ff.
117 Ebd., S. 25.
118 Ebd., S. 26.
119 Ebd., S. 74: Holls Vater bearbeitet seine Leute in Einzelgesprächen mit »altherge-
brachten Beichtstuhlmethoden«.

Bauern dargestellt sind – und ihre Knechte zwingen, bei Prozessionen die schweren Fahnen zu tragen.

Bezeichnenderweise wird auch an diesem Punkt erstmals in Holls Umgebung das System attackiert: Ein Großknecht des Vaters weigert sich, der Tradition entsprechend die Prozessionsfahne zu tragen und vertreibt später den Pfarrer sogar bei einer »Hauslehre« aus der Stube seines Arbeitgebers (die Stube sei der ihm nach der Arbeit zustehende Aufenthaltsraum, dort wolle er ohne Pfarrer sitzen). Der Großknecht hat einen überzeugenden Grund für seine Ablehnung: Beim Begräbnis seines Vaters, der sich selbst das Leben genommen hatte, wollte der Pfarrer die Glocken nicht läuten lassen. Der Pfarrer läßt sich schließlich in ein anderes, wohl abgelegeneres Dorf versetzen – ein deutliches Symptom für die Auflösung des Systems, von der Holl am Ende seiner Kindheit profitieren wird.

Zunächst jedoch ist das System noch intakt. Daran hat auch die Schule einen wesentlichen Anteil, in der, auch abgesehen vom Religionsunterricht, mehr geprügelt als unterrichtet wird. Der Direktor läßt sich von Holls Vater bestechen und gestattet dafür, daß dieser seinen Sohn bei Bedarf (z. B. wenn ein Knecht krank wird) zu Hause behält. Erst recht wird geduldet, daß der Vater seinem Sohn keine Zeit für die Hausaufgaben einräumt. Holl erhält allerdings auch entsprechend schlechte Noten (mit dem Hinweis, daß er eigentlich mehr leisten könnte); wieder ein Grund zum Prügeln für den Vater. Die politische Gemeinde handelt ebenfalls im Interesse der Bauern; Bürgermeister ist entweder ein Großbauer oder einer, der es mit den Bauern nicht verderben will bzw. kann. Schließlich leistet sogar der Arzt Holls Vater Hilfestellung: Auf Anforderung schreibt er den Jungen immer wieder krank und befreit ihn damit vom Unterricht, für die Arbeit auf dem Hof.

Wen kann es da noch verwundern, daß dem Kind seine Umwelt fast immer völlig negativ erscheint: »Das Tal kam ihm vor wie ein riesig großer Kerker mit einer eingebauten Foltermaschine[120].« Vom dreizehnjährigen Holl, der schon einen erwachsenen Knecht ersetzen muß, heißt es: Er »verfluchte den Besitz und weinte verzweifelt, weil ihm die Arbeit einfach zu viel war, sie ging weit über seine Kräfte, dazu traf ihn das vernichtende Urteil, er sei langsam und faul«[121]. Auch die Natur erscheint ihm feindlich. Der »ekelerregende Gestank des Blütenstaubs« im Juni kündigt ihm und den anderen Dorfkindern wieder die rücksichtslose Ausbeutung ihrer Kräfte im Zuge der Heugewinnung an.

In dieser Hölle, in der »die Zeit stehengeblieben war«, gibt es nur wenige Lichtblicke. Dazu gehören kurze Besuche bei Mutter und Stiefvater anläßlich der Festtage und das seltene Zusammensein mit anderen Kin-

120 Ebd., S. 102.
121 Ebd., S. 190 f.

dern. Aber auch beim Spielen ist Holl nicht frei: der Vater schlägt ihn, weil er die falschen Spielkameraden hat, Armeleutekinder oder Kinder seiner Erzfeinde. Meistens ist er auch in der Freizeit zur Gemeinsamkeit mit der Familie verdammt:»Lieber hätte er sich durch den After in einen Kuhbauch zurückgezogen oder sich bis zu den Mundwinkeln in die Abortgrube versenkt, als hier so ganz allein mit der Familie in der abendlichen Idylle zu sitzen und das Schlafengehen abzuwarten [122].« Solidarität ergibt sich nicht mit den jüngeren Halbbrüdern, von denen der ältere bereits Privilegien als künftiger Hoferbe genießt, sondern im Laufe der Jahre mit den Dienstboten, die es allerdings meist nicht sehr lange bei seinem Vater aushalten und zum Teil auch gar nicht gesprächsfähig sind: »Zugehörig fühlte er sich schon lange den Dienstboten, und er bemühte sich auch um diese Zugehörigkeit, aber die Anerkennung erreichte er nur bei einigen, obwohl er es den Dienstboten gegenüber an feindlichen Bemerkungen, den Bauern und die Bäuerin betreffend, nicht fehlen ließ und sich damit oft unnötig in Gefahr brachte, weil es Leute gab, denen jedes Mittel recht war, um sich beim Bauern oder bei der Bäuerin beliebt zu machen. Die Welt der Dienstboten war die einzige, die seiner Welt . . . entsprach, aber auch sie war zerrissen und voll von Intrigen und Mißtrauen, hin und hin abgewertet, erniedrigt und voll von geheimen Schlichen, die Holl erst ausfindig machen mußte, um sich in ihr zurechtzufinden [123].« Holl erfaßt zunächst instinktiv, daß ihn mit den Dienstboten mehr verbindet als mit seiner Familie; erst mit zunehmendem Alter gelingt es ihm, unter diesen Leidensgenossen Bündnispartner auszumachen und mit diesen gemeinsam Abwehrstrategien zu entwickeln. Zwei derartige Bündnispartner werden für seine weitere Entwicklung wesentlich: die Aushilfsköchin Helga und der Melker Hermann Klein. Helga, eine ältere Frau, die weit herumgekommen ist, wird engagiert, als die Stiefmutter wegen einer Verbrühung für einige Wochen arbeitsunfähig ist. Im Gegensatz zu den anderen Dienstboten läßt sie sich nichts sagen, weder im Hinblick auf ihre hauswirtschaftliche Arbeit noch bezüglich der Einschätzung ihrer neuen Umwelt. Die Bäuerin versucht vergeblich, der Fremden ihre Sicht der bösen Nachbarn und des störrischen Stiefsohns, der mit elf Jahren immer noch ein Bettnässer sei, aufzuzwingen: alles Schlagen habe leider nicht geholfen; zwar gebe der Junge jetzt nicht mehr so leicht freche Antworten, aber dafür sei er hinterlistig geworden. Helga hält der Bäuerin vor, daß sie und ihr Mann die volle Schuld für das Verhalten Holls trügen, auch für das Bettnässen. Sie demonstriert der Stiefmutter, daß ihr das Vieh oder das Geschirr in der Küche wichtiger sei als die eigenen Kinder. Und sie zeigt der Bäuerin in Gegenwart Holls und der Mägde, wie diese jahrelang den dabei anwesen-

122 Ebd., S. 95.
123 Ebd., S. 73 f.

den Holl vor dem Gesinde und vor Besuchern heruntergemacht hat. Der Junge registriert mit Erstaunen, daß die Eltern sich die Vorhaltungen gefallenlassen:»Schon weil sie oft am Abend nach dem Kochen ins Dorf hinüberging und sich von der Trafik Zeitungen holte oder sich von Holl welche mitbringen ließ, weil sie eingeschriebene Briefe mit inländischen und ausländischen Marken bekam, weil sie selber Briefe schrieb, war sie sowohl für den Bauern als auch für die Bäuerin bald nicht mehr eine Aushilfsköchin, sondern eine Frau, die sie respektierten, ja eigentlich wegen der Zeitungen ständig ein wenig fürchteten [124].« Das Kind erlebt zum erstenmal, daß außerhalb des heimatlichen Milieus andere Wertvorstellungen existieren, auf die es sich vielleicht einmal wird beziehen können. Als Helga nach kurzer Zeit weggeht, ändern zwar die Eltern ihr Verhalten Holl gegenüber nicht, aber er kann dieses Verhalten jetzt besser ertragen, ist in seiner innerlichen Opposition bestärkt und hat auch schon Argumente für die bald beginnende offene Gegenwehr. Helga hat Holl die Kraft des Wortes gezeigt.

Ähnlich emanzipiert wirkt auf den etwa Fünfzehnjährigen der Kontakt mit dem Melker:»Mit dem neuen Melker, Hermann Klein, verstand er sich gut. Der kannte die Bauern in- und auswendig, legte dem Bauern sofort den Kollektivvertrag vor, verlangte seine freien Tage, war Mitglied der Land- und Forstarbeitergewerkschaft und sagte oft, daß er Sozialist sei. Holl unterhielt sich während der Arbeit mit ihm über die Widersprüche, in die man ihn verwickelt hatte und noch immer zu verwickkeln versuche [125].« Der Junge lernt von Klein und den anderen Knechten, bessere Arbeits- und Unterhaltsbedingungen zu fordern: er beschwert sich über schlechtes Essen und mangelnde Hygiene, und vor allem über zu große Arbeitsbelastung, zu lange Arbeitszeiten. Wo die Eltern nicht freiwillig nachgeben, betrügt und bestiehlt er sie gemeinsam mit seinen Arbeitskollegen.

Daß dieser offene Widerstand möglich ist, hängt einerseits mit Holls ständig steigendem Nutzwert für den Hof zusammen, andererseits mit einer raschen Veränderung der allgemeinen sozialen Situation, der auch die Bauern Rechnung tragen müssen. Arbeitskräfte werden knapp, auch in abgelegenen Tälern; die jungen Männer sind nicht mehr auf die Landarbeit angewiesen, sie finden zunehmend Beschäftigung in der städtischen Industrie, in dörflichen Handwerksbetrieben, beim Straßenbau, im Fremdenverkehr. Holls Vater muß zum Ausgleich dafür seinen Betrieb zumindest teilweise auf Maschinen umstellen, und es erweist sich, daß gerade der für schwere körperliche Arbeit weniger geeignete Holl beim Umgang mit Traktor, Mähmaschine usw. ein großes Geschick entwickelt. Damit hat endlich das brutale Schlagen ein Ende, und selbst Be-

124 Ebd., S. 174 f.
125 Ebd., S. 220.

schimpfungen kann der Vater in manchen Situationen nicht mehr riskieren: »Der Bauer setzte zu einem Krawall an. Klein und Holl erhoben sich gleichzeitig und warfen ihm die Melkstühle vor die Füße. Daraufhin zog sich der Bauer wortlos zurück und war auf einmal nicht mehr da [126].« Die Peitsche zieht nicht mehr, jetzt muß mehr Zuckerbrot investiert werden. Man kauft ihm Ausgehkleidung, räumt ihm dabei sogar die Auswahl ein: »Die Schuhe gefielen ihnen weniger. Er hatte sich lange, spitze, schwarze Schuhe ausgesucht, um sich gegen das Bäuerliche abzugrenzen. Der Bauer erklärte ihm sofort, daß er in solchen Schuhen nie ein ordentlicher Mensch werden könne [127].« Das eben will Holl natürlich auch nicht, er will nicht den »Knechtidioten« des väterlichen Anwesens abgeben, er will sich aus der »Menschenfinsternis« der bäuerlichen Welt befreien.

Einen ersten Befreiungsversuch hatte Holl schon mit sieben oder acht Jahren unternommen. Aus Angst vor einer bevorstehenden Züchtigung war er heimlich zu seiner richtigen Mutter gereist, in der Hoffnung, sie werde ihn beschützen. Die Hoffnung trog, er wurde umgehend zurückeskortiert ins väterliche Dorf, »das grausam und hoch vor ihm aufstieg. Felder, Zäune, Häuser und Gesichter, die er nicht mehr sehen wollte, die er auf der Flucht schon alle durch neue und viel menschenfreundlichere ausgetauscht hatte [128].« Da somit erwiesen war, daß er dem Vater nicht entfliehen konnte, sah er dann jahrelang im Selbstmord den einzigen Ausweg. Jetzt mit Siebzehn jedoch findet er die Kraft zu einem neuen Versuch: er möchte Mechaniker, Schmied oder Schlosser werden, auf den Fähigkeiten aufbauen, die er in sich entdeckt hat.

Bei der Suche nach einer Lehrstelle muß er sehr vorsichtig operieren: Sobald der Vater davon erfährt, ist nicht nur ein eindeutiges Veto zu erwarten, sondern auch konkrete Behinderungen: kaum einer der Meister im Umkreis wird es mit dem immer noch wirtschaftlich und politisch einflußreichen Großbauern verderben wollen, der, weil er etwas spürt, schon vorbeugend überall Schlechtes über den Sohn und zugleich den eigenen Anspruch auf dessen Arbeitskraft verkündet. Schließlich hat Holl doch noch Glück: ein ihm bekannter Knecht hat plötzlich Angst vor der zugesagten Lehrstelle, und der noch junge, relativ gebildete Schmiedemeister nimmt als Ersatz Holl. Alle Proteste des Vaters, alle üble Nachrede, selbst der Trick der Stiefmutter mit dem angeblich verlegten (Schul-)Entlassungszeugnis fruchten nichts mehr: Holl übersiedelt mit seinen wenigen Habseligkeiten zum Meister, bei dem er auch wohnen darf.

Der Roman »Schöne Tage« endet mit der Schilderung des Todes von

126 Ebd., S. 223.
127 Ebd., S. 224.
128 Ebd., S. 50.

Moritz. Dieser geistig und körperlich behinderte alte Mann hatte mit Holl auf dem väterlichen Hof gelebt, bzw. exakter: sein Leben fristen müssen. Er war dem Bauern von der Fürsorge zugeteilt worden, und dieser hatte ihn nicht nur bis zum Letzten ausgebeutet, sondern dazu noch geduldet, daß Moritz vom übrigen Gesinde ständig verspottet und mißhandelt wurde[129]. Während er den Sarg trägt, ist Holl trotz aller Unsicherheit über seine Zukunft froh darüber, daß er nicht wie Moritz enden wird: »Jetzt liegt es an mir. Ich will alles nachholen, und irgendwann werde ich diesen Bestien zeigen, daß niemand das Recht hat, andere Menschen zu besitzen[130].«

Erhaltung und Vermehrung von Besitz: Holl hat erfahren, daß dies das oberste Prinzip der traditionellen Bauerngesellschaft war. Ein ruinöses Prinzip, vor allem für die abhängigen Mitglieder dieser Gesellschaft, in der die Rollenverteilung ebenso festgeschrieben war wie das jeder Rolle gemäße Verhalten[131]. Moritz z. B. hatte trotz aller seiner physischen und psychischen Gebrechen eine Fertigkeit entwickelt, die ihm in einer mobileren Gesellschaft ein besseres Leben ermöglicht hätte: er konnte Uhren reparieren, hätte davon sogar leben können, durfte sich aber nur in seiner knappen Freizeit damit beschäftigen, da er zum Hof gehörte, »leibeigen« war.

Bleibt noch die Frage nach eventuellen positiven Momenten in dieser geordneten Gesellschaft: war da nicht stellenweise doch Glück möglich, auch für die Abhängigen? Gab es nicht Entschädigung durch allgemeine Teilhabe am Brauchtum? Und die schönen Volkserzählungen und Lieder? Um mit den letzteren anzufangen: Holl berichtet davon, daß sein Vater gelegentlich auf der Zither spielt und singt. Der Alltag wird dadurch jedoch nicht erleichtert. Und das Geschichten-Erzählen des Vaters gar dient der Erzeugung von Angst und Verunsicherung, der Einschüchterung: »Eine schaurige Geschichte wurde bis ins kleinste Detail erzählt, daß Holl das Totengesicht sah, ein aschgraues Bauerngesicht, aber der Bauer erzählte weiter, bis alle bocksteif wie zusammengefrorene Menschen um den Tisch hockten, daß jeder Fremde an ihren Gesichtern zu Tode erschrocken wäre[132].« Auch das Brauchtum dient aus Holls Sicht der ideologischen Absicherung von Herrschaft: Pfarrer und Lehrer verkleiden sich als Nikolaus und fragen einen jungen Knecht und Holl nach religiösem Wissen ab; als diese nicht antworten wollen bzw. können, prügeln sie auf die Jugendlichen ein, die sich mit Fußtritten zur

---

129 Ebd., S. 63: »Ein andermal wurde ihm während er mit offenem Mund schlief, von jemandem die Notdurft in den Mund hinein verrichtet.«
130 Ebd., S. 240.
131 Selbst die Züchtigungen laufen nach Ritualen ab: Der Vater besteht darauf, daß Holl ihn vor Beginn des Prügelns um Bestrafung bittet und sich nachher dafür bedankt!
132 Ebd., S. 152 f.

Wehr setzen [133]. Und Weihnachten gar: da dürfen alle essen, bis sie nicht mehr können, es gibt Geschenke, Holl darf ausnahmsweise Schlittenfahren. Als Gegenleistung wird Dankbarkeit und ausgiebiger Kirchenbesuch verlangt, auch da gibt's nichts umsonst, aus freiem Herzen, ohne Absichten.

All diese Schilderungen Franz Innerhofers wirken durchaus ehrlich. So oder ähnlich hat er seine Umwelt erlebt. Aufgrund dieses Erlebens ist er allergisch gegen den Begriff »Heimat«. Anläßlich einer Bahnfahrt durch eine idyllische Winterlandschaft denkt Holl plötzlich an »Heimat«: »Ich wußte nicht, wie mir dieses Wort in den Kopf kam, vielleicht durch das Stoßen der Wagenräder oder war es der rauschende Fluß? Dieses Wort kitzelte mich. Ich sagte es leise vor mich hin und mußte lachen. Heimat ist doch ein lustiges Wort, sagte ich mir, kein dummes, ein wichtiges Wort, in dem man sich zu Hause fühlen kann. Heimat ist ein Wort, sagte ich mir, in dem sich alle zu Hause fühlen können. Da auch andere im Waggon saßen, stand ich auf, ging auf den Abort und herrschte mich durch den Spiegel an: Das ist deine Heimat! verstanden! und ging zurück [134].«

Dieses Zitat entstammt bereits dem zweiten Buch Innerhofers, in dem er die weitere Entwicklung Franz Holls, seine mühsamen Lernprozesse bis zur Gesellenprüfung und seiner Einstellung als Facharbeiter in einer Fabrik beschreibt. Das Lernen fällt ihm nicht nur deshalb schwer, weil ihm Schulwissen abgeht und seine Hände erst die harte Landarbeit abschütteln müssen, sondern weil er von tiefem Mißtrauen gegen sich selbst und gegen seine Umwelt bestimmt ist und äußerst empfindlich auf eingebildete oder reale neue Restriktionen und Herabsetzungen reagiert. Bei der Überwindung der Vergangenheit hilft ihm wesentlich wieder eine ältere Frau, die Mutter seines Meisters, die ihm durch Gespräch und die Gewöhnung an Lektüre Bildung vermittelt und damit die entscheidende Voraussetzung für den »aufrechten Gang«, der ihm im Kindheitsmilieu verwehrt worden war.

Innerhofer hat in Österreich heftige Kontroversen ausgelöst. Vor allem in seiner engeren Heimat wurden ihm einige Übertreibungen und Entstellungen vorgeworfen, aber andererseits nimmt auch die Anerkennung zu: Zum 1. Mai 1981 sendete das ORF eine Verfilmung von »Schöne Tage« (unter der Regie von Fritz Lehner, mit Laiendarstellern).

Wenden wir uns dem zweiten Beispiel zu! Auch Gernot Wolfgrubers Roman »Herrenjahre« ist von der Autobiographie seines Autors geprägt, wenngleich offensichtlich nicht so stark. Auch Wolfgruber hat auf dem Weg zum Studium einen großen Umweg zurückgelegt, war nach ei-

133 Ebd., S. 177.
134 Franz Innerhofer: Schattseite. Roman (= suhrkamp taschenbuch 542), Frankfurt/M.
    1979, S. 73.

ner Lehre Hilfsarbeiter in verschiedenen Berufen. In seinem ersten Roman »Auf freiem Fuß« (1975) wertete er seine Erfahrungen als Lehrling aus, in »Herrenjahre« Erlebnisse aus der Zeit danach.

»Held« dieses Romans ist der etwa 25jährige Tischlergeselle Bruno Melzer, der zu Beginn der Handlung noch unverheiratet ist. Er arbeitet in einer kleinen Möbelfabrik und wohnt bei seiner Mutter. Noch fühlt er sich stark, nicht nur bei der Jagd auf »Katzen« (Beischläferinnen), noch hofft er einmal, etwas Besonderes zu werden und nicht wie bereits die meisten seiner Schulkameraden durch Verpflichtungen, die sich aus einer Ehe ergeben (Kinder, Einrichtung, Haus) erdrückt zu werden: »Er hat noch alle Möglichkeiten, denkt er, alle Möglichkeiten hat er noch, bei ihm kommt alles, wird alles noch. Er hat sich den Weg noch nicht vernagelt wie die anderen . . . auf einmal kommt es ihm komisch vor, daß er überhaupt nicht weiß, worauf er da eigentlich wartet. Worauf denn wirklich? Auf irgendwas. Daß sich was tut mit ihm. Irgendwann mußte es doch kommen. Was noch nicht dagewesen war. Was alles verändern würde [135].« Das Ungewöhnliche kommt nicht – wie aus dem Zitat deutlich, würde er, da nicht zur Konkretisierung seiner Emotionen fähig, die Chance zur grundlegenden Veränderung auch gar nicht wahrnehmen können! Statt dessen kommt das Übliche: Eines Tages sitzt auch er im »Käfig«, als ihm Maria, ein Mädchen, das er noch nicht einmal besonders liebt, die Schwangerschaft anzeigt. Melzer fühlt sich zur Heirat verpflichtet, will's eigentlich nur standesamtlich, mit ein paar Freunden, läßt sich jedoch von der Notwendigkeit eines aufwendigeren Zeremoniells überzeugen: »Aber das kann er der Maria nicht antun, hatte die Mutter protestiert, auch wenn Maria keine Verwandtschaft hat, die eine ordentliche Hochzeit ausrichtet, so hat sie doch ein Recht auf halbwegs eine, schließlich heiratet man ja nur einmal [136].« Also zwängt sich Melzer in die neuen schwarzen Schuhe, die ihm Blasen machen, trinkt Wein statt Bier, hört sich die dummen Sprüche der Verwandten an und läßt sich – zwecks Dokumentation seiner Niederlage – samt Braut vom Fotografen ablichten. »Warum läßt er sich bloß alles gefallen, spurt ohne Mucken und rennt nicht einfach auf und davon? [137]«.

Im Gegensatz zum jungen Franz Holl könnte Melzer durchaus davonrennen, so stark ist in seinem Fall der Druck nicht, er wird nicht geprügelt, muß sich – vom Chef in der Fabrik abgesehen – nicht vor Autoritäten beugen, wohnt nicht im Dorf, sondern in einer Kleinstadt und hat sogar ein Auto zum Wegfahren. Wolfgruber zeigt, daß auch in einer vergleichsweise offenen Gesellschaft durch vergleichsweise sanfte Zwänge Menschen wie Melzer im Käfig gehalten werden.

135 Gernot Wolfgruber: Herrenjahre. Roman. Salzburg 1976, S. 26.
136 Ebd., S. 57.
137 Ebd., S. 59.

Man kann diese Zwänge sortieren in materielle und ideologische. Unter den materiellen sind zu registrieren: a) die Arbeitssituation. In seinem Städtchen hat Melzer nur die Wahl zwischen der kleinen Möbelfabrik, in der er anfangs arbeitet – in der er alle Kollegen kennt, in der er sich in Grenzen seine Arbeit selbst einteilen kann –, und der großen, in die er später überwechselt und in der er zwar mehr verdient, aber am Fließband steht. Selbständig machen kann er sich nicht, dazu fehlt ihm das Kapital und auch der Meisterbrief. Ein Versuch, ihn durch abendliches Fernstudium nach der Arbeit zu erwerben, scheitert kläglich. b) die Wohnsituation. Zunächst wohnt das junge Paar im Reihenhaus der Mutter, in einem Zimmer, mit gemeinsamer Küche. Natürlich kommt es zu Reibereien; da Wohnungsnot herrscht, ist Melzer froh, als er für viel Geld einen stillgelegten kleinen Laden anmieten kann, den er mit viel Mühe zu einer halbwegs akzeptablen Wohnung umgestaltet. Das bindet seine Kräfte über Jahre; immer fehlen noch Einrichtungsgegenstände, das Geld ist knapp.»Es ist ein Leben von einer Anschaffung zur andern, ein neuer Einrichtungsgegenstand ist ein Höhepunkt, auf den man monatelang hingespart hat, ist wie ein Ziel, von dem aus es zum nächsten geht [138].« Als ein zweites Kind kommt, ist die Wohnung zu klein. Von Maria angestachelt, entschließt sich Melzer zu einer noch größeren Anstrengung: er will im Garten der Mutter ein Eigenheim bauen. c) das »gewöhnliche Unglück«. Maria hat ihn anfangs vor allem durch ihre tiefe Stimme fasziniert. Schon nach wenigen Jahren muß sie von Spezialisten wegen einer Kehlkopferkrankung behandelt werden. Der erste Spezialist behandelt die Kassenpatientin falsch, der zweite stellt Kehlkopfkrebs in einem Stadium fest, in dem nur noch die Entfernung des Kehlkopfs Rettung bringen kann. Nach der Operation schreitet die Krebserkrankung trotzdem fort, und nach etwa siebenjähriger Ehe ist Melzer Witwer, allerdings nicht allein, sondern mit drei kleinen Kindern.

Um das Gewicht dieser alltäglichen Zwänge richtig einzuschätzen, darf man nicht nur jeden für sich betrachten, sondern muß auch ihr Zusammenwirken und das Ensemble der Beziehungen berücksichtigen. Die Krankheit der Frau z. B. kostet in wachsendem Maße Melzers »Freizeit«: er muß Maria zu Ärzten fahren, er muß sie im Krankenhaus besuchen, muß – zusammen mit Verwandten und Freunden – die Kinder betreuen, einkaufen und im Endstadium der Krankheit, als Maria nicht mehr aufstehen kann, neben seiner Arbeit all ihre Funktionen mitübernehmen. Neben der Akkordarbeit (deren Mehrertrag für den Fortschritt des Hausbaus unbedingt notwendig wäre) geht das natürlich nicht; er muß auf einen schlechter bezahlten Posten in der Fabrik ausweichen, der eine längere Mittagspause ermöglicht. Nur so kann er seine »vier Beru-

138 Ebd., S. 150.

fe« unter einen Hut bringen:»Fabrikarbeiter, Häuslbauer, Hausfrau und Krankenschwester«.

Neben den materiellen Zwängen, die seine persönliche Existenz einengen, gibt es andere, die aus dem örtlichen Milieu resultieren, und die sich vor allem auf seine Freizeit, sein »eigentliches Leben«, auswirken. Das spürt er schon als Junggeselle. Kontakte mit Mädchen kann man in diesem Nest eigentlich nur im Espresso Zankl knüpfen, in dem Melzer deshalb Stammgast ist. Eines Tages jedoch wird er dort von einem betrunkenen Arzt angerempelt, es kommt zum Streit, man glaubt ihm nicht, die Kumpane stehen ihm aus Feigheit auch nicht bei, er erhält Hausverbot: »Wenn er jetzt das Auto nicht hätt, hat er gedacht, tät er lieb ausschauen. Dann wär er auf das angewiesen, was es im Ort gibt, könnte er nur mehr in die Wirtshäuser gehen. Aber da triffst keine Katzen, zumindest keine gescheiten. Da kannst keinen Aufriß machen [139].« Melzer leidet nicht nur unter dem knappen Angebot, sondern auch darunter, daß er ein Mensch zweiter Klasse ist, auf den man im Konfliktfall eher verzichten kann als auf den Herrn Oberarzt des Krankenhauses. Er schimpft häufig auf seinen Wohnort:»Der ganze Ort ist nur ein Scheißnest mit lauter Pensionisten und Frührentnern [140]«,»ein Drecknest, sagt er, zuviele Arbeiter, verstehst? [141].« Und nach dem Besuch eines Gangsterfilms meint er:»In Chicago müßte man sein und nicht in dem Nest, da müßte man nicht zu allem Ja und Amen sagen [142].« Auch nach der Heirat träumt er noch häufig vom Davonrennen:»Oft wenn er am Abend vor dem Fernseher sitzt, fällt ihm plötzlich die Geschichte von dem Mann ein, der kurz vor dem Zubettgehen zu seiner Frau gesagt hat, er geht nur schnell einmal zur Trafik unten an der Ecke, um sich Zigaretten aus dem Automaten zu holen, und der nie wieder zurückgekommen, der von da an verschollen gewesen ist [143].« Während in den Wirtshäusern, wenn diese Geschichte wieder einmal vorgetragen wird, abenteuerliche Spekulationen über die Gründe des plötzlichen Wegbleibens aufgetischt werden, ist sich Melzer schließlich»ganz sicher, daß dem Mann kein Unglück zugestoßen, sondern daß er freiwillig verschwunden ist, weil er endgültig genug gehabt hat von der Frau, der Familie, der Arbeit, von allem eben, von seinem ganzen bisherigen Leben . . . und hat unter einem anderen Namen ein anderes Leben angefangen, irgendwo in einem anderen Land, wo immer die Sonne scheint, und mit einer reichen Frau vielleicht, oder er ist selber reich geworden und hat Weiber, so viele er will, und alles andere auch« [144]. Es bleibt jedoch beim Traum, in der Realität kann

139 Ebd., S. 20.
140 Ebd., S. 75.
141 Ebd., S. 214.
142 Ebd., S. 59.
143 Ebd., S. 166.
144 Ebd., S. 167.

Melzer sich nicht mehr befreien, selbst die Insel des »Herrenabends«, auf die er sich jede Woche einmal zurückzieht, muß er schließlich drangeben. »Herrenabend« ist jeweils freitags: da schüttelt er die Knechtschaft ab, geht ohne Maria ins Wirtshaus, trinkt und hält ständig Ausschau nach herrenlosen »Katzen«, mit denen er sich beweisen will, daß er noch jemand ist. Der »Herrenabend« symbolisiert für ihn den Rest jener Freiheit, die sich in den »Herrenjahren« absolut nicht einstellen will. Zu seinem Entsetzen bemerkt er jedoch, daß dieser streng eingehaltene Termin immer mehr seinen Sinn verliert, daß die gewünschten Verbindungen immer seltener zustandekommen bzw. ihn nicht aus seiner Gefangenschaft erlösen, ebensowenig wie der zufällig wieder angebahnte Kontakt zu einer Jahrmarktstänzerin, mit der er ja nicht herumziehen kann. An diesem Punkt sind die ideologischen Zwänge zu diskutieren, von denen Melzer besetzt ist. Im Gegensatz zu Holl geht es da weniger um die Abhängigkeit von Autoritäten: Er hat früh gelernt, unberechtigte Ansprüche der Mutter und der Verwandtschaft abzuwehren, und die Kirche spielt für ihn auch keine Rolle mehr, zumal die Mutter da bereits Distanz aufwies. Eher schon ist sein Bewußtsein von den Medien deformiert (Kino, Fernsehen), die ihm ständig verwirrende Maßstäbe offerieren. Noch gewichtiger jedoch ist seine freiwillige Orientierung an »männlichen« Werten. Ein Mann darf nicht weinen, auch beim Begräbnis der Mutter nicht: »Er hätte sich ziemlich geniert, wenn ihm eine Träne über die Wange gelaufen wäre. Das wäre nämlich sicher weitererzählt worden[145].« Ein Mann muß Erfolg bei Frauen haben, er muß »Klassefrauen« vorweisen können. Maria ist nicht »Klasse«; als sie ihn zum erstenmal im Betrieb aufsucht, wird Melzer von den Kollegen verspottet: »Von deiner neuen Katz, sagt der Jeschko, reden wir, da hast ja wieder einen besonders guten Griff gemacht. Aber einen Griff in den Arsch, sagt der Matuschek, oder? Sowieso, sagt der Jeschko, die ist ja richtig zum Abgewöhnen. So eine kannst nur von hinten vögeln, sagt der Wielander, da brauchst dann wenigstens kein freundliches Gesicht machen« usw.[146]. Melzer kann sich diesen »Argumenten« nicht verschließen, da er sie früher selbst verwendet hat; er schämt sich und schreit bei nächster Gelegenheit seinen Lehrling an. Natürlich verliert dieses scheußliche Spiel für die Kollegen schon bald den anfänglichen Reiz, man läßt Melzer damit in Ruhe. Aber das Bewußtsein, mit einer Frau leben zu müssen, die seinem Prestige schadet, dieses Bewußtsein beeinträchtigt natürlich doch die Partnerschaft, verstärkt die Reibung, die sich durch widerwärtige Gewohnheiten (Maria schnarcht und kaut an den Nägeln) ohnedies ergibt, unvermeidbar ist.

145 Ebd., S. 280.
146 Ebd., S. 46.

Manchmal haßt Melzer seine Frau, dann wieder zeugt sein Verhalten zwar nicht von »Liebe«, aber doch von Solidarität, besonders in der Zeit, in der ihre Krankheit sich verschlimmert. Als eine ärztliche Untersuchung in dem erschreckenden Ergebnis mündet, daß sie gleich im Krankenhaus bleiben müsse, quält er sich beim Essen in ihrer Gegenwart, um sie zu beruhigen: »Er hat selber gemeint, er bringt das Schnitzel unmöglich hinunter, aber er hat Bissen für Bissen hinabgewürgt, weil er geglaubt hat, er kann Maria damit zeigen, daß es wirklich nicht so arg ist, weil er sonst doch keinen Appetit haben könnte[147].« Noch im Endstadium der Krankheit, als er sich längst vor dieser Frau graust, die bis aufs Skelett abgemagert ist und nicht mehr richtig sprechen kann, animiert er sie zum Muttertagsausflug mit dem Auto, besorgt Blumen und läßt die älteste Tochter ein Gedicht lernen.

Wolfgruber betreibt keine Schwarzmalerei. In Melzers Umwelt addieren sich die Zwänge und Frustrationen derart, daß das Negative zweifellos überwiegt. Das Positive wird jedoch keineswegs verschwiegen. Unter Umständen wird auch Melzer manchmal geholfen, so z. B. von einigen Nachbarn und Verwandten bei der Kinderbetreuung und beim Hausbau. Diese Hilfe ist nur meist nicht ganz selbstlos (er vergilt sie mit Schwarzarbeit, soweit möglich) und auch nicht unbegrenzt: die Nachbarin hilft mal aus, auf die Dauer jedoch hat sie mit der eigenen Familie zu tun. Im allgemeinen jedoch erfährt Melzer selbst in der katastrophalen Situation nach Marias Tod nur ein recht dubioses Mitleid: »Ihn freundlicher grüßen; schnell ein wenig ein betroffenes Gesicht machen; zu lachen aufhören, wenn er in die Nähe kommt; wenn der Mut oder die Neugier groß genug ist, ihn zu fragen, wie es geht; ihn sogar beim Einkaufen in einem Geschäft vorzulassen: das war die Mitleidigkeit mit Melzer im Ort, die man sich leistete, weil sie keinen was kostete, sondern im Gegenteil noch etwas einbrachte, wonach man ohnedies dauernd auf der Suche war: ein ergiebiges Gesprächsthema. Man konnte über etwas reden, konnte sich mit seinem Beispiel vor Augen wieder einmal in der eigenen Haut wohler fühlen: im Vergleich zu dem gehts uns ja direkt gold[148].« Nur Rosi und Hubert, ein gleichaltriges Ehepaar, mit dem Bruno Melzer und Maria öfter zusammen waren, bilden eine Ausnahme in dieser Umwelt: nur sie sind echte Freunde und Gesprächspartner, können aber die Situation des Witwers auch nicht entscheidend bessern. Ihm bleibt nur ein Ausweg, nämlich durch Heiratsanzeige eine neue Frau zu gewinnen: »Ich würd eine jede nehmen, ganz wurscht, wie sie ausschaut, wenns nur halbwegs zum Aushalten wär und mit den Kindern umgehen könnt, . . . weil auf die Liebe oder sowas, sagt er, kommts bei mir nicht mehr an . . . sowas spielt für einen wie mich keine Rolle mehr.

147 Ebd., S. 228.
148 Ebd., S. 341.

Weil eigentlich, sagt er, spiel ich ja selber keine Rolle mehr[149].«
In diesem Roman, dessen Hauptfigur in totaler Resignation, in Entper-
sönlichung endet, ist an keiner Stelle explizit von »Heimat« die Rede.
Dennoch handelt er davon: unsere alltägliche Umwelt *ist* unsere Heimat,
wenn sie vielleicht auch – wie im Fall Bruno Melzer – wenig Tröstliches
aufweist.
Unter drittes Beispiel, Elfriede Jelineks »Die Liebhaberinnen«, zeigt
»Heimat« aus weiblicher Perspektive. Die Umwelt von Paula, der wich-
tigsten Figur dieses Romans, stimmt in vielem mit derjenigen Franz
Holls überein: Abseitigkeit, Beschränktheit, brutale Repression. Zum
Vergleich werden jedoch, zentriert um Brigitte, die zweite Hauptfigur,
auch *aktuellere* Formen des Alltagslebens dargestellt – proletarische,
kleinbürgerliche und bürgerliche Milieus. Die Lebensläufe von Paula
und Brigitte werden fast das ganze Buch parallel geführt, ohne direkte
Beziehung zueinander. Erst am Schluß stellt sich diese Beziehung her:
Paula, die Gescheiterte, nimmt in der Trikotagen-Fabrik den Platz ein,
den die Aufsteigerin Brigitte freigemacht hat.
Paula scheitert primär am heimatlichen Milieu. Das zu Beginn fünfzehn-
jährige Mädchen ist zunächst bestrebt, dem Milieu zu entkommen: Gegen den Willen der Eltern beginnt sie eine Lehre als Schneiderin im
Nachbarort. Zugleich jedoch wartet sie, angeregt durch die von ihr in
den Arbeitspausen konsumierten Trivialzeitschriften, auf die »große
Liebe« als eigentliche Erfüllung ihres Lebens. Und auf diesem Gebiet
begeht sie ihren großen Fehler: Sie verliebt sich in Erich, den schönsten
Mann des Dorfes, der leider auch der dümmste ist. Erich ist Holzfäller
und hat, wenn er nicht gerade betrunken ist, nur schnelle Motorräder
und Autos im Kopf. Paula drängt sich ihm auf und wird schwanger:
»Paula ist auf liebe aus wie ein schwein auf die eicheln[150].« Erich läßt die
Liebe ebenso kalt wie die Vaterschaft; bestärkt von Mutter und Stiefvater, die seine Arbeitskraft weiterhin für sich ausbeuten wollen, nimmt er
Paula nicht mehr zur Kenntnis. Paulas Eltern verprügeln die Tochter
und versuchen vergeblich, Erichs Eltern zum Nachgeben zu bewegen.
Paula muß die Lehre abbrechen. Auch das Dorf ist auf seiten Erichs:
Wenn die Schwangere zum Einkaufen geht, wird sie mit Steinen bewor-
fen und beschimpft. Sie möchte am liebsten unsichtbar sein: »obwohl
paula ständig versucht, in die erde hineinzukriechen, scharrt man sie
doch wieder heraus. und die jungmänner gehen zum zweck des hörner-
abstoßens immer genau hinter paula her. sie wollen die hörner abstoßen
und paula gleich mit stoßen, weil das jetzt ungefährlich ist. . . . mitten im
kern des rudels kann man auch erich entdecken, was paula schmerzt.

---

149 Ebd., S. 355.
150 Elfriede Jelinek: Die Liebhaberinnen. Roman (= das neue buch 64), Reinbek 1975,
   S. 70.

erich geht immer dort mit, wo alle hingehen, was viele denken, das wird schon richtig gedacht und noch richtiger gemacht werden, denkt erich richtig. krampfhaft hält seine hand, die für gröberes gemacht und ausgebildet ist, die griffstange von seinem moped fest. das moped ist sein bester freund in freud und leid. krampfhaft hält die andere hand die bierflasche fest, die ihn bald seine freude und sein leid vergessen lassen soll. an diesen verhaltensweisen kann paula nichts ändern[151].« Paula »leidet so, daß sie fast wahnsinnig wird«; ihr Kind kommt unehelich zur Welt. Als dann Erichs Stiefvater stirbt, ist seine Mutter dadurch so verunsichert, daß sie doch noch in die Heirat einwilligt; da Erich keinen Willen hat, findet die Hochzeit auch statt. »vorher gibt es noch katholischen eheunterricht im pfarrheim, in welchem paula wie der letzte dreck behandelt wird[152].« Paula ist dennoch glücklich: sie hat nun »das feste gefüge, das sie sich gewünscht hat«. Bald aber merkt sie, daß es innerhalb dieses Gefüges für sie weder Freude noch Zärtlichkeit gibt und vor allem keinerlei Entwicklung mehr: »die augen des dorfes ruhen auf paula wie sie auch auf allen anderen ruhen, deren leben geordnet und abgegrenzt ist. die augen des dorfes passen auf, daß keine dieser grenzen überschritten wird[153].« Paula genügt die Perspektive als Haushälterin, Mutter von inzwischen zwei Kindern und Ehefrau eines stumpfsinnigen, schlechtverdienenden Alkoholikers nicht, sie möchte ihr Glück vergrößern. Um sich die Mittel dafür zu beschaffen (vielleicht auch um – in der Ehe ungestillte – sexuelle Bedürfnisse zu erfüllen), beginnt sie mit nachmittäglicher Prostitution in der nahegelegenen Kreisstadt. Schon bald wird sie beim Rendezvous mit einem Fremden beobachtet und im Dorf angeprangert: »es war noch dazu ein ortsfremder, keiner von den hiesigen burschen. ein ortsfremder hat ihnen ins nest geschissen[154].« Paula wird schuldig geschieden, die beiden Kinder werden von ihren Eltern aufgezogen. Paula ist jetzt »fertig zerbrochen«: »aus dem hoffnungsvollen lehrmädchen der schneiderei im ersten lehrjahr ist eine zerbrochene frau mit ungenügenden schneidereikenntnissen geworden[155].« Diese Schneidereikenntnisse genügen jedoch für die Fließbandarbeit in der Miederfabrik, in der Paula den Rest ihrer Lebenskraft verbrauchen wird.

Paula zerbricht, so die Autorin, am Milieu (das auch die Dumpfheit und den Alkoholismus Erichs verschuldet). Exakter: Sie zerbricht an der Unvereinbarkeit ihres aus Zeitschriften destillierten Lebenszieles (einen zärtlichen Mann, fröhliche Kinder, ein Eigenheim mit Vorgarten, Anse-

151 Ebd., S. 87.
152 Ebd., S. 102.
153 Ebd., S. 114.
154 Ebd., S. 119.
155 Ebd., S. 120.

hen bei den Nachbarn) mit dem Milieu. Das »landkind« Paula ist unbescheiden.

Bescheiden und dadurch erfolgreich ist dagegen das »stadtkind« Brigitte. Als uneheliches Kind und Arbeiterin hat sie anfänglich auch keine gute Chance auf den Erwerb bürgerlichen Glücks. Im Gegensatz zu Paula ist sie jedoch nicht durch dörfliches Milieu behindert (ihre Mutter billigt ihre Aufstiegsbemühungen) und auch nicht durch Emotionalität. Da Brigitte ebenso attraktiv wie frigide ist, ist es ihr möglich, den »Richtigen« an sich zu binden, einen Handwerker mit guter Chance auf ökonomische Selbständigkeit. Auch sie wird vor der Ehe schwanger, aber die Schwangerschaft ist von ihr gewollt; mit diesem Mittel schlägt sie eine bildungsmäßig überlegene Konkurrentin aus dem Feld, kommt von der Fabrikarbeit weg und erzwingt die Heirat. Und durch die Heirat sowie durch weiterhin konsequent-ökonomisches Verhalten (Vertreibung der Schwiegereltern ins Altersheim) gewinnt sie wenigstens einen Teil des von Paula angestrebten Glücks: Besitz und soziales Prestige. Sie ist eben genügsam: »brigitte will nur besitzen und möglichst viel. brigitte will einfach HABEN und FESTHALTEN. paula will haben und liebhaben, und den leuten zeigen, daß man hat, und was man hat und liebhat[156].«

Zwei böse Geschichten werden in diesem Buch erzählt. Die Schilderung von Brigittes Aufstieg ist eigentlich noch deprimierender als die von Paulas Katastrophe, denn Brigitte und ihre Umgebung sind einfach vollkommen inhuman. Sie, ihr Mann, ihre Mutter, ihre Schwiegereltern verhalten sich in jeder Situation »politisch« bzw. berechnend; sie setzen ihre Energien ausschließlich zum eigenen Vorteil bzw. zum Nachteil der anderen ein, betreiben ständig »Klassenkampf«. Und in der Paula-Geschichte verhält sich mit Ausnahme der Heldin das gesamte Personal ebenso rücksichtslos, nur weniger geschickt. Auch an Paula selbst kann der Leser kaum noch positive Emotionen festmachen, sie ist zu sehr »dumme kuh«[157]. Das soll er wohl auch gar nicht: »wir sind doch hier nicht in einem heimatroman[158].«

Diese Äußerung von Elfriede Jelinek bezieht sich zwar eigentlich nur auf die Ausklammerung von romantischen Naturkulissen, aber man kann sie durchaus auf das – wenn man von Paula absieht – Nichtvorhandensein lebendiger Menschen beziehen. Wie in einem schlechten Lehrstück agieren hier Prinzipien, und die Realität des Milieus ist auf bestimmte negative Sektoren reduziert. Im Gegensatz zu den Arbeiten von Innerhofer und Wolfgruber erscheint dieser Anti-Heimatroman weniger glaubwürdig und stimuliert somit auch weniger zur Veränderung von gesellschaftlicher Realität.

156 Ebd., S. 90.
157 Ebd., S. 56.
158 Ebd., S. 82.

IV. Heimat-Film

»Der deutsche Heimatfilm ist charakteristisch für die Zeit von 1947 bis 1960«, heißt es in der Einleitung zu einem voluminösen wissenschaftlichen Werk über den deutschen Heimatfilm dieser Jahre[1]. In unserem Exemplar der Studie steht an dieser Stelle an den Rand geschrieben »falsch«. Eingedenk eigener Kino-Erfahrungen in den fünfziger Jahren, in denen der amerikanische Western einen breiten Platz einnahm, der Heimatfilm aber so gut wie gar nicht – überhaupt sahen wir damals deutsche Filme als mitleiderregend armselig an –, erschien dieser Satz als eine ungerechtfertigte Aufwertung des Heimatfilms. Heute würden wir den damaligen Kommentar nicht mehr lapidar formulieren. Aus zwei Gründen: Die Beschäftigung mit dem deutschen Heimatfilm, im Kinosessel, vor dem Videorecorder und am Schreibtisch, hat bewirkt, daß wir, wenn auch mit gemischten Gefühlen, eine Art Faszination empfinden, die von diesem Thema ausgeht. Und zweitens sind wir jetzt geneigt zu akzeptieren, daß sich im deutschen Heimatfilm der fünfziger Jahre in der Tat einige kennzeichnende Merkmale dieser Aufbaujahre der Bundesrepublik wiederfinden lassen.
Allerdings darf man nicht die nur auf den ersten Blick überraschende Konjunktur (west-)deutscher Heimatfilme in den fünfziger Jahren und ihr Vertrocknen nach 1960 mit der Geschichte dieses Genres insgesamt gleichsetzen, so als wäre, unfreundlich gesagt, das Phänomen nach 1960 ausgestanden. Ganz im Gegenteil: Es sind auch danach Heimatfilme produziert worden, sogar in Cinemascope, es hat sogar das Epiphänomen des »kritischen Heimatfilms« zu Beginn der siebziger Jahre gegeben, und als die Fernsehanstalten Ende des Jahres 1980 alte deutsche Heimatfilme aus der Nachkriegszeit in ihren Abendprogrammen zeigten, gab es, wie die PR-Abteilung der ARD berichtet, sagenhaft hohe Einschaltquoten[2].

---

1 Fritz Eberhard: Geleitwort zu: Willi Höfig, Der deutsche Heimatfilm 1947–1960, Stuttgart 1973, S. VII.
2 Beispielsweise sahen die Teleskopie-Daten für die von der ARD ausgestrahlten Heimatfilme so aus:
   – 22. 8. 1980, 20.18 Uhr »Der Meineidbauer«: 31 % (6,58 Millionen) der Fernsehhaushalte; 21 % (11,08 Millionen) Zuschauer.
   – 5. 9. 1980, 20.20 Uhr »An heiligen Wassern«: 42 % (8,77 Millionen) der Fernsehhaushalte; 29 % (15,25 Millionen) Zuschauer;
   – 12. 9. 1980, 20.21 Uhr »Grün ist die Heide«: 47 % (9,96 Millionen) der Fernsehhaushalte; 33 % (17,7 Millionen) Zuschauer (erfolgreichster ARD-Spielfilm 1980). Der in der Tat aufsehenerregende Spitzenwert von »Grün ist die Heide« wurde nicht mehr übertroffen, aber auch die anderen Heimatfilme in dieser Programmreihe

Das Phänomen ist also nicht ausgestanden. Und das liegt gewiß nicht an den ästhetischen Qualitäten der deutschen Heimatfilme, obwohl auffällig ist, mit welchem rhetorischen Aufwand die deutsche Filmkritik (oder was sich dafür hielt) hier zuschlug und gewissermaßen kein gutes Haar an diesen Filmen ließ – oft ja ein Zeichen dafür, daß der Ablehnung noch andere als die angegebenen Argumente zugrunde liegen. Man kann also vermuten, daß unsere eigene – zugegeben: etwas mühselig aufgebaute – Faszination, die der deutsche Heimatfilm erregt hat, keine rein subjektive Angelegenheit ist. Gemischte Gefühle jedenfalls haben sie immer schon ausgelöst, wenn auch das Mischungsverhältnis bei verschiedenen Rezipienten sehr unterschiedlich war. Die Konjunktur des deutschen Heimatfilms in den fünfziger Jahren ist gar nicht schwer zu erklären. Heimat ist zwar in unserem Kulturkreis eine allgemeine, hinreichend unspezifische Erfahrung. Aber besonders in Zeiten erzwungener Mobilität – hier als glatter soziologischer Ausdruck gebraucht für die Vertreibung der Deutschen aus Osteuropa nach 1945, unter anderem eine der bittersten Folgen des nationalsozialistischen Krieges – wird diese Erfahrung, wenn auch mit negativem Vorzeichen, sehr wohl spezifisch: als *Verlust* der Heimat. Angesichts des Verlusts der Heimat, der ja irgendwie verarbeitet werden muß, wächst das Bedürfnis nach *Entschädigung,* dabei geht es natürlich nicht nur um materielle Entschädigung, sondern auch um kulturelle. Insbesondere in den frühen fünfziger Jahren war der *politische Charakter* des deutschen Heimatfilms ausgeprägt, wenn auch nicht unmittelbar erkennbar. Heimat-Ideologie übernahm in diesen Filmen mehrere Funktionen:
– sie hielt die Erinnerung an den Verlust wach,
– sie deutete Wege und Möglichkeiten der Entschädigung für diesen Verlust an und wirkte so – mehr und mehr – integrierend,
– sie paßte aktuelle Situationen der topischen Struktur von Heimat-Erlebnissen in der Trivialmythologie an und trug so zur inneren Verarbeitung des Verlusts der Heimat bei[3].
Teilweise stehen diese Funktionen in Widerspruch zueinander. Wer sie allerdings auflösen will, macht es sich viel zu einfach[4].

---

brachten weit überdurchschnittlich hohe Einschaltzahlen. (Die Zahlen verdanken wir Peter Steinhart von der ARD-Filmredaktion in Frankfurt.). In ZDF war 1980 nur ein Film erfolgreicher: »Der Jäger vom Fall« (nach Ganghofer) – Einschaltquote 49 %.

3 In der gängigen Vorstellungswelt kritischer Zeitgenossen werden hier meist recht arrogante Begriffe assoziiert, z. B. »Verlogenheit«. Damit wird man jedoch dem Funktionszusammenhang überhaupt nicht gerecht, einmal abgesehen davon, daß auch nicht als trivial bezeichnete Mythologie nach diesem Muster funktioniert. Jedenfalls wirkt die Selbstgerechtigkeit der Heimatfilm-Verächter nur albern.

4 Restlos alle Widersprüche auflösen wollte Klaus Kreimeier: Kino und Filmindustrie in der BRD. Ideologieproduktion und Klassenwirklichkeit nach 1945, Kronberg/Ts. 1973.

1. Grün ist die Heide

Der Film »Grün ist die Heide« – 1951 produziert – wurde einer der erfolgreichsten Spielfilme der fünfziger Jahre – Erfolg gemessen an den Zuschauerzahlen und damit an den Einspielergebnissen. Obgleich die weitaus größte Zahl der deutschen Heimatfilme in den Bergen spielt[5], scheint dieser Film derjenige zu sein, der jene drei erwähnten Funktionen zu seiner Zeit am stimmigsten zu erfüllen wußte, wobei es müßig ist, lange darüber nachzudenken, ob die Filmemacher dies bewußt kalkulierten oder ob es ihnen einfach so gelang. Diesen Spielfilm möchten wir kurz beschreiben und erläutern.

Inhaltsangabe der »Illustrierten Film-Bühne« Nr. 1334:
»Die Lüneburger Heide mit all ihrer zarten Schönheit und Einsamkeit ist ein Kleinod Deutschlands. Die Menschen dort lieben ihre Natur und leben in ihr. So auch der nach hier verschlagene Flüchtling Lüder Lüdersen, der zusammen mit seiner Tochter Helga in der Heide eine neue Heimat finden konnte. Lüdersen kann es jedoch wohl nie ganz verwinden, daß er seine eigenen Besitzungen, die er in einem arbeitsreichen Leben geschaffen hatte, verlassen mußte. In der neugefundenen Heimat ergreift ihn seine alte Liebe zur Jagd wieder. Er ist ein anderer Mensch, wenn er, das Gewehr unter dem Arm, die Heide durchstreift. Aber diese Leidenschaft wird ihm zum Verhängnis. Er wildert. Der junge Förster Rainer soll den seit langem in der Heide bemerkten Wilderer stellen. Nacht für Nacht spürt er ihm nach, aber er kann ihn nicht fassen, bis er eines Abends Schüsse hört, mit seinem Hund in die Richtung eilt und einen fliehenden Mann verfolgt, der ihm aber in der Dunkelheit entkommt. Helga, die die Leidenschaft ihres Vaters kennt, fleht ihn an, das Wildern aufzugeben. Lüdersen verspricht es der Tochter zuliebe, aber sie weiß nur zu gut, wie sehr den Vater das Jagdfieber beherrscht. Noch immer konnte der Förster den Wilderer nicht dingfest machen. Schon beinahe jeder in der Heide ist in Verdacht geraten. Selbst die drei sogenannten Monarchen, vergnügte Landstreicher, die die Heide durchziehen und davon leben, daß die Natur und die Menschen ihnen gnädig sind. Da wird eines Morgens ein Gendarm erschossen aufgefunden, weshalb der Amtsrichter nun persönlich die Angelegenheit in die Hand nimmt. Des Försters Verdacht richtet sich allmählich auch gegen Lüdersen. Aber die zarte Sympathie, die er Helga entgegenbringt, läßt ihn den Gedanken wieder von sich weisen. Da sich die Verdachtsmomente aber immer mehr verdichten, dringt Helga in den Vater, mit ihr fortzugehen, um in einer Stadt ein neues Leben zu beginnen. Ein großes Volksfest findet statt. Laute Fröhlichkeit herrscht beim Tanz, wo auch Helga und

---

5 Vgl. die eindeutige Tabelle der geographischen Verteilung der Drehorte deutscher Heimatfilme 1947 bis 1960 bei Höfig (Anm. 1), S. 185.

Rainer beisammen sind, um Abschied zu nehmen voneinander und von einer Liebe, die kaum begonnen hat. Die Heide ist dunkel und neblig, als auch Lüdersen, fern von all dem Treiben, ganz in seine Gedanken versunken, Abschied nimmt. Noch einmal will er die liebgewordene Luft atmen, die Tiere beobachten, die Stille erleben. Da erhebt sich ein plötzlicher Sturm, dem ein schnelles, heftiges Gewitter folgt. Blitze durchzukken die Nacht. Lüdersen liebt dieses Schauspiel der Natur. Da sieht er einen Mann, der sich an einem Reh, das fest in der Schlinge sitzt, zu schaffen macht. Wieder blitzt es auf. Er sieht den Kerl deutlich. Er stürzt in die Richtung, ist dicht bei ihm. Da hebt der Wilderer seinen Revolver und zielt auf Lüdersen. Der Wilddieb wird von der Gendarmerie, die im Wald versteckt lag, gestellt. Helga, zwar in Sorge über die schwere Verletzung des Vaters, ist doch von Herzen froh, daß endlich jeder Verdacht von ihm genommen wurde. Die aufrichtige Liebe des jungen Försters wird über ihr zukünftiges Schicksal wachen. Lüdersen ist außer Lebensgefahr. Das Glück seines Kindes läßt ihn wieder froh werden, und Helga weiß nun ganz genau, daß der Vater für immer sein Versprechen halten wird[6].«

Die »Illustrierte Film-Bühne« war eine Art Programm-Blatt – zumeist bestand es aus vier Seiten –, das man an der Kinokasse erstehen konnte. Es kostete 10 Pfennig und wurde natürlich eifrig gekauft und von systematischen Kinobesuchern auch gesammelt. Den Inhalt bildeten Photomontagen aus dem jeweiligen Film, seine Inhaltsangabe und die wichtigsten Produktions- und Besetzungsdaten. Nicht immer war die Inhaltsangabe so ausführlich und so »spannend geschrieben« wie im Fall von »Grün ist die Heide«. Diese hier hat, wenngleich sie außerordentlich unpräzise ist und beachtliche Teile des Films ganz unerwähnt läßt, immerhin die Ingredenzien des Heimat-Erlebnisses stimmungsvoll aufgezählt:

– Schönheit und Einsamkeit der Natur
– die Liebe der Menschen in der Heimat zu ihrer Natur
– die schlimmen Folgen des Verlusts der Heimat
– die zarte Sympathie zwischen den Helden
– das Wetter auch als Handlungsbarometer
– das Glück über die Generationen hinweg.

Nun ist, wie gesagt, die Inhaltsangabe der »Illustrierten Film-Bühne« in vielfacher Beziehung selektiv – ganze Handlungsstränge und Akteursgruppen bleiben unerwähnt, die Entwicklung der Spielfilmhandlung wird nicht Schritt für Schritt nachgezeichnet. Deshalb sollen ergänzend ein paar Notizen angeführt werden, die wir uns beim mehrmaligen An-

---

6 Illustrierte Film-Bühne, Bd. II: 50 deutsche Nachkriegsfilme von 1946–1960, mit einleitenden Worten von Maria Schell und Joe Hembus, München 1977 (Reprint von alten Nummern).

sehen des auf einer Videocassette aufgezeichneten Films gemacht haben.
– Drei *Vagabunden* ziehen mit Gesang durch die Heidelandschaft. Einer davon (Hans Richter) ist clever und führt das große Wort, der zweite kann, wie sein Name »Nachtigall« schon sagt, schön singen (Kurt Reimann) der dritte (Ludwig Schmitz) stellt den rheinisch-gemütlichen, wenn auch etwas beschränkten Typ des Landstreichers dar. Ihre Naturverbundenheit ist zwangsläufig sehr groß, so übernachten sie z. B. in Hünengräbern. Sie kommen viel herum und wissen deshalb eine Menge über die dunkleren Seiten der Sozialbeziehungen der Heidegemeinde, aber sie behalten in der Regel alles für sich. Sie »handeln« nicht, sondern fungieren als Verstärker in Situationen, die sie eigentlich nichts angehen, z. B. singen sie ein Liebeslied, als der Förster Rainer (Rudolf Prack) und Helga Lüdersen (Sonja Ziemann) sich in der Heide mehr oder weniger zufällig treffen und ihre »zarte Sympathie« entdecken. Und »Nachtigall« bringt den Heimatvertriebenen während des Dorffestes ein (wunschkonzert-reifes) Ständchen. Die drei tauchen am Anfang und am Ende des Films auf, bilden das heitere, sangesfrohe Element und auch eine Art Klammer für die Filmhandlung, die ohne sie oft schwer beieinanderzuhalten wäre.
– Die Förster und Gendarmen tragen *Uniformen,* ganz offensichtlich gibt es dabei aber Unterschiede. Der Oberförster (Josef Sieber) und sein potentieller Nachfolger Rainer gehören nicht nur zu den Honoratioren der Gemeinde, sondern tragen ihre Uniform auch mit einem Ausdruck höherer Weihen, wohingegen die Gendarmen nur so etwas wie das Spielmaterial der Handlung sind. Einer davon wird getötet, die anderen jagen den Mörder im Wald, ansonsten weiß man nichts über sie.
– Warum jemand den *Wald* liebt, läßt sich wohl begründen; warum jemand, der den Wald liebt, in ihm wildert, ist schon schwieriger nachzuvollziehen. Offenbar gibt es verschiedene Arten, dem Wald seine Reverenz zu erweisen. »Wenn Sie 40 Jahre hier sind, kennen Sie den Wald immer noch nicht«, sagt der Oberförster[7] zu Rainer am Anfang des Films. Den Wald durchstreifen, den Wald mit einem Gewehr über der Schulter durchstreifen, das Gewehr auch waidgerecht benutzen – das sind legitime Arten, den Wald zu lieben. Illegitim ist das Wildern mit dem Gewehr; richtig kriminell aber ist es, wenn man aus niedrigen Motiven wildert und dabei Schlingen benutzt.
– Lüder Lüdersen ist ein *Edelflüchtling,* der finster ausschaut, was aber nur seelisches Leid bedeutet (Hans Stüwe). Er hat seinen Besitz zwar verloren, aber auf dem Gut seines Vetters (Otto Gebühr) und dessen Frau (Margarete Haagen) sind er und seine Tochter Helga gut unter-

---

7 Merkwürdigerweise wird kaum jemals die korrekte Berufsbezeichnung verwendet: Forstmeister.

gekommen. Da Vetter und Cousine bereits leicht weltentrückt erscheinen, hat Lüder das Gut wieder auf Vordermann gebracht. Allerdings sieht man von der bäuerlichen Arbeitswelt buchstäblich nichts. Lüdersen, dessen Name Assoziationen an norddeutsche und weniger an östliche Gegenden erweckt, aber auch solche an »liederlich« – vergleiche dagegen den jungen Förster: Rainer –, leidet jedenfalls keine wirtschaftliche Not. Aber er muß wildern: »Es ist ein Unterschied, ob man in seinem eigenen Wald jagt oder in einem fremden«, sagt er zu seiner Tochter kummervoll. Helga arbeitet im Dorf als Verkäuferin in der Apotheke.

– Nicht die Flüchtlinge sind die Gegenwelt zum idyllischen Heidedorf, sondern der *Zirkus* und die *Stadt.* Von der Stadt wird nur geredet, aber der Zirkus taucht wirklich auf und hat eine wichtige dramaturgische Funktion. Auf dem Weg nach Hamburg, von wo es per Schiff in die USA gehen soll, macht er kurz in dem Heidedorf Station. Da ein Dorffest stattfinden soll, gibt der Zirkus auch eine Vorstellung. Die Zirkuswelt ist, wenn auch nach eigenen Regeln, durchaus geordnet. Der Direktor (Oskar Sima) ist ein gravitätischer Boß, die Akrobaten sind freundlich, der Tierwärter, der keinen Paß besitzt – ein erstes böses Zeichen –, ist von falscher Freundlichkeit. Er heißt Piesteck und entpuppt sich schließlich als »böser« Wilderer und Polizistenmörder. Und dann gibt es im Zirkus noch Frau Nora von Buckwitz, eine attraktive, sozusagen aus Not emanzipierte junge Frau, die als Dressurreiterin auftritt und damit ihr Geld mit einer Fertigkeit verdient, die man früher in ihren Kreisen aus Lust und Laune erwarb. Nora und Helga, die zwar bürgerlich, aber Gutsbesitzertochter ist oder wenigstens war, kennen sich vom Mädchenpensionat her.

– Stichwort »*Neue* Heimat«: Nora hat einen Panzer um ihr Herz gelegt und sucht die neue Heimat in den USA. Der charmante Amtsrichter (Willy Fritsch) versucht alles, um sie davon abzubringen. Als Lüdersen glaubt, seine Stellung in dem Dorf nicht mehr halten zu können, wollen er und Helga aus dieser »neuen Heimat« verschwinden: »Wir müssen fort von hier, am besten in die Großstadt!« Die Großstadt als das völlige Gegenteil von Natur und Heimat.

Noch in einem anderen Zusammenhang, jetzt nicht mehr nur individuell bezogen, taucht der topos der »neuen Heimat« auf. Obwohl man sie ansonsten im Film niemals sieht, gibt es im Dorf eine große Zahl von Flüchtlingen. »Ich betreue nebenamtlich die Flüchtlinge hier«, sagt der Amtsrichter am Kaminfeuer. In dieser Eigenschaft hat er für die in kostbaren Trachten auf dem Dorffest erschienenen Flüchtlinge, alles Schlesier, eine »kleine Überraschung« vorbereitet – einer der Vagabunden singt für sie das schlesische Heimatlied.

– Obwohl innerlich zerrissen und unglücklich, verkehrt Lüdersen selbstverständlich mit den *Honoratioren des Dorfes:* Amtsrichter, Oberförster, Apotheker, Arzt, Oberlehrer. Sie haben einen Stammtisch in der Gastwirtschaft, und beim Dorffest sitzen sie alle zusammen an einem

langen Tisch (im Freien). Hier hält, weil er sich zur Flucht entschieden hat, Lüder Lüdersen seine Abschiedsrede. Der Zuschauer blickt auf den Festtisch, an dem Lüdersen sich erhebt. Während in einer Halbtotalen die Festversammlung gezeigt wird – Honoratiorentisch im Vordergrund, Girlanden im Hintergrund –, fängt Lüdersen zu reden an: »Meine lieben Freunde. Lassen Sie mich, bevor ich für immer von hier fortgehe, noch einige Worte zu Ihnen sprechen. Ich spreche nicht nur für mich allein, sondern auch für die vielen anderen (Lüdersen dreht sich zu den Tischen mit den Schlesiern, dann fährt die Kamera auf ihn zurück bis auf halbnah), die hier bei Ihnen eine zweite Heimat gefunden haben. Nie werd ich die Tage vergessen, die ich bei Ihnen in der Heide sein durfte. In der Heide, die auch meine zweite Heimat geworden ist. Macht es den Menschen, die zu Euch geflüchtet sind, nicht schwer. Wer nicht von der Heimat weg mußte, der kann es nicht ermessen, was es bedeutet, heimatlos zu sein. (Schnitt: Oberförster und Apotheker blicken von unten auf das Gesicht des Redners). Ich weiß, wir sind ja manchmal auch nicht so gewesen, wie wir hätten sein sollen. Aber wir sind ja am härtesten gestraft. (Während der folgenden Sätze gibt es noch zwei, drei Umschnitte zwischen dem Gesicht des Redners, der ins Weite blickt, und seinen direkten Zuhörern.) Wenn ich hier im Walde war, dann hab ich mich oft wieder wie zu Hause gefühlt. Die schöne Natur, sie hat mich hinweggetröstet über das, was ich verloren habe.« An dieser Stelle wird Lüdersen unterbrochen: »Bravo, bravo«, sagt der Oberförster. Lüdersen fährt dann fort: »Ich war nahe daran, mich selber zu verlieren. Aber durch Güte und Verständnis, wie sie mir hier entgegengebracht worden sind, hab ich mich wiedergefunden. Ich danke Ihnen. Ich danke Ihnen für alles Gute, was ich hier erleben durfte.« Nach dieser Rede setzt er sich wieder hin. Ihm wird die Hand geschüttelt, seine Zuhörer im Film (und in der Regel auch das Filmpublikum im Saal) sind bewegt und gerührt. Diese Stimmung wird dann noch weiter vertieft, denn der wie aus dem Ei gepellt angezogene Vagabund singt sein Schlesier-Lied.
– Die Gegenwelt der *Stadt*, wie sie ein heimatverbundener Heidemensch sieht, wird in der Antwortrede des Oberförsters angeprangert: »Also, wenn ich in die Stadt müßte, ich würde eingehen, glattweg eingehen. Wie eine Eiche im Blumentopf. Hohe Häuser, Schornsteine, Radau, blasse Gesichter, die Menschen sehen aus wie Gespenster, die Straßenbahn bimmelt, der Asphalt stinkt, keine Sonne, nichts Grünes, wenn Sie an einen Baum kommen, müssen Sie erstmal den Staub abwischen, um zu sehen, ob's wirklich ein Baum ist.« Und der Apotheker (Ernst Waldow) fügt hinzu: »Ach, Herr Lüdersen, Herr Lüdersen, Sie kommen ja wieder. Das ist genau wie bei den Menschen vom Meer. Wen's einmal gepackt hat, der kommt immer wieder her, und eines Tages, da bleibt er dann für immer bei uns. Also: zum Wohle, Herr Lüdersen.«
In diesen Passagen des Films tritt seine Botschaft fast unverschlüsselt zutage. Nimmt man hinzu, daß die äußere Handlung bis zum Abstrusen

uneinsehbar konstruiert ist, daß eine Fülle von Neben-Episoden sehr handfest entweder stimmungsvertiefend oder stimmungsauflockernd wirken sollen und daß die langen Zirkusszenen (mit der Arabertruppe »Ben Ali« und den Clowns Terra und Klein-Rudi) einen kräftigen Schuß Exotik in die Dorfwelt – und in den Kinosaal – bringen sollen, dann kommt man ganz automatisch darauf, daß »Grün ist die Heide« ein außerordentlich wirkungsvoller Kinofilm gewesen sein muß, der seinem Publikum eine gleichermaßen zeitlose wie höchst aktuelle Vision von den heilenden Kräften der Heimat vorstellte. Die sozialen Erschütterungen der Kriegs- und Nachkriegszeit werden nicht verschwiegen. »Was meinen Sie, wer sich hier im Hause alles herumgetrieben hat, als der Krieg zu Ende war!« Das sagt, mit einem Unterton tiefster Empörung in der Stimme, der gewiß allen damaligen Hausbesitzern aus tiefstem Herzen gesprochen war, der Gutsbesitzer Gottfried Lüdersen zum Förster Rainer, als sich dieser nach den Gewehren im Gutshaus erkundigt. Und er meint damit: was uns da alles geklaut worden ist, von Polen, Siegern, Flüchtlingen und wer weiß noch von wem! Solcherart soziale Erschütterungen werden aber – wie auch anders! – keineswegs näher in Augenschein genommen. Die Herren Apotheker, Oberförster (und hier handelt es sich ja nun wirklich nicht um den von *Ernst Jünger* aus den »Marmorklippen«), was waren die in der Zeit von 1933 bis 1945 eigentlich? Kein Zweifel, daß diese Frage tabu ist.

Die sozialen Erschütterungen der Kriegs- und Nachkriegszeit werden grundsätzlich nur als Eingreif-Faktoren in private Schicksale gesehen. Ihretwegen werden Menschen »aus der Bahn geworfen«. Lüder Lüdersen war – und, so wird es jedenfalls im Film mehrfach gesagt, ist nach wie vor – ein sehr erfolgreicher Guts-Bewirtschafter. Durch den Krieg hat er sein eigenes Gut verloren. Jetzt muß er wildern: »Ach, warum darf man kein Mensch mehr sein, nur weil man alles verloren hat? Nur wenn ich draußen im Wald bin, in der Natur, dann vergeß ich wenigstens alles Elend. Ich hab das Gefühl, es ist *mein* Wald, es sind *meine* Tiere. Es ist nicht nur Jagdfieber . . .«. Diese wenigen Sätze stehen in bemerkenswertem Kontrast zu der langen Rede Lüdersens über die Versöhnung zwischen den Einheimischen und den Flüchtlingen über das Medium ihrer gemeinsamen Naturliebe. Hier ist von Versöhnung keine Spur zu finden, statt dessen lassen die Worte ahnen, daß das Verhältnis zwischen Einheimischen (Besitzenden) und Flüchtlingen (besitzlos Gewordenen) sehr konfliktreich ist.

Die Pointe dabei ist natürlich, daß diese wenigen Worte zwar in den Zuschauern im Kinosaal Erfahrungen aus dem damaligen Alltag antippen mochten, daß sie aber weder als individuelle Erklärung Plausibilität beanspruchen konnten für den Lüdersenschen Zwang zum Wildern, noch überhaupt auf dessen persönliche Situation beziehbar erschienen, denn ihm ging es weder materiell wirklich schlecht, noch wurde er von seiner Umgebung in irgendeiner erkennbaren Weise wegen seines Flüchtlings-Status gedemütigt. Im Gegenteil, er war ja wie selbstverständlich in die Honoratiorenschicht des Dorfes integriert worden.

Aber es mochte wohl genügen, den Eindruck zu vermitteln, daß da einer »aus der Bahn geworfen« worden ist, um in den Zuschauern von damals ein Gefühl der inneren Übereinstimmung zu erwecken.
– Ein anderer Fall: Nora von Buckwitz (Maria Holst). Sie ist ebenfalls »aus der Bahn geworfen« worden. Bei ihr hat das zur Folge gehabt, daß sie sich mit eiserner Disziplin, wenngleich nicht ohne weiblichen Charme – oder eigentlich müßte es heißen, weil das dem Typ eher entspricht: fraulichen Charme –, auf ein neues Leben in einer völlig neuen Umgebung vorbereitet. Sie ist nicht das kleine adlige Fräulein mehr, sondern ein selbständiger, ganz und gar unsentimentaler Mensch geworden, einer, mit dem man Pferde stehlen kann. Sie reitet und bewegt sich überhaupt in der ja keineswegs standesgemäßen Umwelt mit größter Selbstsicherheit. Ihr schönes Pferd heißt – na, Winnetou natürlich. Aber der Zuschauer merkt doch: irgend etwas stimmt mit ihr nicht. »Der Heidezauber wirkt bei mir nicht, das ist doch alles Wandervogelromantik!«, sagt sie schnippisch zum Amtsrichter, der bei Gottfried Lüdersen am Klavier sitzt und spielt »Rosemarie, Rosemarie, sieben Jahre mein Herz nach Dir schrie«. Der *Krieg,* so denkt sich der Zuschauer, hat diese schöne Frau *gefühlskalt* werden lassen; wer gefühlskalt geworden ist, auch wenn er noch so patent erscheinen mag, ist auf eine zugleich subtile und besonders brutale Weise »aus der Bahn geworfen«. Also wünscht man den Werbungsversuchen von Willy Fritsch baldigen Erfolg, denn wenn sie wieder lieben kann, ist's auch eine Art Wiedergutmachung. Die textlichen und bildlichen Verbindungsstücke zwischen den herkömmlichen *topoi* der Heimatfilme und den Aktualitäten der Nachkriegszeit knirschen zwar häufig ganz gewaltig, aber insgesamt gesehen, haben sie beides recht erfolgreich zusammengehalten. »Die Natur«, wozu in diesem Film eine – bekanntlich gar nicht so einfach zu gestaltende – Heide- und Wacholderlandschaft bei Undeloh in der Nordheide, ein deutscher Wald, eine völlig unmotiviert ins Bild gebrachte Schafherde samt Hirten mit Rauschebart und an einer dramatischen Stelle auch ein Gewitter gehören, spielt für die Handlung eine wichtige Rolle; die Handlung kreist um ein Urmotiv des Heimatfilms, das Wildern, wobei die Liebe im Protagonisten eine Art Zielkonflikt auslöst. Die aktuellen Ingredenzien sind von Drehbuchautor und Regisseur (B. E. Lüthge und Hans Deppe) so gewählt worden, daß die Zuschauer, wie es scheint, »Grün ist die Heide« als Film zur Bewältigung der Gegenwart ansahen.

2. Intellektuelle Heimatfilm-Kritik

Die Art und Weise, wie die bundesrepublikanische Intelligenz, sofern sie sich überhaupt mit dem Kino beschäftigte, den Heimatfilm behandelte, ist immer einiger Überlegungen wert. In der Regel hat sie sich auf das Phänomen überhaupt nicht eingelassen. Dabei hätte allein das gesellschaftliche Brimborium bei Premieren von Heimatfilmen die Aufmerksamkeit auf ihre, sagen wir es mit einem Ausdruck, den man gegenwärtig nur noch leicht ironisch anbringen kann, *gesellschaftliche Relevanz* lenken mussen. So ging es z. B. bei der Premiere von »Grün ist die Heide« zu: »Die Lieder vom Rübezahl und dem Riesengebirge, die Tänze einer schlesischen Trachtengruppe auf der Leinwand trieben vielen Heimatvertriebenen im Parkett Tränen in die Augen. Das Schicksal des Mannes, der aus Sehnsucht nach seiner verlorenen Heimat zum Wilderer wird, ergriff das Publikum. Als am Ende der Vorstellung Sonja Ziemann, als Christkind verkleidet, Geschenke an Flüchtlingskinder verteilte, nahm der Jubel kein Ende . . .[8].« Die folgende Kritik, übrigens eine seinerzeit außerordentlich weit verbreitete und viel gelesene, steht solchen »Tränen im Parkett« ratlos und ziemlich hochmütig gegenüber: »Einer der ersten und geschäftlich erfolgreichsten deutschen ›Heimatfilme‹ der Nachkriegszeit. Inhalt: Förster und vornehmer Wilderer, Flüchtlingsschicksal, Trachtenfest und zur Belustigung drei alberne Landstreicher. Gekünstelt und lebensfern[9].« Die Katholische Filmkommission für Deutschland, die für diesen Text verantwortlich zeichnet, kann man nur zwar gerade nicht mit dem Etikett eines typischen Intellektuellen-Clubs versehen. Bezeichnend ist jedoch, daß die von ihr verwandten Kernbegriffe der Kritik in der westdeutschen Filmkritik »von Niveau« immer wieder auftauchten. So schreibt etwa Walther Schmieding in seinem Rückblick auf den deutschen Film der fünfziger Jahre am Ende dieses Jahrzehnts, die in den bundesdeutschen Heimatfilmen formulierten Vorstellungen von den gesellschaftlichen Verhältnissen seien »unwirklich-anachronistisch, im ganzen restaurativ,

---

8 Dieser zeitgenössische Zeitungsbericht ist zitiert von Usch Bayer in ihrer Reportage über die Aufführung mehrerer Heimatfilme im Herbstprogramm 1980 der ARD, in: Hör zu, Nr. 33/1980. Die deutsche Erstaufführung des »Förster vom Silberwald« in München 1954 galt ebenfalls als ein »gesellschaftliches Ereignis« mit viel anwesendem Adel und Großgrundbesitz. Vgl. dazu den von der Filmredaktion der ARD herausgegebenen Almanach »Spielfilme im Deutschen Fernsehen – ARD 1980, Frankfurt/M., 1979, S. 60.
9 6000 Filme. Kritische Notizen aus den Kinojahren 1945 bis 1958, Handbuch V der Katholischen Filmkritik, Düsseldorf 1960, 2. Aufl., S. 172; die Katholische Filmkommission hat dem Film trotz der Einwände das Wertungszeichen 1 E gegeben (»tragbar für Kinder, aber mit leichten Vorbehalten«).

manchmal reaktionär«[10]. Daß die Heimatfilme diese »Botschaft« trügen, ist ein Gemeinplatz intellektueller Filmkritik geworden. Salopp drückt das Joe Hembus aus: »... der rückwärts gewandte Euphemismus verbindet sich mit einem vorwärts gewandten Optimismus, und schon sind die Trümmer des sogenannten Trümmerfilms nicht mehr ein Stück unbewältigter Vergangenheit, sondern Bausteine eines bewältigten Wirtschaftswunders und der heilen Welt des Heimatfilms ›Grün ist die Heide‹ und sie bietet selbst einem vertriebenen ostpreußischen Herrn, der seine Jagdgründe verloren hat und im Wildern auf Heide-Hirsche seinen Lustgewinn suchen muß, schließlich ein neues Revier[11].« Für Hembus besteht das ganze Genre eigentlich nur aus lauter Gipfelleistungen in Schwachsinn, den heute zu konsumieren fast schon wieder empfehlenswert sei. Diese hübsche, zynische Volte mag ihren eigenen Reiz haben – über den Heimatfilm und seine Rezeption wird damit natürlich nichts ausgesagt.

In klassenkämpferischer Verbissenheit, die im übrigen die meisten Einsichten wieder verdorben hat, beschreibt Klaus Kreimeier die »politische Funktion« des deutschen Heimatfilms der fünfziger Jahre: »Den ·frühen Heimatfilm kennzeichnet eine stilistisch frappierende, den ideologischen Erfordernissen jedoch sehr angemessene Kombination der faschistischen Blut-und-Boden-Romantik mit Motiven, die dem aktuellen Problem der ›Eingliederung‹ der Flüchtlinge und Vertriebenen in die Gesellschaft der Bundesrepublik entliehen sind. Freilich – die Heimatfilme bürgern nicht das ungeheure Reservoir der aus den Ostgebieten einströmenden billigen Arbeitskraft ein, sondern ostelbische Junker, die ihren Grundbesitz verloren haben: ihr Existenzleid verleiht den Heide-, Alpen- und Schwarzwaldfilmen der fünfziger Jahre ihren spezifischen Schmelz. Sehr witzig bemerkt Curt Riess: ›Wenn man sich die deutschen Filme jener Zeit wieder ansieht, so hat man das Gefühl, als seien nicht Millionen Menschen, sondern Millionen Mitglieder von Gesangvereinen aus ihrer Heimat vertrieben worden.‹ Doch die Beobachtung trifft nicht das Wesen der Sache: die Heimatchöre liefern nur die Hintergrundmusik für die Rehabilitation des Landadels, die sich im Zentrum der Spielhandlung vollzieht . . . Das Riesengebirgslied, das eine Trachtengruppe in der Heidelandschaft intoniert, ummalt nur musikalisch die innere Sinnstruktur dieses und vieler anderer Heimatfilme – so wie in der Propaganda des CDU-Staats revanchistische Obertöne die Wiedereinsetzung der alten Bourgeoisie mit der ideologischen Begleitmusik versehen[12].« Derart ideologisch aufmunitioniert, macht sich Kreimeier flugs

10 Walter Schmieding: Kunst oder Kasse. Der Ärger mit dem deutschen Film, Hamburg 1961, S. 28.
11 Hembus (Anm. 6), S. 5.
12 Kreimeier (Anm. 4), S. 102 f. Das dort eingebaute Zitat stammt aus dem Buch »Das gibt's nur einmal« von Curt Riess, Hamburg 1958, S. 226.

ans Entlarven, und da bleibt dann auch kein Auge trocken. 1952 erhält »Grün ist die Heide« wegen seines geschäftlichen Erfolgs den »Bambi«, was Kreimeier zu folgendem Wutschrei angespornt hat: »... eine 1948 vom Burda-Verlag gestiftete Auszeichnung, mit der alljährlich die skrupellosesten Geschäftemacher des Filmkapitals sich gegenseitig prämiieren[13].« Für Kreimeier gehören auch die Stimmen der bürgerlich-intellektuellen Filmkritik in den Orkus, denn ihre Kritik am Heimatfilm sei nichts anderes als das intellektualisierte Ebenbild der zynischen Massenverachtung der täglichen Praxis der Kinoindustrie. »In der bürgerlichen Gesellschaft sind die herrschenden ›Leit- und Wunschbilder‹ in erster und letzter Instanz Bestandteil der herrschenden Ideologie und stehen im Dienst der herrschenden Klasse: deren Denken und Wünschen, deren Verhältnis zur Klasse der Ausgebeuteten drücken sie zunächst und vor allem aus. Gerade der Trivialfilm der kapitalistischen Kinoindustrie ist eines der willfährigsten und wohlfeilsten Propagandainstrumente besonders reaktionärer Teile der Bourgeoisie, deren Klassenpolitik er den Massen teils zu interpretieren, teils zu verschleiern hat. Interpretation und Verschleierung sind dabei nicht voneinander zu trennen; sie bilden eine komplexe Einheit, in der auch die Scheinwidersprüche in der dramaturgischen und ideologischen Struktur des Trivialfilms – Anachronismen und ›Realitätsferne‹ auf der einen Seite, Zeitnähe und Affinität zur gesellschaftlichen Wirklichkeit auf der anderen – sich auflösen. Es gibt wohl kaum einen Trivialfilm, dessen Handlung nicht zugleich Abbild und Modell objektiver Unterdrückung und Ausbeutung in der bürgerlichen Gesellschaft wäre – aber es gibt auch keinen, dem die Abbildung objektiver Verhältnisse nicht alsbald zur Apologie geriete. Die Affinität zur gesellschaftlichen Lage wird keineswegs immer von den Autoren intendiert noch von den Massen bewußt nachvollzogen[14].« Es braucht halt den »großen Erklärer«, der alles durchschaut. Aber wenn wir einmal versuchen, diese Attitüde des bürgerlichen Individuums, das sein ideologisches Transvestitentum für eine echte Geschlechtsumwandlung hält, beiseite zu lassen, dann finden wir in Kreimeiers Sätzen immerhin ein paar weiterführende Hinweise. Daß da eine ideologische Propagandazentrale der bürgerlichen Gesellschaft Heimatfilme produziert habe, um die »Massen« zu verarschen – geschenkt, das sind jene schrecklich komischen Vereinfachungen, die man oft als Folge von Damaskus-Erlebnissen beobachten kann. Aber die Kritik an der ›bürgerlichen‹ intellektuellen Kritik nimmt doch einige Plausibilität in Anspruch: unwirklich-anachronistisch, gekünstelt, bald auch »kitschig«[15] – all

---

13 Kreimeier (Anm. 4), S. 103.
14 Ebd., S. 105.
15 Über Kitsch gibt es eine umfangreiche Literatur, das meiste davon ist allerdings etwas älter (empfehlenswert: Ludwig Giesz, Phänomologie des Kitsches, Heidelberg 1960).

diese Distanzierungsvokabeln verzichten auch nur auf den Anschein von Erklärungen für den Erfolg von Heimatfilmen, es sei denn, man unterstellte dem Publikum – den »mündigen Bürgern«, wie es seit den sechziger Jahren heißt –, eine Art Kollektiv-Schwachsinn. Ganz gewiß sind Filme wie »Grün ist die Heide« vom Publikum als durchaus zeitnah empfunden worden, und gerade auf diese Zeitnähe haben die Organisatoren der weihnachtlichen Premiere in Berlin ja auch spekuliert. Nur eben: man muß das Wort *Zeitnähe* ernst nehmen. Für den selbstgewissen Kreimeier sollte der Heimatfilm die Massen ideologisch hinters Licht führen. Für die liberalen Kritiker sollte der Heimatfilm »eigentlich« aufklärerisch wirken, was wohl soviel heißen mag wie: sich auf dem Niveau intellektueller Filmkritiker ansiedeln. Beide Sichtweisen bleiben letztlich einäugig. Die Absichten der Hersteller in eine großangelegte politische Konspiration einzubauen, ist so absurd, daß selbst Kreimeier diesen Gedanken wieder halb fallenläßt.

Aus Anlaß der Wiederaufführung von »Grün ist die Heide« im ARD-Programm schrieb ein Mitarbeiter der »Frankfurter Allgemeinen Zeitung« folgendes in seiner Kritik: »Es hat 29 Jahre gedauert, bis man den ›größten deutschen Spielfilm mit Sonja Ziemann und Rudolf Prack‹ – so die Ankündigung – im Fernsehen gezeigt bekam. Die Begeisterung der Ansagerin für diesen Heimatfilm wirkte halbherzig, aber die Farben von ›Grün ist die Heide‹ waren noch nicht verblichen. Die grüne Heide trug immer noch ihren violetten Schimmer, von dem sich die Sandwege und der blaue Himmel abhoben. Aus der feierlichen ernsten Landschaft traten lebenslustige, fröhliche Menschen hervor, zuerst drei Stromer, die den Zuschauer mit Liedern von Hermann Löns in der Heide heimisch machen wollten. Andererseits schlich da auch ein Wilderer mit einem unbeherrschten, von Leidenschaften verzerrten Gesichtsausdruck durchs Gehölz und schoß auf Rehe und Hirsche. Zwei Förster hatten dem Wilddieb das Handwerk zu legen. Ein fröhlicher Amtsrichter, Honoratioren, Schloßbewohner, Zirkusvolk und Landleute auf einem Volksfest ergänzten das Personal. Sonja Ziemann lief als schöne, unschuldige Tochter des Wildfrevlers zwischen der bösen und der guten Welt hin und her und mußte ihren krankhaften Vater vor sich selbst und dem Förster beschützen. Der biedere Rudolf Prack trat in seiner blaßgrünen Forstuniform für das Wild und die Hegebestimmungen ein. Aber für den Erfolg dieses Films ist die Handlung nicht allein entscheidend. Singen, Reiten, Tanzen, Pantomime, Klavierspiel, Witze und komische Gags beanspruchen wie in einem Varieté die Aufmerksamkeit für sich. Durch schnelle Schnitte und häufigen Szenenwechsel wird das Gesche-

---

Die schillernde Qualität dieses klassischen Distanzierungsbegriffs der bürgerlichen Gesellschaft dürfte im Rückblick auf die siebziger Jahre eher noch bunter geworden sein.

hen lebendig . . . Der Wilderer, ein ehemaliger Gutsbesitzer aus den östlichen Provinzen, der seine Jagdleidenschaft nicht zügeln kann, wird mit Strenge und Nachsicht zur Anerkenntnis des Guten gezwungen. Umgekehrt erscheinen die Amtsrichter, die Förster und die Polizei, weil sie in dem Wilddieb den Frevel an der Natur bekämpfen, als die legitimen Hüter der natürlichen Ordnung. Der an einen Vorkriegserfolg anknüpfende Heimatfilm trägt so zur Legitimation des neuen Staates bei[16].« Diese Film-/Fernsehkritik aus dem Jahr 1980 ist wegen dreier ganz verschiedener Züge und Aussagen bemerkenswert. Erstens wegen ihres Stils: nach wie vor kann über den Heimatfilm offenbar nur mit der sanften Ironie des Bildungsbürgers berichtet werden, dem dieser Gegenstand »eigentlich« ein Graus ist. (Wir sind ja auch nicht frei davon.) Zweitens wegen des Hinweises auf die Lebendigkeit des Filmgeschehens und ihre Ursache: in der Tat boten ja gerade die recht langen Zirkusszenen mit Pferden, Akrobaten und Clowns dem Publikum der frühen fünfziger Jahre ein bißchen Weltgefühl. Der »Show-Wert« der einzelnen Darbietungen mag aus heutiger Sicht arg provinziell erscheinen, damals war das Publikum in dieser Hinsicht gar nicht verwöhnt. Und drittens schließlich wegen der politischen Betrachtung im letzten Abschnitt der Kritik: geradezu lässig wird hier, anders als bei den intellektuellen Kritikern der fünfziger und sechziger Jahre oder bei dem angestrengten Marxisten Kreimeier, der Mechanismus politischer Wirksamkeit scheinbar unpolitischer Filme[17] durchleuchtet. Legitimation kann in diesem Zusammenhang vielleicht am sinnfälligsten mit »Zustimmung von innen heraus« übersetzt werden, und die wird beim Zuschauer viel besser erzeugt, wenn man die manifeste Politik fortläßt. Die Konvergenz von sozialer und natürlicher Ordnung, besser: der Ordnungen in der Natur und im menschlichen Zusammenleben, läßt sich einfach zeigen – Bilder von der »unberührten« Natur und Bilder von behaglichen Menschen in dieser Natur drücken diese Konvergenz perfekt aus. Der mit einem kritischen Unterton verwendete Begriff von der »heilen Welt«, die mit dieser Konvergenz vorgegaukelt würde, trifft zwar, aber nicht ganz genau dorthin, wohin er gemeinhin zielt. Denn die Geschichte von »Grün ist die Heide« wie die fast aller anderen Heimatfilme behandelt ja gerade eine *Abweichung.* Lüdersens Wilderei und auf einer anderen Ebene Nora von Buckwitz' Abwehr aller Liebesgefühle und schließlich auch die Existenz so vieler – allerdings meist unsichtbarer – schlesischer Flüchtlinge in dem Heidedorf – all das sind Abweichungen, allerdings solche, für die die Betroffenen nicht oder nur zu geringen Teilen selbst verantwortlich gemacht werden können. Sie sind Opfer der Zeitumstände. Von heiler Welt kann man also eigentlich gar nicht sprechen. Allerdings: die Ge-

---

16 Joachim Stoch: Grün ist die Heide, in: Frankfurter Allgemeine Zeitung v. 15. 9. 1980.
17 Virtuos hat diesen Mechanismus bekanntlich Joseph Goebbels zu verwenden gewußt.

schichte von »Grün ist die Heide« wie die fast aller anderen Heimatfilme ist auch die Geschichte eines Versuchs der *Wiedergutmachung*. Die Natur und das herrschaftliche System der Sozialordnung wirken auf unterschiedliche Weise, aber gewissermaßen parallel in dieselbe Richtung. Die Natur lindert die Seelenqualen; das Herrschaftssystem eliminiert Abweichungen, wie z. B. die krude Kriminalität des »bösen« Wilderers Piesteck. Als dritte Instanz, die ebenfalls unterstützend eingreift, kann man das Schicksal ausmachen – es bringt den »guten« Wilderer in eine Situation, in der er erstens der Polizei helfen kann, den »bösen« Wilderer zu fassen und in der er zweitens ein präzise bemessenes Maß an Bestrafung für seine eigene – in Zukunft überwundene – Abweichung zudiktiert bekommt. Die Liebe, um das rasch hinzuzufügen, macht es allen drei Instanzen recht. Das damalige »Traumpaar des deutschen Films«, dessen gegenseitige Zuneigung im Film übrigens kaum angedeutet wird – statt dessen wird sie den beiden vom Milieu andauernd unterstellt –, kommt in »Grün ist die Heide« zusammen, um Natur, Schicksal und Herrschaftsordnung in ihrem Bund zusammenzuknüpfen, fürwahr ein stolzes Motiv. Die Botschaft des Films, die politische Botschaft, ist also nicht: wir haben eine heile Welt. Sondern: und ist die Welt auch noch so unheilvoll, man braucht nicht zu verzagen, die Natur, das Schicksal und die Repräsentanten der Herrschaftsordnung werden schon Rettung bringen können. Wem fällt da nicht Hölderlin ein!
Diese Botschaft, einmal abgesehen davon, daß die Konstruktion der Geschichte der Rettungsaktion in »Grün ist die Heide« nicht gerade auf soliden Füßen steht, diese Botschaft klingt längst nicht so absurd oder lächerlich wie die, welche die intellektuelle Kritik den Heimatfilmen unterstellt, weil sie nicht genau hingehört und -gesehen hat. Und was die wenig solide Konstruktion des Handlungsverlaufs angeht – da wird, denken wir, der durchschnittliche Kinobesucher, Otto Normalverbraucher und Lieschen Müller, erheblich unterschätzt, wenn man glaubte, sie würden alles, was da auf der Leinwand passiert, für bare Münze nehmen. Kino ist Kino, selbst die intentional wirklichkeitsgetreuesten Filme, jedenfalls Spielfilme [18], bleiben notgedrungen Fiction. Um es pointiert auszudrücken: de Sicas »Fahrraddiebe« ist gewiß ein ungleich besserer Film als »Grün ist die Heide«, aber wirklichkeitsgetreuer ist er kaum. Womit gemeint ist, daß es unsinnig ist, dieses Kriterium an Spielfilme anzulegen.
Es gibt sicher verschiedene Seh-Modelle für die deutschen Heimatfilme der fünfziger Jahre. Betrachtet man sie insbesondere unter dem Gesichtspunkt, wie sie die politischen Turbulenzen und Probleme der Zeit

---

18 Im Grundsatz sind natürlich auch ˙Dokumentarfilme nicht »wirklichkeitsgetreu«, wenngleich sie sich auf eher nüchterne Weise mit der Lebenswirklichkeit beschäftigen.

spiegeln [19], dann fällt – jedenfalls bei unserem Beispiel – auf, daß diese Turbulenzen und Probleme nicht ausgeklammert, sondern in den Mittelpunkt des Filmgeschehens gestellt werden. Dies geschieht jedoch auf eine eigentümliche Weise: Der Verlust der Heimat und einige Folgen dieses Verlusts werden dem Zuschauer vor Augen und Gemüt geführt, in charakteristisch abgemilderter Form und insbesondere unter Auslassung wirklich ungemütlicher Seiten dieses Verlusts [20]. Wie dieser Verlust gemildert oder überwunden werden kann, erfährt man dann im Verlauf der Filmhandlung. Auch am Schluß des Films, beim happy end, ist die Welt nicht heil, aber der Zuschauer, der den Kinosaal verläßt und ins wirkliche Leben hineinblinzeln muß, hat immerhin den Trost, daß Entschädigungen für Verluste, auch für seine eigenen, nichts Unmögliches sind. Er verwechselt, um das einmal kühn zu verkürzen, nicht die Filmhandlung mit seiner eigenen Wirklichkeit; er fühlt sich jedoch erleichtert, weil er innerlich nachvollzogen hat, daß Richtung und Dynamik einer Filmhandlung vom Leid zum happy end auch eine (wenn auch meist nur abstrakte) Möglichkeit in seinem eigenen Leben sind.

Verlust ist sicherlich ein Schlüsselwort für die Erklärung des phänomenalen Erfolges von Heimatfilmen in der Bundesrepublik in den ersten Jahren ihrer Existenz – dabei sollte man auch, allerdings keineswegs ausschließlich, an die Heimatvertriebenen denken. Die Epoche der Kriege und Revolutionen, der wirtschaftlichen und politischen Zusammenbrüche, als die sich das 20. Jahrhundert den Deutschen darstellte, ist ja von verschiedenster Seite mit Schlagworten wie »Verlust der Mitte« oder »Ende aller Sicherheiten« zu kennzeichnen versucht worden. Die Erklärungskraft solcher Schlagworte kann nur als gering gelten, aber manchmal wirken sie wie eine *prägnante Tautologie* [21] durchaus erhellend, ohne daß damit schon die Lichtquelle selbst entdeckt zu sein braucht. Zweifelsohne gehört zu den Folgen des Nationalsozialismus in Deutschland auch, daß staatliche Organe, das politische Herrschaftssystem an Legitimation verloren haben. Ein Herrschaftssystem *mit* Legitimationen sollte und mußte aber an die Stelle des durch die »Totale Niederlage« 1945 aufgelösten Herrschaftssystems treten; soziale und politische Ord-

---

19 Der Gebrauch dieses Verbs könnte zu Assoziationen über die eine oder andere Widerspiegelungs-Theorie verführen. Der Leser sollte sich dagegen wehren, denn von solchen Theorien halten wir wenig – natürlich spiegeln sich gesellschaftliche Verhältnisse, politische Grundströmungen, kulturelle Konsense im Film einer Gesellschaft wider, aber es ist noch niemandem gelungen, eine Theorie darüber zu entwerfen, die etwas taugt.

20 Die kennt der Zuschauer ohnehin viel besser.

21 Man kann natürlich Bedenken gegen die Vorstellung anmelden, es gäbe überhaupt so etwas wie *prägnante* Tautologien. Jahrelanger Umgang mit sozialwissenschaftlicher Fachsprache führt indes zu der Erfahrung, daß es jedenfalls *unterschiedlich* prägnante Tautologien gibt.

nungen mußten stabilisiert werden, nicht nur im Interesse imaginärer oder tatsächlicher Eliten, sondern gerade auch im Interesse und in den Wunschvorstellungen der normalen Bürger/Kinogänger. *Heimat* erweist sich in einer solchen kollektiven Bedarfssituation als ideologisches Wundermittel. Die Kraft von Natur und Schicksal setzt sich über alles Menschenwerk der Irrungen und Wirrungen hinweg; Heimat ist zugleich der Inbegriff der akzeptierten Ordnung. In eine solche Ordnung mußten nach 1945 *alle* Deutschen hineinwachsen, nicht nur die Flüchtlinge. Oder, wer schon in »der Heimat« lebte, mußte erkennen können, daß hier trotz aller Katastrophen und Unsicherheiten ein Hort der Geborgenheit *nach wie vor* existierte, der auch als Ausgangspunkt für den Alltag des Wiederaufbaus fungieren konnte. Die unter agrarpolitischen Gesichtspunkten heute so viel gescholtenen Nebenerwerbs-Bauernbetriebe stellen so fast eine Art logischer Folgerung aus Situationen dar, wie sie in »Grün ist die Heide« beschrieben und gezeigt werden: Die vielen Schlesier im Dorf werden es ein paar Jahre später entweder in Richtung Großstadt verlassen oder (aber nur wenige) an seinem Rande einen solchen Kleinbetrieb mit staatlicher Unterstützung aufzubauen begonnen haben. Der Amtsrichter, im Film »nebenamtlich« mit der (kulturellen?) Betreuung der Flüchtlinge betraut, wird sich dann wieder ganz seinen anderen Aufgaben und, wir wollen es hoffen, seiner kapriziösen Frau Nora, geb. von Buckwitz, widmen können.

3. Wilde Wasser

»Wilde Wasser« (1962) ist, wie die ARD-Filmredaktion anläßlich der Aufführung dieses Films im Fernsehen am 5. Oktober 1980 meldete, »eine abwechslungsreiche Heimatfilm-Variante der Geschichte vom verlorenen Sohn«. Rudolf Schündler, ein Heimatfilm-Routinier, hat diesen Film gedreht, dessen Handlung so verläuft:
»Der junge Thomas Mautner (Hans von Borsody) arbeitet im Sägewerk seines Vaters (Heinrich Gretler), mit dem schwer auszukommen ist, viel lieber sitzt er an der Orgel der kleinen Dorfkirche und spielt, denn Thomas möchte Musiker werden. Dafür aber hat der alte Mautner überhaupt kein Verständnis. Als Thomas die hübsche Andrea Sternberg (Corny Collins) aus einem Wildbach rettet, sieht er eine Chance, sich auf eigene Füße zu stellen. Er verläßt den väterlichen Besitz und folgt Andrea nach Bad Gastein in der Hoffnung, daß ihr Vater (Rolf Olsen) ihm helfen wird. Sternberg hat es jedoch nur auf die Grundstücke abgesehen, die Thomas von seiner Mutter geerbt hat. Auch Andrea und ihre reichen Freunde lassen ihn bald spüren, wie wenig er zu ihnen paßt. In dieser Situation begegnet Thomas der stillen Magdalena (Marianne Hold) wieder. Auch sie hat eine schwere Enttäuschung mit dem Gutsbesitzer von Lindner (Friedrich Schoenfelder) hinter sich. Sie rät ihm, zu seinem Va-

ter zurückzukehren, und ihr gelingt es schließlich auch, Vater und Sohn zu versöhnen, zumal der alte Mautner überzeugt ist, in ihr eine gute Schwiegertochter zu bekommen[22].« Auch diese Inhaltsangabe ist alles andere als solide, aber immerhin ist es ganz aufschlußreich zu sehen, welche Motivgeflechte der ARD-Filmredaktion im Jahre 1980 wichtig erschienen und welche nicht.

Auch wenn dieser Film in den Bergen spielt und die sozialen, wirtschaftlichen und politischen Verhältnisse andere sind als in »Grün ist die Heide«, kann man in »Wilde Wasser«, sozusagen auf ihrem tiefsten Grund, dieselbe typische Heimatfilm-Konstellation erkennen. Die »auch wenn«-Faktoren spielen allerdings eine wichtige Rolle. Das erwarten wir aber auch, denn schließlich haben wir ja gelernt, daß der Heimatfilm sich den jeweils zeitgenössischen Problemen keineswegs verschließt. Eine zeitgenössische, d. h. 1962 als besonders zeittypisch empfundene Bedrohung der Ordnung der Natur ist das Eindringen von immer mehr Tourismus und Massenverkehr in die Bergwelt. Das hat zweierlei Auswirkungen: einmal ändern die Menschen in der Naturwelt ihr Verhalten, zum andern werden sie Opfer mehr oder weniger raffinierter Anschläge auf ihren Naturbesitz, der für Außenstehende oftmals zu Spekulationsobjekten wird. Das soll dem Zuschauer schon am Anfang von »Wilde Wasser« klargemacht werden: Thomas spielt auf der Orgel der Barockkirche, das ist erhebend und schön, bald darauf sieht man ihn mit seiner Trachtenjacke, seinen blue jeans und seinem Motorrad. Und weiter: der alte Mautner wird von zwei Geschäftsleuten attackiert – von Sternberg, der schon von der Physiognomie her ziemlich mies ist, und von Lindner, der auch einen schlechten Eindruck vermittelt –, die ihm seine Mühle abkaufen wollen, weil sie nämlich (aber sonst noch keiner im Bergdorf) wissen, daß durch Mautners Grundstück eine Autobahn(!) geführt werden soll. Die Vermischung von Stadtleuten und Dorfleuten, das wird im folgenden an verschiedenen Paaren gezeigt, kann eigentlich nur schiefgehen. Die Magdalena z. B., Kinderschwester beim verwitweten Baron, hat aus ganz frühen Tagen schon eine uneheliche Tochter. Deshalb sehnt sie sich zurück in die einfache Dorfwelt – und kriegt auch den feschen Naturburschen Thomas. Andrea, die Tochter des miesen Geschäftsmannes, ist eigentlich ganz nett, aber sie kann sich in der freien Natur nicht richtig bewegen, deswegen fällt sie im Bergbach auch um und muß gerettet werden. Auf der städtischen Tanzbühne tanzt sie perfekt den Twist; sieht man sie im Dirndl, weiß man, daß sie sich eigentlich nur verkleidet hat. Sie gehört zu ihren bleichen, reichen Stadtfreunden, die amerikanische Namen tragen und sich langweilen. Dann ist da noch eine Försterstochter, bei der wäre der Thomas auch ganz gut aufgehoben, aber zum Glück hat er auch noch einen Bruder (Sieghart Rupp, noch

22 ARD-Programmankündigung für den 5. 10. 1980.

ganz un-Kressinisch), der als Lückenbüßer einspringt. Auf der Ebene der Dienstboten wiederholt sich das Drama: die ungarische Dienstmagd in der Mühle fällt auf einen heiratsschwindelnden billigen Jakob herein; gäbe es nicht den biederen und aufrichtigen Knecht, der sie eigentlich auch ganz gern hätte, würde diese Nebengeschichte ein böses Ende nehmen. Diesen Knecht spielt Beppo Brehm, ein Extra-Vergnügen.

Am Schluß akzeptiert der »verlorene Sohn« Thomas die Hierarchie in der Mühlenfamilie, er ordnet sich ein, nachdem er sich in der Stadt – nicht in der Großstadt, aber in einem Tourismus-Zentrum – die Hörner abgestoßen hat. Der alte Mautner akzeptiert seinerseits die neue Schwiegertochter samt deren kleiner Tochter, der er in den letzten Einstellungen des Films Felder und Wiesen und die Berge zeigt; mit einer Totalen auf die Berge geht der Film zu Ende.

Heimat steht in diesem Film für patriarchalische Ordnung und Seßhaftigkeit. Dies alles wird bedroht durch den Ansturm der Modernität: Massentourismus, Permissivität und Verflachung der spezifischen kulturellen Werte des naturverbundenen Dorflebens. Bezogen auf den von den Filmherstellern gewünschten Filmkonsumenten wirkt die Botschaft des Films vielfach unglaubwürdig. Erstens ist die gezeigte Dorfwelt natürlich bereits durch und durch synthetisch: der gesprochene Dialekt zum Beispiel ist ein künstliches Boutiquen-Münchnerisch. Zweitens wirkt solch ein Film eher wie eine Werbung für den Massentourismus, denn er zeigt all die Attraktionen, die sich Stadtmenschen unter schöner Urlaubslandschaft und -stimmung nur wünschen. Letztlich deutet sich hier schon an, daß der »moderne« und »zeitgenössische« Heimatfilm um eine Art Gettoisierung seines Gegenstandes nicht herumkommt – die Landschaft wird zu einem »Naturpark«, seine Bewohner werden zu zunächst noch nebenberuflichen Naturpflegern, die darauf achten müssen, daß die Städter ihre Unarten nicht mit in die Berge nehmen.

4. Verliebte Ferien in Tirol

Wieder etwa zehn Jahre später ist diese Entwicklung unübersehbar geworden. Den Film »Verliebte Ferien in Tirol« (1975) von Regisseur Dr. Harald Reinl haben wir zwar selbst nicht sehen können, aber er ist ausführlich in dem Buch von Waltraud Jirsa[23] dokumentiert und analysiert worden, so daß seine Behandlung nicht unangemessen erscheint. Die Protagonisten dieses Films sind die Familie Meier und ihr Untermieter Stefan in Dortmund. Die Familie Meier will gerade eine große Urlaubsreise durch Europa und Afrika starten, aber da der Familienvater von Georg Thomalla gespielt wird, weiß der geübte Zuschauer, daß dies

---

23 Waltraud Jirsa: Triviales in Western und Heimatfilm, München 1979.

niemals gutgehen wird. Stefan (Hans-Jürgen Bäumler) ist ein junger Architekt. Er ist mit der Tochter eines großen Industrieunternehmers befreundet, und diese Freundschaft macht sich für ihn bezahlt: Der Vater bietet ihm die Leitung eines großen Industriebauprojekts in Tirol an. Da die Meiersche Urlaubsreise an Kitzbühel vorbeiführt, wird Stefan bis dahin mitgenommen. Als sie aber das kleine und pittoreske Tiroler Bauerndorf erreicht haben, häufen sich die Mißgeschicke für die Familie Meier, so daß sie sich schließlich damit abfindet, Urlaub auf dem Bauernhof zu machen, und siehe da, das bekommt den Eltern ebenso prächtig wie der kleinen Tochter. Stefan macht sich indessen an die Vorbereitung seines Bauprojekts. Dabei stößt er bald auf den Widerstand des ortsansässigen Tierarztes Dr. Madesperger (Rudolf Prack) sowie des Bürgermeisters, die sich dagegen zur Wehr setzen, daß eine Reihe alter Bauernhöfe dem Bauprojekt zum Opfer fallen sollen. Auch eine junge Kollegin des Tierarztes, Karin Rothe (Uschi Glas), stellt sich, obwohl sie Stefan liebt, gegen die Baupläne. Durch die Einsicht des Großindustriellen, der seine Pläne ändert, kommt es trotz aller Schwierigkeiten zu einem glücklichen Ende.

Waltraud Jirsa bezeichnet »Verliebte Ferien in Tirol« als einen »Touristenfilm, die moderne Variante des früheren Heimatfilms«[24]. Unter »modern« kann man verschiedenes verstehen. Zuallererst einmal, daß die Handlung des Films in der seinerzeitigen Gegenwart spielt (also um 1970), und zweitens, daß der Stoff der Handlung nicht die Aktualisierung einer »alten« Heimatgeschichte von Ganghofer o. a. ist. Drittens schließlich ist die Heimat-Ideologie dieses Films charakteristisch umgeformt. Es fällt auf, daß die Natur gar nicht mehr so sehr als autonome, »unberührte« Natur geschildert wird, sondern als die ideale Erholung für den modernen Menschen. Anstelle des sittlichen Verfalls oder des die Ordnung zutiefst störenden Normverstoßes eines Individuums, wirkt hier die von Hektik und Streß gezeichnete Industriewelt als Bedrohung von Heimat. Der Film »hat hier voll ins moderne Umweltschutzproblem gegriffen und schöpft aus der Adaption realer wirtschaftlicher und sozialer Fragestellungen als immanenter Konfliktansatz Aktualität. Daneben entfaltet sich mit der Tiroler Bergwelt eine Gegenwelt zur Großstadt, wo der Mensch seine ihm abhandengekommene Wiedereingliederung in die Natur erfährt und sei es auch nur durch landwirtschaftliche Trimmdich-Arbeiten wie Mistfahren, Holzhacken, Heuaufladen, Melken, Mähen u. a., wo auch das verkorkste Großstadtkind endlich lernt, daß in Hühnereiern nicht nur harte oder weiche oder Spiegeleier stecken«[25]. Selbstverständlich haben die eben aufgeführten Tätigkeiten nur sehr wenig mit der bäuerlichen Alltagsrealität zu tun, das sei am Rande ver-

24 Ebd., S. 57.
25 Ebd., S. 58.

merkt. Der touristische Werbe-Charakter des Films kommt an vielen Stellen ganz unverblümt zum Ausdruck, nur eben, und das unterscheidet ihn gründlich von »Grün ist die Heide«, geht es um die Integration des modernen Lebens in die Heimatwelt, nicht um die Abschottung der beiden Bereiche gegeneinander. Deshalb können sich die ländliche Tierärztin und der großstädtische Architekt am Schluß auch kriegen, das stellt durchaus keinen Bruch mehr dar wie noch zehn Jahre vorher in »Wilde Wasser«.

Die Natur und die in ihr lebenden Menschen erscheinen in diesem Film häufig wie die Kulissen und das Inventar eines riesigen Freiluft-Museums. Gewiß: auch dieses Freiluft-Museum ist bedroht, weil die Industriewelt seine Substanz zerstören will: »Die Fabrik und der Steinbruch, die fressen unsere Wiesen und Felder auf. Jaja, bald wird's keine Bauern mehr da geben. Kein Wild, nix als wie Staub und Ruß. (Während er spricht, schwenkt die Kamera langsam über die Landschaft, mit Weitwinkelobjektiv auf die Berge, dann auf Wiesen und Wald.) Die fressen sich da hinein ins Bauernland mit ihren Maschinen, Tag und Nacht und Jahr um Jahr. Und wir? Wir müssen gehen.« Das sagt ein Bauer zu dem jungen Architekten, der sich an dieser Stelle noch ganz als legitimierter Vertreter der Industriewelt fühlt[26].

Wie notwendig aber die Natur-Reservation für den gehetzten Großstadtmenschen ist, zeigt der Film am Beispiel des Industriedisponenten Meier, der ein rechter Unglückswurm ist, zudem auch noch trinkt und überhaupt äußerst ungesund lebt. Nachdem er schließlich in leichtem Alkoholrausch sein Auto gegen einen Masten gefahren hat, muß er eine längere Wegstrecke zu Fuß durch die Alpenwiesen-Landschaft gehen. Dabei kommt es zu seiner Konversion:

»Totale. Meier. Er geht eilig die schmale Straße entlang . . . Er bleibt unsicher stehen, wischt sich die Stirn und geht dann schwankend weiter. Schnitt. Meier steigt eine Wiese aufwärts, bleibt stehen und wirft sich dann ins Gras. Einsatz von einer Art Barmusik: Saxophon spielt Hauptmelodie in langgezogenen Tönen. Schnitt. Musik stoppt. Große Einstellung auf Meiers Gesicht, es glänzt von Schweißtropfen . . . Wieder Musikeinsatz: Leitthema. Die Kamera schwenkt langsam über die Wiese und erfaßt dann das Bergpanorama. Es folgt ein Kamerazoom auf die Berge, lange Einstellung. Schnitt. Meier, halbnah, er hat die Augen geschlossen. Musik stoppt . . . Schnitt. Meier halbnah. Er liegt noch im Gras. Groß im Vordergrund eine Glockenblume . . . Schnitt. Halbnah. Meier schläft im Gras . . . Schnitt. Meier liegt im Gras und schläft. Ein Schmetterling setzt sich auf sein Gesicht, er streift ihn unwirsch fort und wacht auf. Gleichzeitig Musikeinsatz: Leitthema. Meier bleibt auf dem Rücken liegen und schaut in den Himmel. Kamera schwenkt zu dem

26 Ebd., S. 135.

strahlend blauen Sommerhimmel. Schnitt. Halbnahe Einstellung. Meiers Gesicht. Schnitt. Gräser und Himmel aus der Perspektive von Meier. Schnitt. Halbtotale. Meiers Gesicht, er richtet sich auf und schaut benommen um sich. Schnitt. Wieder nahe Kameraeinstellung aus Meiers Perspektive auf Gräser, Glockenblumen und Margueriten, die sanft im Wind schaukeln. Schnitt. Meiers Gesicht, er beobachtet eine Eidechse. Schnitt. Nah, Blumen. Schnitt. Einstellung mit verkanteter Kamera auf Berge und Himmel. Schnitt. Halbtotale. Meiers Gesicht; er läßt sich zurücksinken. Schnitt. Aus Meiers Perspektive Einstellung auf den Himmel. Schnitt. Nahe Einstellung auf Blumen, Käfer und Bienen. Schnitt. Meier richtet sich wieder auf und blickt lange ins Weite. Kamerazoom ins ›Bauernland‹ deutlich sind die alten Höfe zu erkennen. Schnitt. Nah, Meiers Gesicht; er lacht und atmet tief auf. Er dreht sich um und schaut zu den Bergen. Die Kamera schwenkt über das Bergpanorama. Langsam wird die Musik ausgeblendet [27].«

Der Cutter oder die Cutterin hat hier eine Menge zu tun gehabt, aber dem Zuschauer wird diese Antäus-Szene in der Tat auch eindringlich genug vor Augen geführt – hier schöpft einer, der dazu fast schon nicht mehr in der Lage erschien, neue Kräfte aus der Natur. Aus dem zappeligen und seine Umwelt nervös machenden Disponenten wird ein ausgeglichener, fröhlicher Mensch. Die folgenden Szenen deuten ziemlich direkt an, daß sich das Ehepaar Meier infolge dieser Wandlung auch den ehelichen Pflichten wieder mit mehr innerer Anteilnahme hingeben kann.

Auch in diesem Film geht es um die Abwendung drohender Verluste. Heimat ist zur geschützten (und zu schützenden) Idylle geworden, die für den Großstädter zu einer Art Kur-Gegend wird. Die moderne Welt ist hier aber keineswegs ausgespart – der Tierarzt fährt zwar mit einer Kutsche über Land, aber die Kutsche gilt schon wieder als ein Statussymbol, denn selbstverständlich kann der Tierarzt auch sein Auto benutzen. Und selbstverständlich kann er mit dem Großindustriellen wie mit seinesgleichen umgehen, da fehlt ihm nichts an Urbanität und Weltläufigkeit.

Ist der Heimatfilm in den siebziger Jahren also zum Umweltschutz-Film geworden? Ein kleines Ja und ein großes Nein. Denn unser Beispiel reflektiert auf ziemlich drastische Weise die Brüche der modernen Erhaltungs- und Restaurierungs-Ideologie, wie sie z. B. auch in den meisten Stadtsanierungs-Konzepten [28] oder in kommunalen Wettbewerben wie »Unser Dorf soll schöner werden« voll durchschlägt. Erhalten oder re-

---

27 Ebd., S. 139 ff.

28 Stadtsanierung – ein vielgelobtes Beispiel dafür sind die hessischen Städte Alsfeld und Marburg/Lahn – rettet die Fassaden und oft auch Teile der Baustruktur alter Häuser. Sie kann jedoch nicht bewirken (wollen), daß die sanierten Häuser wirklich so restau-

stauriert werden soll in erster Linie die Fassade. Mehr läßt sich aber auch gar nicht erhalten, denn die moderne Lebenswelt mit ihren ubiquitären ästhetischen und allgemein-kulturellen Vorstellungen – vermittelt z. B. durch das Fernsehen, das die Großstädter wie die Dorfbewohner konsumieren – läßt sich nicht aus der Dorf- und Naturwelt ausgrenzen, allenfalls künstlich, aber dann deshalb, damit um so mehr Touristen dieses Heimat-Museum besuchen sollen. Heimat steht in »Verliebte Ferien in Tirol« nur noch für die schöne Natur, den »Gesundbrunnen« des streßgeplagten Menschen. Schicksal, die mythische Kraft einer urtümlichen sozialen Hierarchie – das fällt weg. Zwar sind in den späten sechziger und siebziger Jahren auch »unmoderne« Heimatfilme produziert worden, Remakes alter Erfolge wie etwa »Der Jäger vom Fall« – nach einem Roman von Ganghofer – im Jahr 1974 oder zwei Jahre später, ebenfalls nach einem Ganghofer-Roman, »Das Schweigen im Walde« [29]. Heimat-Ideologie erscheint darin jedoch fast nur in der mumifizierten Form zeitloser Trivialität. Die Aktualität unseres Beispiel-Films können sie nicht erreichen – dieser erscheint, gegen den Strich betrachtet, als eine fast schon luzide Kritik an der Revitalisierung der Heimatschutz-Bestrebungen dieser Jahre.

5. Der Ostfriesenreport

In den Hitlisten der Video-Zeitschriften werden Daten über die im Vormonat am meisten gekauften oder ausgeliehenen Video-Spielfilme zusammengestellt; die Auskünfte stammen von Video-Fachhändlern in verschiedenen Städten der Bundesrepublik. Auch wenn man von diesen Hitlisten nicht direkt auf den Geistes- und Bedürfniszustand der Nation schließen will, hinterlassen sie einen mehr als traurigen Eindruck – da dominieren in aller Eindeutigkeit alle Sorten von Sexfilmen, gefolgt von Kriegs- und Gewaltfilmen [30].
Die Sparte Heimatfilm kommt in diesen Aufstellungen nicht vor, aber einige Titel deuten darauf hin, daß Elemente des Heimatfilms auch bei diesen Filmen verwendet werden. In der Hitliste vom Januar 1981 fin-

riert werden, wie sie früher waren. Selbstverständlich gibt es in ihnen alle modernen Errungenschaften der Wohnkultur vom elektrischen Licht bis zu den geläufigen sanitären Anlagen.
29 Beide Filme wurden im ZDF ausgestrahlt (am 30. 9. bzw. 4. 10. 1980). Mehr Verdienste um ein kontrastreiches Programm hat sich das ZDF durch die Produktion und Sendung einer mehrteiligen »Alpensaga« von Peter Turrini erworben, in der österreichische Heimatgeschichte des 20. Jahrhunderts illustriert wird, ohne daß die üblichen Harmonisierungen an der Vergangenheit vorgenommen werden.
30 Vgl. z. B. die Zeitschrift Video Vis, H. 1/1981, S. 79.

den sich z. B. Filme wie: »Drei Schwedinnen in Oberbayern«, »Alpenglühn im Dirndlrock«, »Drei Oberbayern auf Dirndljagd«, »Liebesgrüße aus der Lederhose«. Unleicht als Sexfilme mit Gaudi identifizierbar, benutzen diese Filme Klischees des Heimatfilms, um – sie zu parodieren? – zu entmythologisieren? oder einfach, um das Publikum anzulocken, das in der Kombination von Heimat und Sex etwas besonders Attraktives erblickt? Fragen über Fragen, um mit Frau Noelle-Neumann zu reden, und wir haben uns nicht gescheut, sie unerschrocken aufzugreifen. Lüsterne Leser sollen aber gleich gewarnt sein, obwohl an dieser folgenden Mitteilung wahrlich nichts Neues ist: Diese Filme mit ihren simulierten Kopulationen, faden Witzchen und dümmlichen Gesichtern haben mit Sex oder gar, um einen altertümlichen Begriff zu verwenden, mit Erotik nichts zu tun, trotz aller Bemühungen.

Man soll sich nicht ungetaner Heldentaten rühmen – sehr viele dieser Filme haben wir in der Tat nicht gesehen, so daß die verallgemeinerte Beurteilung des Genres auf einer Vermutung beruht. Angesehen haben wir uns aber den Film »Der Ostfriesenreport« (Regie: Walter Boos; kein Herstellungsjahr genannt, wahrscheinlich so um die Mitte der siebziger Jahre gedreht). Die Geschichte in Stichworten: leicht dämlicher Geschäftsführer einer Striptease-Bar in München fährt mitsamt seiner Freundin und einem Chauffeur nach Ostfriesland, um dort Mädchen für das Auszieh-Geschäft zu engagieren. Dabei ergeben sich Verwicklungen und permanent Gelegenheiten für weibliche Wesen, sich ihrer Kleider zu entledigen. Die Handlung bricht zum Schluß einfach ab, was soll's auch, sie diente ja zu nichts anderem! Bemerkenswert ist, daß in diesem Film auf ziemlich penetrante, d. h. zumindest unübersehbare Weise Sexualität und Debilität zusammengebracht werden – die Attraktivität der Ostfriesinnen ergibt sich in der Hauptsache auch aus ihrer vermeintlichen Doofheit; Sexszenen und Ostfriesenwitze kombiniert, sollten wohl so etwas wie gedoppelte Schärfe ergeben.

Der schon arg rundliche Geschäftsführer der Münchner Bar läuft in Ostfriesland selbstverständlich in Lederhosen und Gamsbart-Hütchen herum, seine Freundin im tiefst ausgeschnittenen Dirndl. Die Ostfriesen werden, auch das ist merkwürdig, in diesem Film auf dreierlei Weise gezeigt, und zwar sozusagen übergangslos: Einmal als geradezu infernalisch blöd (gemäß dem Witzeklischee), dann als ganz normale Menschen, und dann wieder als besonders schlau, weil sie nämlich das Klischee ihrer Zurückgebliebenheit listig ausnutzen. Das sieht etwa so aus: Die Oberbayern kommen an einem Haus vorbei, wo gerade eine Hochzeit gefeiert wird, alles ißt still vor sich hin und schüttet Doornkaat in sich hinein, vier Friesen halten einen fünften, der auf einem Stuhl sitzt, in die Höhe und drehen ihn langsam im Uhrzeigersinn herum – der schraubt also eine Birne in die Lampe. Danach kommt es zu ganz normalen Gesprächen mit den »Ausländern«. Bald darauf macht sich einer der Friesen mit der Dirndl-Trägerin auf und davon, um – was wohl? – zu machen.

Also: es ist wirklich zu blöd. Heimatliche Requisiten wie Trachten, die Sprache usw. werden ebenso wie Bilder von der friesischen Landschaft zusammenhanglos in die Handlung eingebaut. Heimat steht hier für Sex im Kuhstall. Abgesehen von der Spekulation mit der Ostfriesenwitz-Welle, an die sich der Film noch schnell angehängt hat, scheint aber – dafür spricht ja auch, daß es noch mehr solcher Filme gibt – diese Kombination in der Tat für viele Zuschauer reizvoll zu sein. Der Erfolg solcher Filme im Kino und bei den Video-Händlern ist immerhin so groß, daß man sich nicht einfach auf die eigenen Enttäuschungen beim Betrachten verlassen kann. Woraus entspringt der Reiz solcher Filme? Es geht ganz offensichtlich nicht um den Sex allein, denn der ist hier nur simuliert, und zwar ganz unverblümt. Da die gängigen Hitlisten auch Pornos führen (und zwar soft porn und hard core[31]), muß es um anderes als nur um die mehr oder weniger direkte sexuelle Erregung gehen, wenn sich jemand Filme wie »Der Ostfriesenreport« für seinen heimischen Videorecorder kauft oder ausleiht. Zwei Gründe können vermutet werden. Erstens steht die hier geschilderte Heimat ganz und gar in der Tradition der deftigen Volksstück-Komik, wo es immer schon hoch herging. Auch in den »seriösen« Heimatfilmen hat es oft (Beispiel: »Wilde Wasser«) eine Buffohandlung gegeben, deren Protagonisten die lächerlich-zurückgebliebene Seite der Heimat repräsentierten[32]. Solche Volksstück-Komik ist zu einem relativ festen Klischee geworden, so daß sie ebenfalls relativ feste Erwartungshaltungen beim Publikum erweckt. Eine Umfrage unter normal informierten erwachsenen Deutschen würde gewiß ergeben, daß sich unter »Der Ostfriesenreport« oder »Drei Schwedinnen in Oberbayern« die meisten ziemlich genau das vorstellen, was die Filme auch sein wollen. Zweitens scheint es, das soll hier nur angedeutet werden, eine Art untergründiger Verbindung zwischen Landleben/Heimat als Provinz/Kuhstall & Scheune und »natürlicher« Sexualität zu geben. In »Der Ostfriesenreport« sieht das Image der Mädchen vom Lande durchgängig so aus: sie sind ein bißchen dumm, drall und adrett, sehr triebhaft (»immer bereit«) und auch sehr begabt beim Bumsen. Damit verkörpern sie den Traum des verklemmten Spießbürgers. Sie sind in seinen Augen irgendwie unschuldig und sauber, auch wenn sie die tollsten Sachen treiben. Und so hat die Heimat-Ideologie also auch bei dieser Art von Film eine verlustausgleichende Funktion. In der Heimat, da findet man noch die Mädchen, die von den Tücken der Großstadt nichts wissen und die all das natürlich, unschuldig, aus sich selbst heraus machen, wofür in der Stadt hohe Preise zu bezahlen sind.

31 Die Grenzen zwischen beiden Arten von Pornofilmen sind nicht genau festzulegen. Einmal kann man sie da ziehen, wo die Darsteller von Sex-Simulation zu »echtem« Sex vor der Kamera übergehen; einer anderen Überlegung gemäß hört soft porn auf, wo Gewalt ins Spiel kommt.
32 Der freundliche Schauspieler Beppo Brehm verkörperte oft solche Nebenfiguren.

6. Zum Publikumserfolg der Heimatfilme

»HEIMAT – das war die Fetteinreibung gegen den Weltfrost. Behagliche Feste Burg gegen Abbruch, Wahnsinn, Nihilismus und Zweifel. Gegen Wüste, Zittern, Verlust und Tod, Gefährdungen aller Art und Ohrensausen. Heimat, seine Tintenfischwolke, einzig mögliche Sicherung des Geschwächten. Das war der Dunstkreis, in dem jeder Zweifel erstickte. Das war die Selbstbeschränkung des Menschen auf seine bescheidenste Einheit und die lebenslange Wahrnehmung dessen, was von Geburt her vorgegeben war . . . Heimat, persönliche Dampfküche, in der die Empfindungen gewärmt, die Gefühle verkocht wurden. Heimat. Heimat[33].« Vor solchen Texten können selbst die locker aus Kopf und Handgelenk formulierenden Wissenschaftler (und da sind wir, ganz uneitel sei es ausgesprochen, ja durchaus nicht die Verkrampftesten) nur den Hut ziehen, das kriegt man, zwischen soziologischer Leidenschaft und Wertfreiheit hin- und herpendelnd, so gut einfach nicht hin. In Deutschland war es nach Kriegsende *sehr* kalt; die kalten Winter in den späten Vierzigern waren eine Art Reflex der Natur auf die innere Verfassung der Deutschen[34]. Gegen die immer frostiger gewordene Welt erwies sich die Heimat-Ideologie als ein brauchbares Einreibemittel. »Grün ist die Heide« wurde ungefähr zwanzig Jahre später noch einmal verfilmt, in Breitwand und mit Roy Black, aber da war alles ranzig geworden. Gerade der Erfolg *dieses* Heimatfilms basierte, wie wir gesehen haben, in ganz starkem Maße auf den politischen und sozialen Zeitumständen.

Was weiß man überhaupt über die Rezeption der Heimatfilme in Deutschland? Eine einschlägige Untersuchung über die in der Bundesrepublik zwischen 1949 und 1964 vorgeführten Spielfilme nennt eine Gesamtzahl von ca. 7000 Spielfilmen, die in diesem Zeitraum auf dem Markt erschienen sind[35]. Ungefähr ein Drittel davon sind dann in dieser Untersuchung näher analysiert worden, wobei man ziemlich sicher sein kann, daß die getroffene Auswahl repräsentativ ist. Unterteilt man die angebotenen Spielfilme nach ihrem Herstellungsland, dann ergibt sich folgendes Bild:

33 Christoph Meckel: Suchbild. Über meinen Vater, Düsseldorf 1980, S. 174 f.
34 Da hat uns der Meckelsche Text zu einer gedanklichen Heftigkeit hingerissen, die wenigstens in der Anmerkung teilweise zurückgenommen werden muß: Natürlich richtet sich die Natur im Wechsel ihrer Jahreszeiten keineswegs nach dem Innenleben der Menschen. Es handelt sich also um einen Zufall, einen ziemlich bösen für die Deutschen damals, daß die ersten Nachkriegswinter so bitterlich kalt waren.
35 Martin Osterland: Gesellschaftsbilder in Filmen. Eine soziologische Untersuchung des Filmangebots der Jahre 1949 bis 1964, Stuttgart 1970, S. 60.

Herkunftsland der in der BRD zwischen 1949 und 1964 aufgeführten Spielfilme:

USA	926 =	41,6 %
BRD	445 =	19,5 %
Frankreich	273 =	12,0 %
England	199 =	8,7 %
Italien	185 =	8,1 %
Österreich	91 =	4,0 %

Der Rest stammt aus anderen Ländern, insgesamt 24 Filme (1,1 %) davon aus den Ländern Osteuropas. Aus der DDR wurden zwischen 1949 und 1964 in der von Osterland untersuchten Auswahl insgesamt 8 Filme importiert[36].

Nach vielen Bedenken über die Schwierigkeiten, die jeweiligen Einteilungen richtig vorzunehmen, hat Martin Osterland auch eine Gattungsverteilung der von ihm untersuchten Filme vorgenommen. Sie sieht so aus:

Gruppierung des Filmangebots in der BRD zwischen 1949 und 1964 nach Gattungen:

Kriminalfilme	21,2 %
Zeitfilme	17,0 %
Komödien/Lustspiele	14,0 %
Abenteuerfilme	13,4 %
Western	11,0 %
Kriegs- und Soldatenfilme	6,8 %
Heimatfilme	6,4 %
Horror/Science Fiction	2,8 %
Biographische Filme	2,6 %
Zirkus/Musik/Varieté-Filme	2,3 %
Theaterverfilmungen	0,4 %
nicht einstufbar	2,1 %

36 Ebd., S. 64. Will man von der repräsentativen Auswahl des Autors auf die wirkliche Gesamtzahl schließen, braucht man die Angaben nur mit dem Faktor 3 zu multiplizieren. Das Ergebnis dürfte meist ziemlich nah bei der Wirklichkeit liegen.

Osterland rechnet bei dieser Einteilung den »sogenannten Touristenfilm«, den er eine »Abart« des Heimatfilms nennt, mit zu dieser Kategorie[37].
Wenn man diese beiden Aufstellungen näher betrachtet, kommt man schnell auf den Gedanken, daß für einzelne Gattungen bestimmte Herstellungsländer eine Art Monopol besitzen[38]. Heimatfilme z. B. kommen fast ausschließlich aus Österreich und der Bundesrepublik.

Westdeutsche Filmproduktion 1949–1964 nach Gattungen:

Heimatfilm	23,8 %
Komödie/Lustspiel	22,5 %
Zeitfilm	19,8 %
Kriminalfilm	13,3 %
Kriegsfilm	7,2 %
Rest	13,4 %

Innerhalb des Zeitraums zwischen 1949 und 1964 änderten sich allerdings die Sehgewohnheiten des Publikums. Ähnlich wie ein paar Jahre davor in den USA wurde ein wachsender Teil des bisherigen Filmpublikums vom Fernsehen absorbiert, so daß am Ende der fünfziger Jahre die Zahl der angebotenen Filme pro Jahr sich insgesamt zu verringern begann. Dazu schreibt Osterland: »Der allgemeine Rückgang an ur- und erstaufgeführten Filmen ging einher mit dem Rückgang bestimmter Filmgattungen. Dem Fernsehen dürfte ein gewisser Einfluß darauf zuzuschreiben sein. Es sind nämlich die sogenannten Familienfilme (Komödien, Heimat/Touristenfilme, Musik/Varietéfilme), die nun auch absolut seltener im Verleihprogramm auftauchen. Vermutlich ist ein Teil ihres Publikums, zu dem vermehrt ältere Jahrgänge zählten, zum Fernsehen abgewandert und findet dort seine Bedürfnisse befriedigt[40].«
Den Hinweis, daß Heimatfilme überproportional von älteren Menschen besucht worden sind, können wir zwar schwerlich empirisch belegen. Eigene Kinoerfahrungen in den fünfziger Jahren lassen aber immerhin die Aussage zu, daß diesem Hinweis doch zu trauen ist.
Aus den Zahlen, die Osterland ermittelt hat, ist darüber hinaus als wichtige Korrektur eines in den ersten Seiten dieses Kapitels möglicherweise

37 Ebd., S. 67 und S. 69.
38 Das US-Monopol für Western ist allerdings in den sechziger Jahren international durch die Italo-Western und national durch die westdeutschen Karl-May-Verfilmungen stark zurückgedrängt worden.
39 Osterland (Anm. 35), S. 72.
40 Ebd., S. 76.

dem einen oder anderen sich aufdrängenden Eindrucks festzuhalten: Der deutsche Heimatfilm hat auch in seiner kommerziellen Blütezeit das gesamte Filmangebot überhaupt nicht dominiert. Im Gegenteil: Die Erlebniswelt eines deutschen Kinogängers dieser Jahre war überwiegend von amerikanischen Filmen bestimmt. Gary Cooper, Clark Gable, James Stewart, später James Dean, Audrey Hepburn, Marilyn Monroe, das waren unsere Super-Stars, und dagegen kamen Ziemann/Prack oder Romy Schneider/K.-H. Böhm überhaupt nicht an[41]. Das Filmpublikum im Westen Deutschlands der Nachkriegszeit war natürlich auch erpicht darauf, im Kino einen Anhauch von Internationalität zu erleben. Die deutschen Filme der späten vierziger Jahre, die, von ihren Stoffen her gesehen, in ungewöhnlicher Weise an Zeitproblemen orientiert waren, fanden weniger Anklang[42].»Mit der beginnenden Konsolidierung der wirtschaftlichen und gesellschaftlichen Verhältnisse um 1950 setzte ein stetiger Anstieg des Filmbesuchs ein. Die Zunahme ist 1951/52 am größten und hält – bei sinkenden Zuwachsraten – bis 1956 an; der Abstieg erfolgt in der zweiten Hälfte der fünfziger Jahre mit großen Schritten bis auf ein Niveau, das nur wenig über dem von 1950 liegt[43].« Daten über die Zusammensetzung und die Präferenzen einzelner Gruppen des Filmpublikums liegen nur sehr bruchstückhaft vor. Willi Höfig zitiert eine Untersuchung der Gesellschaft für Marktforschung in Hamburg aus dem Jahre 1960. Befragt wurde ein repräsentativer Querschnitt der Bevölkerung der Bundesrepublik und West-Berlins zwischen 16 und 65 Jahren. Diese Befragung fand also zu einer Zeit statt, als die Filmbegeisterung schon wieder erheblich nachgelassen hatte. Was den Heimatfilm betrifft, ergibt sich aus dieser Befragung folgendes: »Der Heimatfilm . . . wurde häufig von älteren Jahrgängen (als beliebteste Filmart, d. A.) genannt und von Frauen bevorzugt. Die Liebhaber dieser Filmgruppe hatten eine geringere Schulbildung und kamen aus einer niedrigeren sozialen Schicht als der Durchschnitt. Es handelt sich zudem um Personen, die seltener ins Kino gehen und dann ein Stammkino aufsuchen. Abgelehnt wurde der Heimatfilm von Befragten mit höherer Bildung, höherer sozialer Stellung, von männlichen und jugendlichen Personen[44].«

41 Ein Element der deutschen »Traumfabrik« ist anscheinend gewesen, immer wieder versuchsweise »Traumpaare« zusammenzustellen (Harvey/Fritsch – Ziemann/Prack – Schneider/Böhm etc.).
42 Vgl. Wilfried von Bredow, Rolf Zurek: Film und Gesellschaft in Deutschland, Hamburg 1975, S. 240 f. (dort auch weitere Literatur).
43 Höfig (Anm. 1), S. 109.
44 Ebd., S. 117. Auf das älter gewordene Filmpublikum der fünfziger Jahre haben auch die Neuverfilmungen alter Heimatfilm-Stoffe zu Beginn der siebziger Jahre spekuliert. In einem sehr kritischen Bericht über das Remake von »Schloß Hubertus« aus dem Jahr 1973 (Regie: Dr. Harald Reinl, Hauptdarsteller: Karl-Heinz Böhm und Evelyn

Fragt man nach den Geschäftserfolgen der Heimatfilme, lassen sich exakte Daten nur schwierig aus der Literatur herausfiltern, doch der Gang der Entwicklung kann trotzdem ganz gut verfolgt werden[45]. Seinen richtigen Durchbruch erzielte der Heimatfilm schon im September 1950 mit der Uraufführung des Films »Schwarzwaldmädel« (Regie: Hans Deppe). Neuartig war an diesem Film die Verbindung von (»zeitlosem«) Heimatgefühl, einer leicht modernisierten Handlung und der bekannten Operettenmusik. In »Schwarzwaldmädel« wurde das »Traumpaar« der fünfziger Jahre, Sonja Ziemann und Rudolf Prack, gekürt.

In der Spielzeit 1951/52 gehörten »Grün ist die Heide« (Regie: Hans Deppe), »Wenn die Abendglocken läuten« (Regie: Alfred Braun, Hauptdarsteller: Willy Birgel [der hier natürlich wieder reiten mußte] und Maria Holst) und »Heidelberger Romanze« (Regie: Paul Verhoeven) zu den erfolgreichsten deutschen Filmen. Dieses Muster – Heimatfilm und »heitere« Filme – bestimmte auch die folgenden Jahre. Im Jahre 1953 waren besonders erfolgreich: »Die Försterchristl« (Regie: Arthur Maria Rabenalt), »Der Klosterjäger« (Regie: Harald Reinl) und »Ferien vom Ich« (Regie: Hans Deppe). In diesen Jahren galten auch der reine Operettenfilm und die in der Fachpresse und im Anschluß daran auch von Höfig so genannten »dramatischen Seelen-Filme« als kommerziell gewinnbringend. Seit 1954/55 scheint sich der »Publikumsgeschmack«[46] gewandelt zu haben. Einerseits Schlagerfilme à la »Schlagerparade« (Regie: Eric Ode), andererseits Kriegsfilme, die im Dritten Reich spielten[47], und drittens schließlich die »Sissi«-Serie schoben sich für ein paar Jahre in den Vordergrund geschäftlicher Interessen. An Heimatfilmen waren 1954/55 und 1955/56 u. a. beim Publikum besonders beliebt: »Der Förster vom Silberwald« (Regie: Alfons Stummer; Hauptdarsteller: Rudolf Lenz, Anita Gutwell), »Schloß Hubertus« (Regie: Helmut Weiß; Hauptdarsteller u. a.: Marianne Koch), »Das Schweigen im Walde« (Regie: Helmut Weiß; Hauptdarsteller: Rudolf Lenz, Sonja Sutter), »Die Fischerin vom Bodensee« (Regie: Harald

Opela) im Zeit-Magazin (v. 26. 10. 1973) schreibt Florian Hopf, daß Regisseur und Produzent ganz unverdeckt das Nostalgiebedürfnis der älteren Zuschauer mobilisieren möchten. »Der Film wird unter einem Minimum an intellektuellem und zeitlichem Aufwand heruntergedreht.«

45 Die folgenden Angaben nach Höfig (Anm. 1), S. 128 ff.

46 Wir setzen dieses Wort in Anführungsstriche, denn natürlich handelt es sich dabei keineswegs um eine autonome Größe, die sich wertfrei und interesselos erkennen und vor allem ohne ihn zu verändern befriedigen ließe.

47 Das Aufkommen von Kriegsfilmen im zweiten Drittel der fünfziger Jahre ist ein vielgestaltiges Phänomen. Näheres dazu bei: Wilfried von Bredow: Filmpropaganda für Wehrbereitschaft. Kriegsfilme in der Bundesrepublik, in: ders., Zurek (Anm. 42), S. 316 ff.

Reinl; Hauptdarsteller: Gerhard Riedmann, Marianne Koch),»Die Sennerin von St. Kathrein« (Regie: Herbert B. Fredersdorf; Hauptdarsteller: Rudolf Lenz, Anita Gutwell). Zwar stand im Jahre 1956 laut einer repräsentativen Umfrage der Heimatfilm noch sehr hoch in der Gunst des Publikums. Zugleich aber wurde durch das geballte Angebot an serienmäßig produzierten Heimatfilmen das Publikum»überfüttert«. Auch mehrten sich kritische Stimmen; der Badische Fremdenverkehrsverband z. B. veröffentlichte einen Protest gegen die»Verunglimpfung des Schwarzwalds durch die immer zahlreicher werdenden Heimatfilme«[48]. Nun darf man solchen Protest gewiß nicht allzuernst nehmen, denn in erster Linie profitierten ja die Landschaften der Heimatfilme durch diese – sie vertieften so schließlich das Image von besuchenswerten Erholungsgebieten. Auf der anderen Seite kann man es gut verstehen, daß die wirklichen Bewohner einer bestimmten Landschaft es mit der Zeit leid werden, in Heimatfilmen immer nur als Fleisch gewordene Klischees zu erscheinen.

Zu den 1956/57 im Schatten der heraufziehenden Filmkrise sich kommerziell noch gut behauptenden Filmen gehört auch»Hochzeit auf Immenhof« (Regie: Volker von Collande).»Die vielen Kinder und kleinen Pferde sind wieder dabei und machen auch(!) die zarten Liebesgeschichten zu Idyllen«, heißt es voll des pädagogischen Enthusiasmus im»Handbuch V der Katholischen Filmkritik«. In der Spielzeit 1957/58 wurden zwar nach wie vor viele Heimatfilme angeboten, aber die meisten von ihnen mußten nun zu den allenfalls durchschnittlich, wenn nicht unterdurchschnittlich erfolgreichen Filmen gezählt werden. Zur kommerziellen Spitzengruppe zählte allein»Weißer Holunder« (Regie: Paul May), der die Genres des Heimatfilms und des Schlagerfilms ganz geschickt zu vermischen verstand. In der damaligen Diskussion über die Ursachen dieses Wandels wurde von ganz verschiedenen Beobachtern die wenig überzeugende These beigebracht, das Publikum sei insgesamt wählerischer und anspruchsvoller, d. h. qualitätsbewußter geworden. Aus heutiger Sicht erkennt man deutlicher, daß bei dem damals sich vollziehenden Wandel des Freizeitverhaltens weder kulturkritische noch kulturoptimistische Erklärungen etwas anderes ausdrückten als die subjektiven Wünsche und Vorstellungen der Beobachter. Im Jahr darauf ging es mit dem Heimatfilm weiter geschäftlich bergab. Für viele Kinotheaterbesitzer rangierte der Heimatfilm am Ende ihrer eigenen Präferenzliste. In das Mittelfeld dieser Listen gelangten nur ganz wenige Heimatfilme wie z. B.»Mein Schatz ist aus Tirol« (Regie: Hans Quest). Die sich anschließende Saison brachte keinen einzigen erfolgreichen Heimatfilm mehr.

48 Zit. nach Höfig (Anm. 1), S. 136.

Zu dem Wandel in der Häufigkeit des Kinobesuchs, also zu dem drastischen Rückgang der Besucherzahlen gegen Ende der fünfziger Jahre, haben wir eine unverständliche, aber nach Übersetzung aus dem Jargon der Soziologie ins Deutsche ganz ansprechende These gefunden:»In den hochindustrialisierten Ländern tritt eine breite Streuung der Freizeitmöglichkeiten ein. Diese Tatsache lenkt die aufgrund schichtspezifischer relativer Deprivation zu besonders aktivem Freizeitverhalten prädisponierten Schichten vom Film ab. Einen bedeutenden Anteil an regelmäßigen, häufig ins Kino gehenden Zuschauern stellen nur noch die relativ deprivierten Gruppen, die auch in diesem Stadium von alternativen Möglichkeiten des Freizeitverhaltens ausgeschlossen sind (Jugendliche, Personen in der Berufsausbildung). Der größte absolute Anteil der seltenen Kinogänger wird von der oberen Unter- und der unteren Mittelschicht gestellt . . .; für diese anteilsmäßig bedeutsamen Schichten ist der Kinobesuch ›zufällig‹. Die Politik der Großfirmen, die Konsumenten durch ›Schaustellung des Reichtums‹ zum Kinobesuch zu veranlassen, trägt der relativen Apathie dieser Konsumenten Rechnung[49].« Wer dies zweimal lesen muß, um es zu kapieren, braucht sich nicht zu schämen. Hinzuzufügen ist noch, daß sich zu Beginn der sechziger Jahre auch in der Bundesrepublik ein zahlenmäßig kleines – jedoch eine kritische Mindestgröße bereits überschreitendes, neo-bildungsbürgerliches, dem eigenen Selbstverständnis nach selbstverständlich linkes – Filmpublikum herausgebildet hatte. Es besorgte nicht nur die Rezeption der nouvelle vague-Filme aus Frankreich (mit dem unvergleichlichen »Außer Atem« als Trendsetter, seither gibt's z. B. den Bogart-Kult), sondern bildete auch den Resonanzboden für die Manifeste und bald dann auch für die Filme des »jungen deutschen Films«.

7. Zwischenspiel über das Heimatfilm-Geschäft Anfang der siebziger Jahre

Anfang der siebziger Jahre gab es kaum noch deutsche Heimatfilme in den Kinos zu sehen, wenn wir die größere Zahl der Blödel-Sex-Filme einmal ausklammern, die nur einzelne Elemente des Genres ausnützten. Offenbar staute sich so langsam ein Bedarf nach »richtigen« Heimatfilmen an. Auf zwei verschiedenen kommerziellen Wegen ist versucht worden, diesen Bedarf zu befriedigen. Einmal unternahmen einige clevere Produzenten, die zuvor ihr Geld nicht zuletzt mit Pornofilmen verdient hatten, den Versuch einer serienmäßigen Neuverfilmung alter Heimatfilmstoffe. Die Produktionsfirma »CTV 72« erwarb zu Beginn der siebziger Jahre die Neuverfilmungsrechte zahlreicher Ganghofer-

---

49 Dieter Prokop: Soziologie des Films, Neuwied/Berlin 1970, S. 235 f.

Romane. Der Erfolg des ersten dieser Heimatfilme,»Schloß Hubertus«, gedreht als Ultrascope-Farbfilm, war zwar nicht sensationell, aber groß genug, um eine Fortführung der Serie interessant erscheinen zu lassen. In einem Bericht der Illustrierten »Stern« über die Neuverfilmung von »Der Jäger vom Fall« heißt es dazu:»Alpenglühen und Edelweiß und die Liebes- und sonstigen Dramen alpiner Menschen, wie Jäger und Holzfäller und Wilderer, werden zum Preise von mehr als einer Million Mark auf Buntfilm gebannt, um ab Oktober (1974, d. A.) über Deutschlands Kinoleinwände zu flimmern. Denn der Heimatfilm ist, wie der Münchner Constantin-Verleih weiß, wieder einmal ganz groß im Kommen. Deswegen sicherte er mittels sechsstelliger Verleihgarantie die Filmherstellungsfirma ›CTV 72‹ des Maria-Schell-Ex-Ehemannes Horst Hächler etwas ab gegen mögliche Finanzierungslöcher. Das fiel auch gar nicht schwer, schwemmte doch der erst im vorigen Herbst gestartete Alpen-Heimatfilm ›Schloß Hubertus‹ bereits zwei Millionen Mark in die Kasse[50].« Im übrigen wird in diesem Bericht in ähnlichen Worten wie in dem Zcit Magazin-Bericht über die Dreharbeiten zu »Schloß Hubertus« die Lieblosigkeit kritisiert, mit der Drehbuchautor Zibaso und Regisseur Reinl den Film herunterkurbeln. In der Tat hat es sich bei diesen Neuverfilmungen nicht um den Beginn einer Erneuerungsbewegung des herkömmlichen deutschen Heimatfilms gehandelt, vielmehr nur um eine phantasielose Verbreitwandung überholter Muster. Schließlich wollte man ja auch nur das »alte« Heimatfilm-Publikum der fünfziger Jahre in die Kinos locken und hat wohl auch insgesamt nur auf bescheidene Gewinne spekuliert. Die westdeutsche Filmbranche war und ist, worauf Filmjournalisten unterschiedlicher Couleur von Joe Hembus bis Will Tremper und viele Insider von Zeit zu Zeit hinzuweisen pflegten und pflegen, mit weitblickenden Unternehmern, so wie sie Schumpeter als für den Kapitalismus lebensnotwendig beschrieben hat[51], nicht gerade gesegnet oder, weniger vornehm ausgedrückt, ökonomisch ziemlich verrottet. Und so ist es fast überflüssig, das weitere Schicksal des Constantin-Filmverleihs und das seiner wirtschaftlichen Prognosen näher in den Blick zu nehmen. Da gab es jedenfalls andauernd Turbulenzen, und aus dem großen Geschäft mit den Ultrascope-Heimatfilmen ist auch nichts geworden.

Da hat ein anderer Kaufmann, ein Branchen-Außenseiter, schon vernünftiger kalkuliert. Ludwig Kerscher aus Cham (Oberpfalz), der bis dahin Warndreiecke für Autos, Birnenschnaps und Obstbäume verkauft hatte, erwarb für insgesamt 12000 DM anfangs der siebziger Jahre die

---

50 Gerhard Tomkowitz: Als der Wilderer die Sennerin nahm, in: Stern, Nr. 35/1974; Denk- und Sprachstil dieser Reportage sind allerdings auch nicht gerade solide.
51 Joseph A. Schumpeter: Unternehmer, in: Handwörterbuch der Staatswissenschaften, Jena 1928, 4. Aufl.

Auswertungsrechte des 1956 gedrehten Heimatfilms »Wo der Wildbach rauscht«. Wir können uns zwar für die hundertprozentige Richtigkeit der folgenden, von der Hörfunk- und Fernsehzeitung »Gong« [52] überlieferten Geschichte nicht verbürgen, aber sie scheint uns nicht unglaubhaft: »Als Ludwig Kerscher . . . mit dem etwas blaustichigen ›Wildbach‹-Film ahnungslos seine neue Karriere starten wollte, hatten alle deutschen Kinobesitzer nur ein müdes Lächeln für den Baum-Großhändler. Er hatte nämlich jedes der über 3000 Lichtspiele angeschrieben und seinen Uralt-Streifen angeboten. Niemand antwortete ihm – bis auf ein Wanderkino in der Pfalz. ›Das muß dann auch nicht sein‹, grantelte der frischgebackene Film-Unternehmer. Für ihn stand jetzt fest: ›Wenn die Kinobesitzer nicht wollen, muß ich eben das Publikum mobilisieren.‹ In bayrischen Lokalblättern ließ der pfiffige Kaufmann große Anzeigen mit dieser Preisrätselfrage eindrucken: ›In welchem Kino Ihrer Heimatstadt werden Sie demnächst den überwältigenden Film ›Wo der Wildbach rauscht‹ wiedersehen?‹ Weil ein Kinofreiabonnement für ein Jahr winkte, riefen Tausende von Lesern in allen erreichbaren Kinos an – und jeder stellte die gleiche Frage: ›Wird bei Ihnen der Wildbach gezeigt?‹ Zwei Wochen später besuchte Ludwig Kerscher dann die inzwischen entnervten Kino-Chefs. ›Das grenzt an Nötigung‹, stöhnten sie, ›aber wir probieren es mal.‹ Der Erfolg war ungeheuer. Neugierige Kinofans strömten in Massen, um den ›Bergfilm mit der Dramatik wilder Leidenschaften‹ selbst zu sehen. In Freising und Schweinfurt mußten sie sich in die überfüllten Kinos sogar eigene Klappstühle mitbringen. In Fulda sah ihn – rein statistisch – jeder dritte Bürger. Und bis heute sind es mehr als drei Millionen Zuschauer in Deutschland, die Ludwig Kerscher mit eigenwilligen Werbesprüchen in seinen Film lockte . . . Damit begann der Heimatfilm-Boom, bei dem sich der Film-Verleiher aus dem Bayerischen Wald auch durch die Konkurrenz von eingesessenen Filmfirmen nicht mehr abhängen ließ. Nachdem er inzwischen 106 Heimatstreifen aufgekauft hat, wurde er zu ›Europas größtem Heimatfilm-Verleiher‹«.
Das Porträt von Ludwig Kerscher stimmt, hält man die »Gong«-Version für im großen und ganzen zuverlässig, schon sehr viel mehr mit dem Schumpeterschen Unternehmer-Idealtyp überein. Denn Kerscher hat sehr viel besser kalkuliert als der Constantin-Verleih. Der Kauf der Vertriebsrechte alter Heimatfilme kam ihm sehr viel billiger als die noch so routiniert heruntergekurbelte Neuproduktion. So konnte er viel mehr in die Werbung investieren. Und außerdem entsprachen die von ihm gebotenen Filme dem Bedarf des älter gewordenen Heimatfilm-Publikums der fünfziger Jahre ganz direkt – die Zuschauer wollten etwas *wieder*sehen, nicht etwas Neues sehen. Und was das Kaufmännische betrifft: die Option auf so große Zahlen alter Filme sichert Kerscher auch für die Fernseh-Ausstrahlungen fast eine Art Monopol.

52 Gong, Nr. 47/1974.

In einer ungewöhnlich großformatigen Kinoanzeige in der Marburger »Oberhessischen Presse« warb Kerscher am 23. August 1974 für den Film »Die Sünderin vom Ferner-Hof«, der in einer kleineren Nachbarstadt angekündigt war. »Das Drama eines Frauenlebens im Schatten von Liebe und Haß, Recht und Unrecht«, wie es in der Unterzeile hieß – gemeint war damit der 1956 unter der Regie von Rudolf Jugert mit Heidemarie Hatheyer, Carl Wery und Hans von Borsody gedrehte Film »Der Meineidbauer«, zu dem ein Bühnenstück von Ludwig Anzengruber die Vorlage abgab. Schon in dem Werbetext mit seinen Übertreibungen (das war ja in den fünfziger Jahren noch eine Werbemasche, das understatement setzte sich erst später durch) wird deutlich, daß der Adressat hier ein älteres Publikum ist, das sich an die Zeit der geruhsamen fünfziger Jahre erinnern soll. »Dieser Farbfilm schildert das packende und hinreißende Schicksal einer Mutter zweier Kinder, die von einem skrupellosen Erbschleicher von Haus und Hof vertrieben wird. Umgeben von der herrlichen Tiroler Bergwelt kämpfen junge Menschen mit allen Mitteln gegen Haß und Schuld, Macht und Geld um ihre Liebe. Diesen herrlichen Farbfilm müssen Sie unbedingt sehen, denn glanzvolle Schauspielerleistungen und eine dramatische Handlung machen diesen Film für jung und alt aus Stadt und Land zum unvergessenen Erlebnis. Ein Film, heute so aktuell wie gestern. Ein Film, den wirklich niemand versäumen darf. Auch Sie müssen diesen Film gesehen haben.« Ein schöner Text, fürwahr, ein Stil-Gruß aus der guten alten Zeit der Bundesrepublik Deutschland. Den knalligeren Titel »Die Sünderin vom Ferner-Hof« hat übrigens bereits der damalige Verleih erfunden, denn um 1956/57 begann ja der Erfolg der Heimatfilme zu schwinden, und da mochte ein Titel wie »Der Meineidbauer«, zumal dieser Stoff bereits 1941 unter diesem Titel (und mit O. W. Fischer) verfilmt worden war, zu hausbacken erscheinen und keinen prickelnden Neuheitswert suggerieren.

Wir haben uns damals gewundert, daß diese Anzeige in der Lokalzeitung erschien. Sie erfüllte jedoch voll und ganz ihren Zweck, denn der Kinobesuch im »Marli« in Stadtallendorf ließ dem Kinobesitzer nichts zu wünschen übrig. In Bussen sind damals manche ländliche Frauen- und Altenvereine ins Kino gefahren, um diesen Film zu sehen und sich in die Zeit zwanzig Jahre früher zu versetzen. Aber, und deswegen heißt dieses Kapitel »Zwischenspiel«, ein solches Geschäft läßt sich nicht beliebig oft wiederholen. Ludwig Kerscher wird seine über einhundert Heimatfilme nicht alle nach und nach in die Kinos bringen können. Vielmehr kommt es bei dieser Nostalgie auf die Dosierung an. Die relativen Mißerfolge der Remakes von Ganghofer-Stoffen in jenen Jahren unterstreichen die These, daß diese Art von Heimatfilm-Enthusiasmus, wie ihn das ländliche und kleinstädtische Publikum zeigt, recht wenig mit der Renaissance des Heimatgefühls vornehmlich auch jüngerer Leute zu tun hat, die fast gleichzeitig begann.

8. Der »neue deutsche Heimatfilm«

Mit dem Hinweis auf den »jungen deutschen Film«, als dessen publizistisches und ideologisches Grunddokument das »Oberhausener Manifest« von 1962 gilt, ist schon ein Element aufgeführt worden, das um 1970 herum eine kurzzeitige Euphorie über den »neuen deutschen Heimatfilm« mitbewirkte. Der deutsche »Aufstand gegen Papas Kino« war anfangs sehr euphorisch – die jungen Filmemacher, darunter Alexander Kluge, Peter Schamoni und Edgar Reitz, erklärten in dem Manifest von Oberhausen ihren Anspruch, den neuen deutschen Spielfilm zu schaffen. »Wir sind gemeinsam bereit, wirtschaftliche Risiken zu tragen. Der alte Film ist tot. Wir glauben an den neuen[53].« Später hat sich dann herausgestellt, daß dieser Anspruch sich hauptsächlich auf den Zugang zu Produktionsmitteln erstreckte – der »junge deutsche Film« war wenig mehr als ein geschicktes lobbyistisches Konstrukt. Von dem, was der Paukenschlag von 1962 an Erwartungen weckte, von gesellschaftskritischem, Ästhetik und Engagement kombinierendem, aufklärerischem Kino war bald keine Rede mehr. Diese kritischen Bemerkungen richten sich nur gegen das euphorische Selbstverständnis und gegen das falsche Image der Repräsentanten des »jungen deutschen Films«. Den damaligen Nachwuchs-Regisseuren sind im übrigen durchaus einige pfiffige und gute Filme gelungen, man denke nur an Schlöndorffs Verfilmung des »Törless« oder an Kluges »Abschied von gestern« oder Spiekers »Wilder Reiter GmbH«. Diese und überhaupt die »erste Welle« der jungen deutschen Filme erschienen 1965 und 1966 in den Kinos, zu einer Zeit also, in der die Rebellion gegen herkömmliche Autoritäten in vielen westlichen Gesellschaften schon konkretere Ausdrucksformen angenommen hatte. Dies traf insbesondere auch auf die vom Reformstau der späten Adenauer-Ära gekennzeichnete Bundesrepublik zu. In Schulen und Hochschulen, in den Medien und damit eben auch unter jüngeren Filmemachern, in der Literatur und überhaupt überall, wo geredet wurde, gab es einen Nachholbedarf an »links«, womit gemeint ist: an Kritik und gesellschaftlicher Analyse, an Respektlosigkeit vor Hierarchie und Privilegien, an Utopien und, weil das allein zu abstrakt erschien, an »konkreten Utopien«. Obwohl es uns dazu verlockt, sollen diese Jahre und ihre sanfte – erst später zuweilen auch gewaltsame – Kulturrevolution nicht weiter evoziert werden. Man muß nur wissen, daß die zunächst ungeheuer optimistische und unbekümmerte Grundstimmung dieser »Studentenunruhen« – die aber nicht nur Studenten, sondern das gesamte Bildungsbürgertum oder was sich dafür hielt ergriff – seit 1968 abzubröckeln begann. Der Prager Frühling wurde durch den

---

53 Zit. nach: Marion Kroner: Film – Spiegel der Gesellschaft? Versuch einer Antwort – Inhaltsanalyse des jungen deutschen Films von 1962 bis 1969, Heidelberg 1973, S. 50.

Pariser Mai überschattet, und im August war auch das tschechoslowakische Experiment gescheitert. Die Ablösung der Großen Koalition von CDU/CSU und SPD durch eine sozial-liberale Regierung unter Bundeskanzler Willy Brandt erweckte im Jahr drauf zwar in der Bundesrepublik noch einmal neue Hoffnungen, aber jedenfalls in der Innenpolitik welkten sie bald dahin. Unter den Intellektuellen breitete sich langsam eine trübe Grundstimmung aus, gemischt aus Selbstmitleid und Weltverachtung, punktueller Aggression und großflächiger Melancholie. Von »konkreten Utopien« war nicht mehr die Rede, höchstens vom »Aussteigen« aus der Gesellschaft, aber das war, in welche Richtung es auch geschah, immer nur ein Zeichen für die Trostlosigkeit der normalen Lebensumstände und nie für die Sinnhaftigkeit der Ausstiege. Wir sind unvermittelt bis zur Gegenwart geflogen – der Himmel der kollektiven Stimmungen hat nun einmal kurze Horizonte. Aber wie immer: Diese Grundstimmungen der kritischen Totalanalysen, des Aufbruchs und des Absturzes, dieses Ikarus-Schicksal der Ideen und Pläne der späten sechziger Jahre muß man sich vor Augen halten, will man das Phänomen des »neuen deutschen Heimatfilms« richtig erkennen. Zwei Beispiele sollen etwas näher vorgestellt werden, Peter Fleischmanns »Jagdszenen aus Niederbayern« von 1968 und Volker Schlöndorffs »Der plötzliche Reichtum der armen Leute von Kombach« von 1971. Zuvor jedoch soll die Diskussion über den »neuen deutschen Heimatfilm« ein wenig beleuchtet werden. Jene weiter oben geschilderten Mühen der Neuverfilmung alter Heimatfilm-Stoffe und der Wiederaufführung älterer Heimatfilme sind ganz offenbar von dieser Diskussion und von den kommerziellen Erfolgen einiger dieser neuen Heimatfilme inspiriert worden, zugleich auch wollten sie eine bewußte und nachdrückliche Kritik an den jungen Filmemachern ausdrücken. Tatsächlich wird man sagen müssen, daß es kaum zu einer Vermischung der Zuschauergruppen gekommen ist (und wenn, wie bei Fernsehausstrahlungen, nur gewissermaßen unfreiwillig). Wer »Jagdszenen aus Niederbayern« gut fand, konnte mit den herkömmlichen Heimatfilmen nichts anfangen oder verachtete sie gar; wer sich solche Heimatfilme gerne ansah, verließ in der Regel empört das Kino bei einem »neuen deutschen Heimatfilm«. Die jungen Filmemacher teilten damit eine Erfahrung, die alle bildungsbürgerlichen Träger der »Kulturrevolution«[54] der sechziger Jahre machen mußten: daß sie nämlich weitgehend nur ihresgleichen ansprechen konnten, wohingegen die Resonanz bei den »Massen« ziemlich gering

---

54 »Kulturrevolution« ist natürlich ein arg überspitzter und unnötig dramatisierender Begriff für den kulturellen Wandel der mittleren und späten sechziger Jahre; alle Anklänge an die chinesische Kulturrevolution des Ehepaars Mao sind eigentlich auf zynische Weise schmeichelhaft. Dennoch übernehmen wir – arglos – diesen von konservativen und geängstigten Hochschullehrern geprägten Begriff.

blieb. Das ist für die Produzenten von Kulturgütern auf andere Weise, aber ähnlich schwerwiegend, fatal wie für die Propagandisten alternativer Politik.

Zwischen 1968 und 1972 sind eine Reihe deutscher Filme von jungen Regisseuren, oft übrigens mit der finanziellen Unterstützung der Fernsehanstalten[55], produziert worden, die vom Thema her gemeinsam hatten: daß sie sich mit der Lebenswelt auf dem Lande, vorzüglich in den gleichen Landschaften und mit ähnlichen Problemen, beschäftigten wie der herkömmliche deutsche Heimatfilm. Die wichtigsten dieser Filme sind, nach einer Aufstellung von Wolf Donner in der »Zeit«[56]:

- »Ich liebe dich, ich töte dich« von Uwe Brandner
- »Niklashauser Fart« von Rainer Werner Faßbinder
- »Pioniere in Ingolstadt« von Rainer Werner Faßbinder
- »Jagdszenen aus Niederbayern« von Peter Fleischmann
- »Mathias Kneissl« von Reinhard Hauff
- »Lenz« von George Moorse
- »Sand« von Peter Palitzsch
- »Michael Kohlhaas« von Volker Schlöndorff
- »Der plötzliche Reichtum der armen Leute von Kombach« von Volker Schlöndorff
- »Jaider, der einsame Jäger« von Volker Vogeler.

Die Zuordnung des einen oder anderen Films mag umstritten sein, insgesamt wurden sie aber von den Produzenten und von der Filmkritik als die Wiederentdeckung und Wiederbelebung des einzigen Genres erlebt und interpretiert, »das hierzulande nach dem Krieg entstanden ist«, des Heimatfilms[57]. Die zeitgenössische Rezeption dieser Filme steht ganz unter dem Vorzeichen all jener Bedürfnisse und Selbstverständnisse der Intellektuellen – mitten im Umschwung vom Kritik- und Utopiehunger zur Flucht in Resignation und Melancholie. Was haben diese Filme gemeinsam? » . . . den kritischen Blick zurück auf eine deutsche Vergangenheit, die als Zeit der Ruhe und Ordnung, der behäbigen Restauration in die Geschichts- und Lesebücher und als ›gute alte Zeit‹ in die Köpfe eingegangen ist; die Aufbereitung der deutschen Geschichte – vor allem des 19. Jahrhunderts – nicht aus der Perspektive der Herrschenden, sondern aus der Sicht der Beherrschten[58].« Während der herkömmliche Heimatfilm in einem »historisch-soziologischen Nirgendwo« angesie-

55 Die finanzielle Verquickung von Film- und Fernsehproduktionen in der Bundesrepublik ist ein Thema für sich.
56 Wolf Donner: Das Idyll ist kaputt, in: Die Zeit v. 11. 2. 1972.
57 Wolfgang Ruf: Die armen Leute von Kombach und anderswo oder: Gibt es einen neuen deutschen Heimatfilm?, in: Fernsehen und Film, 9. Jg. 1971, H. 4, S. 14; derselbe Gedanke auch bei Alf Brustellin in seiner Besprechung des Kombach-Films in: Filmkritik, 15. Jg. 1971, H. 3, S. 159.
58 Dieses Zitat und die folgenden aus Ruf (Anm. 57).

delt gewesen sei und den Blick auf die Wirklichkeit verstellt habe, befänden sich die neuen Heimatfilme auf dem Wege zur »Subkultur der Unterprivilegierten«. In diesen Filmen werde die »unverstellte historische Wirklichkeit« wiederentdeckt; menschliches Leid werde nicht als Schicksal, sondern als Folge einer herrschenden Ordnung dargestellt. »Ein neues Genre scheint sich abzuzeichnen, vielleicht ein Neubeginn deutscher Filmkultur. Noch sind die Anläufe sporadisch . . ., die Ergebnisse nicht immer ganz gelungen . . . Doch schon, wie die Ingredienzien des alten Heimatfilms in diesen neuen Filmen aufgenommen und umgedeutet werden, stimmt hoffnungsvoll. Die Landschaft (vor allem der so oft mißbrauchte deutsche Wald) nicht mehr als touristische Attraktion, als Staffage für im Blut- und Bodenton vorgetragenes Schicksal, sondern als Bestandteil von Herrschaftsverhältnissen: die eisigen Wälder im ›Lenz‹, der tabuisierte Wald der ›Herren‹ bei Brandner, die unantastbaren Jagdreviere bei Hauff und Vogeler, die doch auch Zuflucht sind, Schlucht und Gestrüpp bei Schlöndorff, das mit dem unterentwickelten, perspektivelosen Bewußtsein der Bauern korrespondiert [59].«
Die neuen deutschen Heimatfilme, so ein anderer Kritiker, »enthüllen die Verlogenheit eines typisch westdeutschen Genres, des Heimat- und Historienfilms der fünfziger Jahre . . . Die neuen Heimatfilme bedienen sich des alten Vehikels, um Unterdrückung und Faschismus auf die Wurzel zu bringen« [60]. Was mit diesem knorrigen Term »auf die Wurzel bringen« genau gemeint ist, wissen wir nicht. Ein dritter Zeuge schließlich meint: ». . . die alten Heimatschinken . . . waren eine sentimentale und nicht selten reaktionäre Flucht in eine Scheinwelt voll hehrer Gefühle, edler Menschen, idyllischer Postenkartennatur und eherner Blubo-Moral. Dieses Idyll ist von vornherein kaputt in dem neuen oder kritischen Heimatfilm. Indem er mit dem sozialkritisch trainierten Sinn von heute auf die deutsche Provinz und auch auf jenes abgedroschene populäre Genre blickt, gerät ihm das Dorf, die Provinz zum Modell für gesellschaftliche Strukturen, die auch heute gelten können; indem er engagiert die Perspektive der armen Landbevölkerung, der Ausgebeuteten und Unterdrückten einnimmt, denunziert er die ›gute alte Zeit‹ als eine denkbar schlechte und ungerechte . . . Der linke Heimatfilm verwurstet das ländliche Idyll nicht zu sentimentalen Klischees und läppischer Folklore, sondern er nimmt es ernst . . . und gibt dadurch dem Begriff Heimat einen ganz realen und politischen Sinn [61].« Auch diese Zeilen

---

59 Damals erschien uns dieser Text angemessen und vernünftig. Erst beim Wiederlesen sind uns Zweifel gekommen – neben inhaltlichen Fragwürdigkeiten hätte uns auch die oft unfreiwillig komische Sprache schon damals auffallen müssen. Seltsam.
60 Peter W. Jansen: Irgendwo rauscht es immer, in: Frankfurter Rundschau v. 22. 5. 1971.
61 Donner (Anm. 56).

halten knapp ein Jahrzehnt nach ihrer Formulierung kaum noch aus, daß man sie scharf ansieht. Sie sind voller vorgefaßter Ideen und Begriffe, denen man an der Nasenspitze ansieht, daß die Autoren sie nicht selbst gestaltet, sondern ohne großes Nachdenken übernommen haben. Für uns ist diese Einsicht vor allem deshalb so betrüblich, weil wir mit dem hier beschriebenen Gegenstand sehr wohl sympathisieren. Wie wir noch zeigen möchten, lohnt es in der Tat, sich mit einigen dieser neuen (oder kritischen oder linken) Heimatfilme zu beschäftigen. Ihre damaligen Bewunderer haben aber in ihren Aufsätzen nicht viel mehr getan, als die herkömmliche Heimat-Ideologie umzudrehen. »Verlogenheit« oder »Wirklichkeitsnähe«, »Scheinwelt« oder »realer politischer Sinn« – solche negativ oder positiv aufgeladenen Begriffe zielen am Heimatfilm, am Spielfilm überhaupt, vorbei. Und wenn in einer Zeit »kaputte Idyllen« für ein bestimmtes Publikum gerade chic sind, dann werden von diesem Publikum diese kaputten Idyllen genauso goutiert wie von einem anderen Publikum die heilen Idyllen. (Genau diese Trennlinie zwischen zwei Zuschauergruppen mit ihren unterschiedlichen Erwartungen an den Heimatfilm hat ja ermöglicht, daß zu Anfang der siebziger Jahre neue *und* herkömmliche Heimatfilme hierzulande auf Resonanz stießen.)

Deswegen erscheint jedoch auch eine zeitgenössische Kritik an den neuen Heimatfilmen überzogen, wenngleich sie ein paar neuralgische Punkte der damaligen Stimmung berühren kann. »Der neue westdeutsche Heimatfilm ist ein linkes Gerücht und eine rechte Tatsache«, schreibt Wolfram Schütte. Er wirft den Jungregisseuren die Benutzung bequemer Fluchtwege aus unserer Gesellschaft in unsere ferne Vergangenheit vor. »Diese ›Heimatfilme‹ machen gutes linkes Gewissen beim Machen und zufriedenes beim Sehen. Wider den Stachel gelöckt, Räuber rehabilitiert, armen Bauern auf die Schulter geklopft, alte Unterdrückung exhumiert . . . Man versucht, die Geschichte wenn nicht umzuschreiben, so doch aus der Perspektive ihrer Verlierer neu zu schreiben . . . Und während man mit der Revision der fernsten Vergangenheit beschäftigt ist, verändert sich die Gegenwart unbemerkt, unbesehen, widerstandslos.« Und zwar zum Schlimmeren. »Es gibt keine schöneren linken Fluchtwege aus unserer Gesellschaft als die in unsere ferne Vergangenheit mit den neuen Heimatfilmen [62].« An dieser heftigen und nur in Teilen treffenden Kritik fällt als erstes auf, daß auch sie dem Spielfilm eine Aufgabe zuschreibt, die er nicht oder nur in ganz wenigen Ausnahmefällen erfüllen kann, nämlich Geschichte zu spiegeln und die Vorstellungen einer Gesellschaft von ihrer Vergangenheit zu beeinflussen. Einmal abgesehen von der kuriosen Idee, daß das 19. Jahrhundert, in

---

62 Wolfram Schütte: Linke Flucht in rechte Vergangenheit, in: Frankfurter Rundschau v. 19. 5. 1971.

dem einige dieser neuen Heimatfilme spielen (andere aber durchaus in der Gegenwart), zur »fernen« Vergangenheit gezählt werden müsse [63] – das Publikum betrachtet einen Film, und wenn er in der Steinzeit oder im Jahre 5000 spielt, natürlich in erster Linie als gegenwartsbezogen. Nun drängt sich in der Tat der Verdacht auf, daß, wer sich inmitten einer brisanten Gegenwart mit der Geschichte beschäftigt, dieser Gegenwart vielleicht entfliehen möchte. Nachdem die höchste und sicherste Realität der alten Metaphysik, der transzendente Gott, beseitigt worden war, setzten sich zwei (zwar nicht ganz, aber fast ganz) diesseitige Realitäten als letzte Legitimationspunkte in der historischen Wirklichkeit: die *Menschheit* und die *Geschichte*; die Menschheit (das Volk, die Gesellschaft) als eher »linker«, die Geschichte als eher »rechter« Legitimationspunkt. Dies ist, cum grano salis, ein Gedanke von Carl Schmitt in seiner nach wie vor erhellenden »Politischen Romantik« [64]. Die Wendung zur Geschichte, die Schütte moniert, erschien damals auch dem einen oder anderen der Heimatfilme-Macher als Ausdruck des Verzagens und Versagens vor den gesellschaftlichen Realitäten, die zu ändern ein paar Jahre vorher ein Leichtes schien. Auf die Frage, wie er sich erkläre, daß so plötzlich eine Reihe junger deutscher Heimatfilme produziert wurde, sagte Volker Vogeler in einem Interview mit Joe Hembus: »Ich persönlich glaube, daß nach vier oder fünf Jahren intensiver politischer Bewußtseinsentwicklung in Deutschland der Zusammenbruch oder wenigstens eine Stagnation dieser Entwicklung kam und die einzelnen kaum noch die Möglichkeit sahen, sich mit politischer Aktualität auseinanderzusetzen, und daß sie dann eine Flucht angetreten haben in das vergangene Jahrhundert, um die Sache von da aus noch einmal und anders aufzurollen. Wahrscheinlich ist das Problem vielschichtiger, es hängt auch zusammen mit der Abnützung des deutschen Bürgermilieus, vorgeschoben oder tatsächlich für sozialkritische Stoffe [65].«
Flucht in die Geschichte steht hier, ohne daß dies völlig berechtigt wäre, für Flucht in die Heimat. Die Gleichung Vergangenheit = Heimat ist natürlich eine arge Verkürzung der Geschichte; diese wird gewissermaßen unter dem Gesichtspunkt einer teleologischen (meist vulgärmarxistischen, präziser: unbewußt vulgärmarxistischen) Philosophie als ein überholter Aggregatzustand der Gegenwart betrachtet. Das 19. Jahrhundert war Dorf und Landschaft, die Gegenwart ist Stadt und zerstörte Landschaft. Diese Sichtweite ist nicht angemessen, wenngleich sie, so ist das ja meistens und das macht es so kompliziert, auch nicht ganz falsch

63 Dies ist für einen aufmerksamen Arno-Schmidt-Leser, als den man Wolfram Schütte bezeichnen darf, ohne ihm zu nahe zu treten, ein erstaunliches Mißverständnis.
64 Carl Schmitt: Politische Romantik, Berlin 1968, 3. Aufl., S. 86 (die erste Auflage erschien 1919).
65 Fernsehen und Film, 9. Jg. 1971, H. 4, S. 16.

ist. Mit Blick auf die neuen deutschen Heimatfilme muß man allerdings verwundert fragen, warum die damalige Debatte den Geschichtsaspekt so stark in den Vordergrund schob. Denn erstens spielen einige dieser Heimatfilme in der Gegenwart (»Jagdszenen aus Niederbayern« und »Ich liebe dich, ich töte dich«), und zweitens kann man eigentlich nur von Schlöndorffs »Kombach«-Film ernstlich behaupten, daß er sich mit der Geschichte auseinandersetzt. »Die neuen Heimatfilmer sehen in der Heimat . . . nicht mehr die heile Welt, sondern den Wilden Westen.« Und: »Der einsame Jäger‹ ist ein bayrischer Italo-Western, groß, roh und gewalttätig, der epische Wind bläst und orgelt wunderbar; alles ist überlebensgroß [66].« Diese wenn auch etwas zugig formulierten Urteile scheinen der Sache viel eher auf der Spur zu sein. Die Vorbilder für die Film-Helden Kneissl und vor allem Jaider sind eher Django und andere Helden des synthetischen Western aus Italien. Von »roter Folklore« ist also keine Rede [67]. Ein großer Reiz dieser Filme liegt darin, daß sie in das herkömmliche Heimat-Milieu, in dem Gewalt gewöhnlich nur als große und schreckliche Ausnahmehandlung erschienen ist, permanente und manifeste Gewaltsamkeit ansiedeln. Die, schön in Fremdwörtern ausgedrückt, Amalgamierung von entgegengesetzten oder zumindest stark widersprüchlichen Klischees ist eine überraschende (und bei manchen Zuschauern auch vehementen Protest auslösende) Neukombination filmischer Mittel, die allerdings, wie man schon um 1971/72 vermuten durfte, die Renaissance des Heimatfilm-Genres nicht würde bewirken können. Das alte Heimatfilm-Publikum ging zwei Jahre später in »Die Sünderin vom Ferner-Hof« und das Django-Publikum blieb beim Brutal-Western oder pirschte sich in die »Steiner«-Kriegsfilme.

Zwei Filme liegen quer zu dieser Beschreibung, die »Jagdszenen aus Niederbayern«, auf die etwas ausführlicher eingegangen werden soll, und »Der plötzliche Reichtum der armen Leute von Kombach«. Dieser letztgenannte Film bemüht sich in der Tat um historische Genauigkeit. Die Geschichte entstammt einer Chronik aus dem vorigen Jahrhundert, »Der Postraub in der Subach« von Kriminalsekretär Carl Franz, erschienen 1825. Es wird geschildert, wie ein Haufen armer Bauern und Tagelöhner aus einem kleinen und abgelegenen Dorf bei Biedenkopf verschiedene Male vergeblich und schließlich erfolgreich versucht, einen Geldtransport zwischen Biedenkopf und Gießen zu überfallen. Als der Überfall endlich gelungen ist, bleibt den plötzlich (für ihr Vorstellungsvermögen fast unermeßlich) reich gewordenen armen Leuten von Kom-

66 Joe Hembus: Keine Schonzeit für Wilderer, in: Zeit-Magazin v. 11. 6. 1971 – Der Titel dieser Reportage spielt auf einen Filmtitel des »jungen deutschen Films« an: »Schonzeit für Füchse«.
67 So etwas ist ja übrigens sogar Bernardo Bertolucci mit seinem monumentalen Film »1900« nicht recht gelungen. Für das Medium Film ist Geschichte offenbar in erster Linie die Geschichte des Mediums und nicht so sehr die, die in den Stoffen liegt.

bach kaum Zeit, sich ihres Reichtums zu freuen. Weil »Geld bei einem armen Manne Verdacht erregt«, werden die Täter festgenommen und grausam gefoltert. Dabei werden sie sozusagen zur Einsicht in ihr Untun bekehrt, und sterben reuig und im sündigen Bewußtsein. Einzig der Bauchladen-Händler entkommt den Verfolgungen und träumt von seiner Überfahrt nach Amerika.

Ein scharfsinniger Filmkritiker hat den »Kombach«-Film einen »Vor-Heimatfilm« genannt und dies so begründet: »Noch ist die Beschäftigung mit der Chronik, die der Geschichte zugrundeliegt, und mit dem unübersehbaren Haufen Sprachkultur, die mit ihr thematisch zusammenhängt, wichtiger als das kleine aber kräftige Volksepos selbst. Noch spürt man die Mühe, durch die offizielle Berichterstattung und die Armut-Verdichtungen durchzukommen auf vorgestellte Bilder wirklicher Geschichte [68].« Anders gesagt: Schlöndorff liest die Chronik des Kriminalsekretärs gegen den Strich, und dabei kommt dann heraus, daß sein Film auf etwas zu angestrengte Weise dem Zuschauer vor Augen führen will, wie das gesellschaftliche Sein das Bewußtsein bestimmt. Die Situation der armen Leute von Kombach wird – eindrucksvoll – als ein Anti-Idyll geschildert, das die naive Kriminalität geradezu herausfordert. Heimat steht für Schlöndorff allzu generalisiert für soziales und politisches Elend, für Zurückgebliebenheit ohne eigene Schuld, für ein freudloses und knechtisches Dasein.

Nur in wenigen Augenblicken wird sichtbar, daß die armen Leute von Kombach sich in Kombach auch lieber wohlfühlen würden, daß ihnen die Äcker und der Wald mehr sind als nur zu bewältigende Strecken oder Gegend.

---

68 »Amerika, Du Land der Träume«, heißt eine Gedichtzeile bei Friederike Kempner (*kein* Pseudonym für Peter Handke). Man darf nicht vergessen, daß dies im 19. Jahrhundert für viele Menschen auch in Deutschland gar nicht komisch klang, z. B. für die Verfolgten der 1848er Revolution, aber auch für viele, die Deutschland aus wirtschaftlichen Gründen verlassen wollten/mußten. Amerika war und blieb bis in den Heimatfilm der fünfziger Jahre *das* Gegenbild zur Heimat. Über die Art und Weise, wie die Deutschen in Amerika an ihre alte Heimat dachten, informiert: Horst Ueberhorst: Turner unterm Sternenbanner. Der Kampf der deutsch-amerikanischen Turner für Einheit, Freiheit und soziale Gerechtigkeit 1848–1918, München 1979.

9. Jagdszenen aus Niederbayern

Der Dramatiker Martin Sperr hatte ursprünglich ein Theaterstück geschrieben, dessen Handlung kurz vor der Währungsreform in einem niederbayrischen Dorf spielte [69]. Der Film von Peter Fleischmann, für den dieser auch das Drehbuch geschrieben hat, spielt am Ende der sechziger Jahre. Die Transponierung hat ihre Spuren hinterlassen: ein paar Verhaltensweisen, die von den Handlungsträgern des Films an den Tag gelegt werden, scheinen nicht ganz in die sechziger Jahre zu passen. Dem Film gibt das einen (wahrscheinlich unbeabsichtigten) Hauch von Anachronismus, der einige Filmkritiker irritiert hat.

Die Geschichte handelt von Abram (Martin Sperr), einem zwanzigjährigen Mechaniker, der aus dem Gefängnis in das Dorf zurückkommt, wo seine Mutter, eine alleinstehende Flüchtlingsfrau, lebt. Er ist ins Gefängnis gekommen, weil er homosexuell ist. Im Dorf wird das schnell bekannt, und die Dorfbewohner, die den Abram an sich für einen netten Kerl halten, reagieren auf diese Information mit Haß und Verfolgung. Abram wird, als er sich mit dem schwachsinnigen Kind einer Kleinbäuerin befreundet, der schlimmsten Unzucht verdächtigt, man treibt ihn, der gern im Dorf bleiben würde, immer weiter in die Enge, bis er sich nicht mehr zu helfen weiß und ausgerechnet den Menschen, der ihn liebt, das Dienstmädchen des Bürgermeisters, Hannelore (Angela Winkler), totschlägt. Da wird er gefangen und abgeführt.

Keine Geschichte für einen herkömmlichen Heimatfilm. Der Film führt dem Zuschauer eine Art Soziogramm (eines Teils) der Dorfbewohner vor: die »Oberschicht« regiert patriarchalisch durch materielle oder spirituelle Machtausübung, alle anderen gehören eher zu dem Reservoir von »kaputten Typen«. Hannelore trinkt und schläft mit vielen Männern; Maria, die Witwe eines Kleinbauern, fühlt sich vom Schicksal geschlagen, weil sie ein schwachsinniges Kind hat; ihr Knecht Volker, mit dem sie ein Verhältnis hat, das mehr auf Zweckmäßigkeit als auf Gefühlen beruht, wird von den anderen wegen seines Holzfußes und seines handwerklichen Ungeschicks gehänselt; Georg, der Knecht des Bürgermeisters, ist ein brutaler und ungehobelter Bursche. Und so weiter. Die Dorfbewohner bilden nur bei spezifischen Arbeitsvorgängen (Ernte auf dem Feld, das Schlachten eines Schweins) eine solidarische Gemeinschaft, ansonsten sind die Dialoge durchtränkt von gegenseitiger Gehässigkeit, vom Willen, den anderen zu verletzen und zu demütigen. Am untersten Ende der sozialen Hierarchie sitzen die Gastarbeiter, im Film vier freundliche Türken, die bei jeder Gelegenheit unfreundlich geneckt werden (und dies alles offenbar nur deshalb einigermaßen überstehen, weil sie immer zusammenbleiben):

---

69 Es gibt auch eine Prosafassung: Martin Sperr: Jagdszenen aus Niederbayern, 3. Aufl. Frankfurt/M. 1980

1. Jugendlicher: Servus, Mister Kümmel! Du warst nicht in der Kirche?
2. Türke: Warum?
1. Jugendlicher: Du nix Kirche?
2. Türke: Nix, ich Moschee.
1. Jugendlicher: Du nix Kirche – nix Himmel.
Alle lachen[70].

Jeder versucht, beim anderen etwas zu bekritteln. Das Verhältnis zwischen der Kleinbauern-Witwe und ihrem Knecht wird ebenso hämisch beobachtet und kommentiert wie die »Rumhurerei« der Hannelore. Wie sich der Verdacht gegen Abram zusammenzieht, wie vor allem seine hilflose Mutter dazu gebracht wird, sich mehr und mehr von ihm öffentlich zu distanzieren, weil sie in der miesen Dorfgemeinschaft nicht einmal ihren miesen Platz – als Flüchtlingsfrau gilt sie nur wenig mehr als die Türken – verlieren will, das wird im Lauf des Films behutsam und beklemmend entwickelt. Einige Gestalten wirken bewußt als »böse Geister« der Dorfgemeinschaft, so die Metzgerin, die auf besonders gehässige Weise zu klatschen versteht und außerdem ein Talent hat – und durch ihre soziale Rolle darin bestärkt wird –, umfassende Informationen über die Dörfler zu sammeln und so umzuformen und weiterzugeben, daß sie oftmals das Unheil geradezu induziert.
Als Abram aus der Stadt zurückkommt, weiß niemand im Dorf, was er dort gemacht hat; sie sind nur mißtrauisch, einfach deshalb, *weil* Abram in der Stadt war.
Bäuerin (off): Ja, Abram, daß man dich auch wieder mal sieht.
Abram: Grüß Gott.
Bäuerin: Wo bist denn so lange gewesen?
Abram: In der Stadt halt.
Barbara, Abrams Mutter, scheint sich beim Wiedersehen nicht richtig zu freuen, das ist das erste Indiz für die Metzgerin.
Metzgerin: Ach je, der wird schon wissen, wo er gewesen ist.
Barbara: Was meinst du damit, he?
Noch weiß die Metzgerin darauf nichts zu antworten. Und wie immer, wenn ein Erwachsener für einen Augenblick blockiert ist, kriegt das nächststehende Kind eine saftige Ohrfeige: Spannungsabfuhr in der Heimat.
Später sagt die Metzgerin: Es stimmt was nicht mit dem Abram! Daß etwas nicht stimmt, dafür ist ihr das verkrampfte Verhalten seiner Mutter ein untrügliches Zeichen. In der folgenden Szene (in der bäuerliche Arbeiten gezeigt werden, der Dialog über Abram begleitet diese, wie überhaupt in diesem Film Wort und Bild häufig nebeneinander herlaufen –

---

70 Das Drehbuch von »Jagdszenen aus Niederbayern« ist abgedruckt und wird hier zitiert nach: film, 7. Jg. 1969, H. 5, S. 38 ff.

wenn böse Rede sie begleitet, fließt die Arbeit munter fort) sagt die Metzgerin:

> Der Beppo meint, daß der Abram im Gefängnis war. Dem Habicht-Steiner sein jüngerer Bruder hat ihn gesehen, sagt er . . . und der ist doch gesessen wegen Trunkenheit am Steuer.

Und, nach etlichem Hin- und Herreden entgegen der inneren Überzeugung:

> Ich mein, es geht uns ja nichts an.

Aber dies wird erst beschwichtigend gesagt, als es nichts mehr zu beschwichtigen gibt. Für Georg, der bei der Hannelore nicht so recht ankommt, ist Abram jetzt »kriminell« und »ein Verbrecher«. Mittags, bei der Kornernte, tatscht Georg ungeduldig in das in Kübeln herausgebrachte Essen:

Barbara: Kannst nicht warten wie alle, ist doch kein Benehmen.
Georg: Benehmen vielleicht nicht, aber kriminell ist es auch nicht, gell?
Oder möchtest du mich ins Gefängnis stecken dürfen?
Barbara: Red nicht so geschert daher!
Georg: Wieso ist das geschert? Na sag doch! Wieso ist das geschert?
Georg, Zenta, Hiasl, Barbara beim Essen
Zenta: Was hat er denn gemacht in der Stadt, der Abram?
Barbara: Gearbeitet hat er halt!
Alle lachen.
Georg: Ja, Tüten geklebt.

Die anderen dringen weiter in die Mutter, die auf keinen Fall zugeben möchte, daß Abram im Gefängnis war, jedoch ganz hilflos auf den Ansturm reagiert und sich immer mehr in Widersprüche verwickelt. Abram selbst reagiert mit einem kaum überbietbaren Phlegma auf die Sticheleien. Er ist so dickfellig, daß er sich darüber einigermaßen hinwegsetzen kann. Diese Dickfelligkeit hindert ihn aber auch daran, im Benehmen Hannelores ihm gegenüber die permanenten Hilferufe wahrzunehmen. Sie erwartet nämlich ein Kind von ihm und würde gerne mit ihm zusammenleben. Abram aber stößt sie immer wieder vor den Kopf, zuletzt ganz buchstäblich und mit verzweifelter Gewalt.
Später am Tag kommt die Fabrikarbeiterin Paula (Hanna Schygulla) auf den Hof des Bürgermeisters und kauft zwei Liter Milch. Dabei wird sie rasch in die Debatte um Abrams Gefängnisaufenthalt einbezogen und setzt schließlich den entscheidenden neuen Akzent.

Paula: Weißt du, was der Rindorfer Wirt sagt . . . vom Rindorfer Braustüberl, wo ich immer auf den Bus warte?

Zenta: Was denn?
Paula: Der sagt, der Abram würd sich so an Orten herumtreiben, wo nur Männer verkehren, du weißt schon.

Als Georg dazu kommt, sagt *Zenta:*
Du, Paula sagt, daß der Abram sich mit Männern rumtreibt. Die hat es gehört.
Paula: Ja, und gesessen soll er haben, weil er so Sauereien gemacht hat, mit Männern.
Georg: Ja, gut, ein bissel warm ist er schon. Mei, was soll man da sagen?

Die Kunde von Abrams Homosexualität läuft im Dort quasi mit Lichtgeschwindigkeit um. Selbst die »Dorfbeatles«, Jugendliche mit langen Haaren, die sich deshalb häufig hänseln lassen müssen, fühlen sich in die gemeinsame Dorffront gegen diesen Außenseiter[71] einbezogen. In der einen Dorfkneipe sagt einer der Jugendlichen zu Abram:
Komm, geh auf die Seite, du da! Wir mögen es nicht andersrum!

Am wohlsten fühlen sich natürlich die bei der Nachricht über Abram, die immer schon Pech und Schwefel in der Nase hatten. Und weil Abram so phlegmatisch ist, daß das Gerede – wenigstens äußerlich – an ihm abgleitet, halten sich die übrigen an die so leicht verwundbare Mutter.

Georg: Gell, Barbara, du gibst ihm alleweil eine ölhaltige Kost!
Barbara: Laßt mich in Ruhe mit euren Schweinereien.

Alle um sie herum.
Georg: Ja, unsere Schweinereien?
Metzgerin: Das muß ich schon sagen, Barbara, wer bringt es denn ins Dorf, die Schweinereien? Wir wehren uns dagegen, gegen den Schmutz!
Barbara: Was kann ich denn dafür, laßt mich doch in Ruhe! Nur weil ich die Mutter bin von Abram!
Abram, rechts dazu.
Abram: Mutter, bitte reg' . . . ist doch nicht so schlimm!
Barbara: Nicht so schlimm? Mir ist wichtig, was die Leute sagen. Ich will mit ihnen leben. Mach, daß du aus dem Dorf kommst und verschwinde!
Abram: Du hast mir nichts zu befehlen! Ich hab das Recht zum Dableiben wie du!
Barbara: Du hast kein Recht! Man hat kein Recht, wenn man gegen die Natur ist. Ich hoff', die schlagen dich so lange, bis du freiwillig gehst,

71 Hier liegt ein kleiner Anachronismus, denn Homosexualität hatte am Ende der sechziger Jahre schon viel von ihrer stigmatisierenden Kraft eingebüßt, auch auf dem Lande.

ich hoffe, die schlagen dich zum Dorf raus. Ich wünsch mir's. Das
Dorf ist doch nicht so wie die Stadt, wo man das modern findet. Ich
weiß, daß sie was gegen dich haben, die Leute.
Georg: Genau!!
Barbara: Sag' doch, daß du mit Männern verkehrst, wissen ja eh schon
alle!
Abram: Na und!?
Metzgerin: Was, der ist auch noch stolz darauf! . . .

Vor dem Hintergrund herkömmlicher Vorstellungen über Heimat, wie
sie im herkömmlichen deutschen Heimatfilm immer wieder als Mythos
vom natürlichen Leben gestaltet worden sind, ist diese Szene die
schrecklichste des ganzen Films. Denn hier werden gleich zwei Grundlagen dieses Mythos zerbrochen:
– Abram, der sanftmütige, ist »gegen die Natur«, und das läßt sich nicht
  reparieren; der Zuschauer bekommt aber zugleich gezeigt, daß erstens fast alle Dörfler im Umgang mit ihren Tieren und mit ihresgleichen ein ziemlich abstoßendes Bild vom »natürlichen Leben« bieten –
  der Mythos hält vor dem Alltag [72] nicht stand;
– die Normen der Dorfgemeinschaft bringen Barbara dazu, ihrem Sohn
  öffentlich sein Existenzrecht zu bestreiten; dem Zuschauer wird offenbar, daß die Normen selbst also in Fällen wie diesem »die Natur«
  auf den Kopf stellen, denn hier verhält sich offenbar die Mutter infolge des auf sie ausgeübten sozialen Drucks »gegen die Natur«.
Der Titel »Jagdszenen aus Niederbayern« bezieht sich zwar explizit auf
die Jagd der Dorfbewohner auf den flüchtigen Abram, aber man kann
ihn sich genausogut auch als Kennzeichnung des dörflichen Lebens denken: hier findet ein Krieg aller gegen alle statt, jeder wehrt sich, so gut er
kann, was soviel heißt, daß der Druck von oben nach unten weitergege-
ben wird. Für die Schwächsten bleiben schließlich nur noch die Tiere übrig, die »zur Strafe« kräftig mißhandelt werden.
Wir können an dieser Stelle die nähere Betrachtung des Films abbrechen, weil er uns in erster Linie als ein Beispiel für den neuen deutschen
Heimatfilm dienen soll, der, das sei gleich hinzugefügt, in den siebziger
Jahren nicht recht vom Fleck gekommen ist. Wer die Möglichkeit dazu
hat, sollte sich diesen Film ansehen, denn das lohnt sich.
Für viele Kritiker waren die »Jagdszenen aus Niederbayern« »allzu naturalistisch« (Werner Ruf), oder sie warfen ihm vor, er mache sie nicht
betroffen (Werner Kließ). Es ist zwar unverständlich, wie ein ernsthafter

---

72 Geschickt läßt Fleischmann seinen Film »sonntäglich« beginnen und enden. Spätestens im Nachhinein wird einigen Zuschauern bewußt werden, daß der Mythos von der
   Heimat- und Dorfgemeinschaft also inszeniert wird, z. B. vom Pfarrer und vom Bürgermeister.

Mensch seine eigenen Sensibilitätsgrenzen anderen Menschen oder Kunstwerken oder wem immer zum Vorwurf machen kann, aber wenn's die Mode will, brillieren bekanntlich die Mißverständnisse. Über die Betroffenheit muß sich schon jeder mit sich selbst einig werden; aber die Kennzeichnung »allzu naturalistisch« ist schon einiges Nachdenken wert. Fleischmann habe, so muß man sie verstehen, einen Film gedreht, der, in der Absicht, ein ganz naturgetreues Abbild des wirklichen Dorflebens zu zeigen, sich nur allzugern in die Abstrusitäten und Widerwärtigkeiten, mit einer städtischen Vokabel ausgedrückt: in den Hinterhof des Dorfes, begeben. Auf diese Weise würde dem Zuschauer in ähnlicher Weise physisch übel wie der Lehrerin im Film, als sie in die Schlachtstube eintritt, und mit dieser Wirkung bringe sich der Film um eine bessere Wirkung. Ist dieser Vorwurf berechtigt?

Martin Sperr gehörte vor seinem tragischen Unfall zu jenen jungen bayrischen und österreichischen Autoren, die Literatur mit Stoffen aus ihrer eigenen Lebenswelt, dem Kleinbürger- und Dorfmilieu der Kriegs- und Nachkriegszeit, produzieren wollten. Das haben sie sowohl den pensionierten Dorfschullehrern als auch den neuen Stadtindianern, die sich auf ihre Ursprünge besinnen[73], immer schon voraus gehabt: daß sie, man kann das generationsspezifisch nennen, das Leben auf dem Lande als Plagerei *erlebt* haben, die mit den Verlockungen des modernen Lebens kaum vereinbar war. Schreibt jemand von »zunehmendem Heimweh«, dann kann er sich zwar besonders gut ausdrücken; aber auch Silvio Blatter[74] meint das Wort in seiner doppelten Bedeutung, meint Bindung an die Heimat und Einsamkeit in und Leiden an diesen Bindungen. Was Ruf an Sperr und anderen, z. B. an dem Theaterautor Kroetz, als »zu naturalistisch« empfunden hat, betrifft weniger eine bewußte, vielleicht gar soziologisch inspirierte Tendenz dieser Autoren zu einer demonstrativen Anti-Heimatliteratur. Fleischmanns Film erweckt zuweilen den Eindruck, sein Regisseur habe eine Vorliebe für »schockierende« Szenen. Dieser Eindruck ist eine der Folgen der zeitlichen Verschiebung – 1948, das Jahr, in dem das Theaterstück spielte, gab es noch viele der im Film gezeigten bäuerlichen Arbeiten, wohingegen 1968 die meisten Bauern ihre Betriebe fast allein bewirtschafteten, ohne ein Großaufgebot von Knechten und Mägden und damit ohne die Möglichkeiten zu ständiger Interaktion. Dennoch kann der Film diese Schwäche gut ausgleichen. Er widersetzt sich energisch einer im herkömmlichen wie im jungen »linken« Publikum verbreiteten Erwartung, wonach »Heimat«,

---

73 Das ist kritisch gemeint – in Richtung der vielen identitätssuchenden Heimat-Konvertiten, von denen ein paar sich in dem munteren Gespräch, das Elisabeth Moosmann in ihrem Heimat-Buch abdruckt, äußern.
74 Silvio Blatter: Zunehmendes Heimweh. Roman. Frankfurt/M. und Zürich 1978, S. 402.

also das Leben auf dem Lande, in und mit der Natur und einer entsprechenden Sozialordnung, einen untergründig idyllischen Charakter haben müsse, sei es als positives Idyll à la »Grün ist die Heide«, sei es als bösartiges Idyll à la »Jaider, der einsame Jäger«. Für Sperr und Fleischmann ist das Leben auf dem Dorfe *anders,* aber nicht besser oder fürchterlicher als in der Stadt.

10. Heimweh: Verlorenes wiederfinden

»Man kann sagen, daß die besonderen Qualitäten des deutschen Kinos natürlich mit dem Land, der Gegend, dem Boden, vielleicht mit den Menschen überhaupt zu tun haben. Und den Mythen eben auch[75].« Der Filmemacher Niklaus Schilling, von dem diese Äußerung zitiert wird, wird in diesem Zusammenhang als ein Regisseur von Heimatfilmen bezeichnet. Heimatfilme, wie Schilling[76] oder Werner Herzog[77] sie in den siebziger Jahren produziert haben, lassen sich nun allerdings weder in den Netzen der herkömmlichen noch der jungen deutschen Heimatfilm-Topologie einfangen, sie sind, mit den Worten H. C. Blumenbergs »höchst artifizielle Veranstaltungen, in denen sich mythische Motive über naturalistische Entwürfe legen«. Der Rahmen des Genres ist mit solchen Filmen gesprengt.

Ist damit der Heimatfilm auch überwunden? So kann man eigentlich nicht fragen, denn natürlich lassen sich neuralgische Traditionen nicht überwinden; um das zu erkennen, braucht man nicht den Heimatfilm. Aber man kann auf der anderen Seite auch nicht leichten Sinnes proklamieren, daß die achtziger Jahre dem Heimatfilm gehören, der sich, mit der Renaissance des Heimatgefühls im Herzen der Zuschauer, in herkömmlicher oder neuartiger Weise dem Publikum erfolgreich wieder andienen kann. Gewiß wird es weiterhin, am Rande des Geschehens, den »alten« Heimatfilm der fünfziger Jahre geben, sei es in Wiederaufführungen, sei es als Remake. Den großen Durchbruch wird damit aber niemand erzielen können, denn die sozialen, kulturellen, politischen und wirtschaftlichen Milieus haben sich gegenüber damals erheblich verändert. Überspitzt gesagt: den Ufa-Stil der dreißiger Jahre konnte man leicht in die fünfziger Jahre transponieren; eine entsprechende Konti-

75 Hans C. Blumenberg: Unheimliche Heimat, in: Die Zeit v. 27. 10. 1978.
76 »Nachtschatten« (1971), »Rheingold« (1977/78).
77 Besonders: »Herz aus Glas«. Die Reihe der gegenüber diesen Filmen fast schon wieder traditionell zu nennenden jungen oder neuen deutschen Heimatfilme ist, langsamer zwar, auch weiter fortgesetzt worden. Beispiele: »Sternsteinhof«, gedreht 1976 nach einer Vorlage von Anzengruber von Hans W. Geissendörfer; Jörg Grasers »Der Mond ist nur a nackerte Kugel« (1980/81).

nuität von den fünfziger Jahren in die Gegenwart können wir hingegen nicht erkennen. Auch jener kritisch-naturalistische (wenn denn dieser Ausdruck einmal übernommen werden soll) und der romantisch-kritische Heimatfilm um das Jahr 1970 lassen sich schwerlich wiederbeleben. Diese Filme waren auf vertrackte Weise eben doch, Herr Kracauer, wir bestreiten Ihre These, aber trotzdem haben Sie oft recht, ein Spiegelbild ihrer Zeit, und die war im Vergleich zur Gegenwart sozusagen noch exotischer als die fünfziger Jahre. Da aber heute das Gefühl, Heimat zu verlieren oder verloren zu haben, ferner die Suche nach Entschädigungen dafür und, ins Militante gewendet, der Kampf um Heimatliches, eine weit verbreitete Stimmung ausmachen, da schließlich Traditionen, auch solche innerhalb der Filmgeschichte, zwar nicht überwunden, wohl aber bearbeitet werden können, scheint der Heimatfilm sehr wohl eine Chance zu haben. Nur müßte man eben einen Heimatfilm schaffen, der sich auf die Gegenwart beziehen läßt. Es ist aber nicht unsere Aufgabe, Filmproduzenten Ratschläge zu geben. Den Mythos von der »reinen Natur« kann man schwerlich wieder auf die Beine stellen. Es könnte übrigens sogar sein, daß die Chance des Heimatfilms schon vorbei ist, bevor sie überhaupt richtig aufschien, denn ein beachtlicher Teil der »Suche nach Identität« in der Heimat stößt ja auf ganz anderes. Uns kommen die Heimatsucher zuweilen vor wie Angler, die nur löchrige Schuhe und verrostete Töpfe aus dem Fluß herausziehen. Es ist kein Zufall, daß Werner Herzogs jüngste Filme in Peru und sonstwo fernab der Zivilisation spielen. Die »neue Sehnsucht nach dem Land, die so laut vom besseren Leben spricht, kommt mir wie eine versteckte Todessehnsucht vor«, hat Lothar Baier (der in Paris wohnt) kürzlich geschrieben[78]. Ist das nicht, trotz aller Bedenken, der Keim eines plots für einen Heimatfilm?

78 Lothar Baier: Der Bauer stund auf im Kopf, in: Freibeuter, H. 6/1980, S. 49.

V. Heimat-Politik

Im hessischen Kommunalwahlkampf im Frühjahr 1981 wirbt die Christ-lich-Demokratische Union auf Anzeigen in den regionalen Zeitungen mit dem Slogan »CDU – für unsere Heimat«. Das ist nur ein Beispiel für viele andere, das aufzeigt, wie selbstverständlich der Begriff Heimat und was sich die Menschen darunter vorstellen, in der Politik eine Rolle spielt. Allerdings: was sich die Menschen im einzelnen unter Heimat oder unter ihrer eigenen Heimat vorstellen, das scheint ganz unter-schiedlich zu sein. Und genau diese Unterschiedlichkeit und damit Un-bestimmtheit machen den Reiz der Vokabel für diejenigen aus, die nach Reizvokabeln in Wahlkämpfen oder überhaupt in politischen Ausein-andersetzungen Ausschau halten.

»Überall wo Windeln beschissen werden ist Heimat. Und Windeln wer-den überall beschissen. Heimat ist eine Kinderkrankheit, die Erwach-sene befällt, hinterrücks und heimtückisch. Der Traum deiner Kindheit. Die grüne Wiese deiner Kindheit bekommt einen falschen Stellen-wert [1].« Diese heftige Kampfansage an Heimatgefühle beginnt mit einer gar nicht so schlechten Definition von Heimat: Heimat ist überall. Die Heimat eines bestimmten Menschen ist (zunächst?) da, wo er seine Kindheit verbracht hat. Das heißt aber: Jeder Mensch hat, sagen wir un-bestimmt: irgendeine eigene Vorstellung von Heimat, von seiner Hei-mat, verfügt über eigene Erfahrungen in und mit Heimat. Was Derschau und Buchrieser in der eben angeführten Passage pauschal mit einem ne-gativen Vorzeichen versehen, ist in den berühmten Schlußsätzen von Ernst Blochs »Das Prinzip Hoffnung« in ein positives *politisches* Pro-gramm umformuliert. Neben der Warnung vor den heimtückischen Harmonisierungen, dem »Noch nicht«, steht die Pforte ein klein wenig offen, durch die man den Ort der »utopischen Heimat« erkennen kann: »Der Mensch lebt noch überall in der Vorgeschichte, ja alles und jedes steht noch vor Erschaffung der Welt, als einer rechten. Die wirkliche Genesis ist nicht am Anfang, sondern am Ende, und sie beginnt erst an-zufangen, wenn Gesellschaft und Dasein radikal werden, das heißt sich an der Wurzel fassen. Die Wurzel der Geschichte aber ist der arbeitende, schaffende, die Gegebenheiten umbildende und überholende Mensch. Hat er sich erfaßt und das Sein ohne Entäußerung und Entfremdung in

---

1 Christoph Derschau, Franz Buchrieser: Also Wandsbek oder Überall wo Windeln be-schissen werden ist Heimat, in: Alois Brandstetter (Hrsg.): Daheim ist Daheim. Neue Heimatgeschichten, Salzburg 1973, S. 64.

realer Demokratie begründet, so entsteht in der Welt etwas, das allen in die Kindheit scheint und worin doch niemand war: Heimat[2].« Dies ist sehr anrührend in Worte gekleidet.

Heimat wird hier synonym gebraucht für eine soziale, wirtschaftliche und politische Ordnung, die dem einzelnen, jedem einzelnen, Gerechtigkeit zukommen läßt und Glück erlaubt. Von dieser Ordnung sind wir gewiß weit entfernt, aber es gehört in die Programmatik *jeder* politischen Gruppierung (ohne unser Augenmerk auf die dahinterliegenden Ziele zu richten) die Absicht hinein, uns einer solchen Ordnung näherbringen zu wollen. Da kommt es dann oft zu Täuschungen und Selbsttäuschungen, bewußten wie unbewußten. Heimat als Kinderkrankheit der Erwachsenen – wenn sie ihre Entfernung von der guten Ordnung nicht richtig erkennen können, wenn sie den eigenen Nostalgien und den Heimatideologen um sie herum auf den Leim gehen. Man darf nicht schwarzweißmalen. Eine Ahnung dessen, was werden kann und werden soll, scheint wohl zuweilen in der Gegenwart auf, zum Beispiel in ganz geglückter Kommunikation[3] oder in der Kunst, vielleicht auch im beschwerlichen Sieg über das Leid. Ja doch: Heimat »scheint allen in die Kindheit«, das ist manchmal ein wärmendes, manchmal aber auch nur ein diesiges und kaltes Licht. Kindheiten sind wahrlich oft genug grausam und brutal verlaufen, da hat sich auch nicht viel daran geändert, aufs Ganze gesehen.

Aber: Vor aller Systematisierung und Kommerzialisierung von »Heimat« liegt eine Primärerfahrung, die man ubiquitär nennen kann, sozusagen die anthropologische Dimension des Heimat-Phänomens. Wenn aber keine politische Gruppierung oder keine Gesellschaftsordnung wegen dieser Ubiquität der Erfahrung von Heimat, wie beschädigt sie immer sein mag, daran vorbeikommt, sie für ihre Zwecke, für ihr Funktionieren einzusetzen, dann wird man entscheidende Ansatzpunkte für Heimat-Politik bereits da zu suchen haben, wo es um die Einführung und Einfügung junger Menschen in die Gesellschaftsordnung geht. Wie wir häufig bei unseren Studien zum Heimatbewußtsein erkennen konnten, verstärkt sich die Lautstärke der Appelle an Heimat-Erfahrungen, auch die Intensität der Bemühungen um ihre Belebung in dem Maße, wie der Verlust dieser Erfahrungen akuter wird. Was Jürgen Schultze über die Jahrhundertwende schreibt, stimmt cum grano salis auch für die Gegenwart: »Denn damals entdeckte man erneut ›Heimat‹ als aktuellen Begriff, forderte seine Darstellung im Bereich der Literatur und Kunst und verengte ihn schließlich zum Schlagwort ... gegen andere Schlagworte,

2 Ernst Bloch: Das Prinzip Hoffnung, Frankfurt/M. 1959, S. 1628.
3 Dies ist, darüber sind wir uns klar, recht kompliziert ausgedrückt. Aber wir wollten an dieser Stelle gebräuchlichere Worte, über deren Intensität große Auffassungsunterschiede bestehen, besser vermeiden.

gegen das ›Großstadtwesen‹ gegen die ›Hölle der Großstadt‹ gegen das ›Zementgebirge‹ gegen die ›Asphaltwüste‹. Man suchte nach ›Verwurzelung‹ nach ›einfachem Leben‹, vertiefte die Vorliebe für das Idyllische und Dörfliche, sprach von der Kultur der Landschaften . . ., strebte nach Rückkehr zum Beschaulichen und Naturgemäßen, um ›zivilisatorischer Substanzlosigkeit‹ entgegenzuwirken[4].« Natürlich, nicht der Wiederkehr des Immergleichen soll hier das Wort geredet werden, das Salzkorn, in dem die Veränderungen des 20. Jahrhunderts enthalten sind, ist so klein auch wieder nicht. Indes scheint die Vermutung nicht von der Hand zu weisen zu sein, daß Verlust- und Furchtempfindungen eine große Rolle bei der periodischen Wiederkehr von Heimatbewußtsein spielen.

Politik kann da leicht ansetzen. Gerade weil sich um das Wort Heimat, jedenfalls in unserem Kulturkreis, auf hinreichend unspezifische Weise Vor-Erinnerungen (im Sinne Blochs) an die Geborgenheit der Kindheit und *zugleich* Gefühle des Bedrohtseins und des Verlustes ranken, kann Heimat so umstandslos von Ideologien vereinnahmt werden. Zwar gehören wir nicht zu denjenigen selbsternannten Zensoren, die sich beim Wort Ideologie vor Abscheu zu schütteln beginnen und alles, was sie nicht mögen, als ideologisch denunzieren (und sich selbst dabei einen Platz außerhalb aller Ideologien reservieren – klassischer Fall von Selbsttäuschung). Aber erhöhte kritische Aufmerksamkeit ist schon geboten, denn Ideologien ebnen häufig feine Profile der Wirklichkeit für ihre Zwecke ein. In den folgenden Unterkapiteln sollen drei ganz verschiedenartige, mit der deutschen Geschichte dieses Jahrhunderts aber eng verbundene Manifestationen von Heimat-Ideologie im Bereich der Politik unter die Lupe genommen werden: das in den frühen zwanziger Jahren entwickelte Fach Heimatkunde, das politische und völkerrechtliche Selbstverständnis der Heimatvertriebenen nach 1945 und schließlich marxistische Vorstellungen zu Heimat und ihre Umsetzung in der DDR.

1. Heimat-Kunde

»Wenn es sich um Heimat handelt, wird man leicht bedenkenlos.« Und gleich darauf: »Heimat, das ist sicher der schönste Name für Zurückgebliebenheit[5].« Damit hat er schon früh kokettiert, der Martin Walser, mit einer gespielten oder echten Vorliebe fürs Anachronistische, mit

---

4 Jürgen Schultze: Heimat im Teufelsmoor, in: Worpswede. Eine deutsche Künstlerkolonie um 1900, Katalog der Ausstellung in der Kunsthalle Bremen, Juni–August 1980, S. 21.
5 Martin Walser: Heimatkunde, Frankfurt/M. 1968, 2. Aufl. 1972, S. 40.

seinem progressiven Biedermeier. In dem hier zitierten kurzen Essay plaudert er, ganz kosmopolitischer Linksintellektueller, über sein Interesse an *Lokalgeschichte* und *Heimatkunde:* »Eine Lektüre, die mir den Atem kürzt wie die Lektüre Chandlers, Gardners, Hammetts und Amblers: Heimatkunde[6].«

Als dieser Essay damals, am Ende der sechziger Jahre, veröffentlicht wurde, stand sein Grundton in krassem Gegensatz zu den Erwartungen. Wie denn, ein progressiver Schriftsteller reiht sich ein in die Phalanx derjenigen, die das hohe Lied der Begrenztheit und Überschaubarkeit, der Geborgenheit und Verwurzelung menschlicher Existenz singen? Keine Anklagen wegen struktureller Gewalt, verordneter Unmündigkeit, statt dessen sanftes Lob der Zurückgebliebenheit?

Den »Vorreiter der Bewegung« nennt Klaus Kamberger Martin Walser in einer Sammelbesprechung neuer Heimatliteratur[7]. Wer Walsers Heimatlob der Bodenseelandschaft kennt, wird seinen Enthusiasmus für die Gegend, in der er lebt, zwar leicht nachvollziehen können, aber Verpackung und Inhalt dieser Heimatkunde haben doch etwas sehr Sonntäglich-Sonniges an sich, vielleicht auch Besonnen-Besonntes, also einen starken Zug Etabliertsein. Mit dem, was die Generationen der bis 1960 geborenen Deutschen unter Heimatkunde sich vorstellen, hat dies zunächst recht wenig zu tun. Denn Heimatkunde, das war seit den frühen zwanziger Jahren ein eminent wichtiges Schulfach in der deutschen Volksschule, es war wichtig nicht zuletzt wegen seines politischen Stellenwerts innerhalb des Fächerkanons. Die Geschichte dieses Fachs soll im folgenden etwas näher in Augenschein genommen werden[8].

Das einflußreichste und längstlebige Konzept für das Schulfach Heimatkunde stammt von Eduard Spranger (1882–1963). Über die Heimatkunde als Schulfach und seine Rolle innerhalb der schulischen Sozialisation ist in den letzten Jahren einiges Kritische geschrieben worden. Ja, in einem locker-nachdrücklichen Versuch über eine mögliche »emanzipatorische Heimatkunde« war sogar zu lesen, es lohne sich gar nicht mehr, »das aufzuwärmen, was von der pädagogischen Praxis zu Recht als niveaulos, wirklichkeitsfremd, absonderlich und mystifizierend kritisiert und ausgeschieden wurde«[9]. Der auf farbige Adjektive versessene Autor weist zwar nicht ausdrücklich auf Spranger hin, aus dem Zusammenhang seiner im übrigen sehr ernsthaften Argumentation geht jedoch klar

---

6 Ebd., S. 45.

7 Klaus Kamberger: Von nah besehen alles peinlich?, in: Vorwärts v. 6. 3. 1980.

8 Eine leicht veränderte Fassung dieses Unterkapitels ist bereits publiziert worden: Wilfried von Bredow: Heimat-Kunde, in: aus politik und zeitgeschichte, B 32/1978 v. 12. 8. 1978, S. 19–30.

9 Gottfried Korff: Hinweise zur emanzipatorischen Heimatkunde, in: Tübinger Korrespondenzblatt 1973, Nr. 10, S. 1.

hervor, daß er die nach Sprangers Vorstellung praktizierte Heimatkunde als derart »überwunden« betrachtet. Auch so eine Bedenkenlosigkeit. Es ist inzwischen bekannt, daß der Optimismus – mancher sagt lieber: die Frechheit – der späten sechziger und frühen siebziger Jahre teilweise anderen Grundstimmungen Platz gemacht haben. Mit dieser Veränderung sind auch viele damals als fortschrittlich akzeptierte Neuerungen in den drei Bildungsbereichen (Kindergarten, Grund- und Hauptschule / Gymnasium / Hochschule) wieder rückgängig gemacht worden oder verfallen. Gerade auf dem Gebiet der Erziehungswissenschaften ist die Kluft zwischen Theorie und (Schul-) Praxis heute groß. Vieles, was im Prozeß der Komposition diverser »Rahmenrichtlinien« ein für allemal überwunden schien, feierte bald wieder fröhliche Urständ. Ob die Experten in Theorie und Praxis, die Funktionäre der verschiedenen Lehrer- und Elternverbände und schließlich die Politiker auf Länder- und Bundesebene gut beraten waren, als sie – jeder für sich und alle gemeinsam auf dem Rücken der Kinder – den großen Kampf um die Erziehungsprinzipien zwischen »Freiheit« und »Sozialismus« ausriefen, kann wohl nur als rhetorische Frage gelten.
Die Heimatkunde, als wichtiges Schulfach insbesondere in der Grundschule, interessiert uns hier weniger »aus pädagogischer Sicht«. Wir sind keine Erziehungswissenschaftler oder Lehrer. Wir können den Experten und den Praktikern aber zuhören. Welches tragende Konzept lag diesem Schulfach in Deutschland zugrunde? Was ist daran kritisiert worden? Welche Alternativen mag es geben?
Der zweite Grund, warum an dieser Stelle die Heimatkunde behandelt wird, liegt in den Modalitäten und Motiven unseres Ansatzes. »Wenn es sich um Heimat handelt, wird man leicht bedenkenlos.« Dieser Gefahr wollen wir nicht erliegen. Wir wollen zunächst einmal den vermuteten gordischen Knoten von Ideologien verschiedenster Provenienz und Reichweite, von common sense verschiedenster sozialer Schichten, von Albernheit und Weisheit vorsichtig und mit gefurchter Stirn von allen Seiten betrachten. Wie sieht denn die so forsch als »diskreditiert« (Korff) bezeichnete Heimatkunde nach Eduard Spranger aus? Der Versuch einer behutsamen Beschreibung dieses Konzepts und seiner Zerlegung in brauchbare und weniger brauchbare Elemente ist vielleicht doch nicht so überflüssig, wie mancher abgebrühte progressive Pädagoge meint.

2. Bildungswert der Heimatkunde

Eduard Spranger hat sein Referat »Der Bildungswert der Heimatkunde« am 21. April 1923 zur Eröffnung einer »Studiengemeinschaft für wissenschaftliche Heimatkunde« gehalten. Die damals von Walther Schoenichen geleitete »Staatliche Stelle für Naturdenkmalpflege in Preußen« war an der wissenschaftlich fundierten Besinnung auf Heimat-Werte nachhaltig interessiert, und Walther Schoenichen war es auch, der dem Text von Spranger durch die Publikation in dem von ihm herausgebenen »Handbuch der Heimaterziehung« weite Verbreitung und Geltung verschafft hat.

Es ist in diesem Zusammenhang wichtig zu wissen, daß die Zeit nach dem Ende des Ersten Weltkriegs in der Weimarer Republik durch eine eigenartige Mischung von Kontinuität, Resignation, Aufbruchstimmung, Nihilismus und Besinnung auf das Individuum bergende »Grundwerte« charakterisiert war – Kultur, politisches und soziales Leben der jungen Republik waren für die »Eliten« wie für die »Massen« gleichermaßen unübersichtlich. Wer einprägsame Schilderungen dieser zwischen Unruhe und eskapistischem Rückzug oszillierenden Zeitstimmung sucht, findet sie z. B. in den Romanen Hans Falladas.

So ist es kein Wunder, daß »die eigentliche Besinnung auf Heimat und heimatliche ›Werte‹« in diesen Jahren besonders stark einsetzte und in der Veröffentlichung des erwähnten Handbuchs ihren Höhepunkt erreichte. Seinen Inhalt umschreibt Jörg Haug knapp so: »Die Einbeziehung der·Heimat in den Unterricht, vom Kindergarten bis zum hauswirtschaftlichen Unterricht, vom Deutschunterricht über den Erdkundeunterricht und alle anderen Unterrichtsfächer bis hin zum Turnunterricht, wird von den einzelnen Autoren in eingehender Weise dargestellt.« Und er fügt hinzu: »Am nachhaltigsten hat Eduard Sprangers Beitrag über den ›Bildungswert der Heimatkunde‹ gewirkt [10].«

Die Absicht, die Spranger mit seinen Überlegungen verfolgt, hat er in einem Satz seiner Vorbemerkungen zur ersten Auflage eines Broschürendrucks seines Referats so zusammengefaßt: »Aus den Nöten der Zeit geboren, möchte es (das Bildungsprogramm) einen Weg zeigen, der zur Einheit des Volkes und zur geistigen Einheit in uns selbst, also in doppeltem Sinne zu unserer eigentlichen Heimat, zurückführt [11].«

Zwei Aussagen erscheinen hier bemerkenswert, vor allem: daß es Spranger um ein *politisches* Ziel geht, oder sogar um zwei miteinander verbundene Ziele auf individueller und auf kollektiver Ebene (Einheit des Volkes), und daß es sich um eine Rückwärtsbewegung handelt, um

---

10 Jörg Haug: Heimatkunde und Volkskunde, Tübingen 1969, S. 12 f.
11 Wir zitieren den Text von Spranger nach der Reclam-Ausgabe Stuttgart 1967, 7. Aufl. Dieser Satz dort S. 5.

die *Rückkehr* zu etwas Verlorenem. Die Einheit des Volkes – darunter
konnte und mußte man sich 1923 in erster Linie die soziale *Integration*
von Klassen und Parteiungen der Gesellschaft, in zweiter Linie wohl
auch die geographische Einheit Deutschlands vorstellen, die durch die
Friedensverträge 1918/19 geschmälert war (allerdings in einem – im
Vergleich zu 1945 – geringen Ausmaß).

Die Einheit des Menschen – in
dieser Vorstellung verbergen sich Träume von der »heilen Welt«, wie sie
jedenfalls in Augenblicken als verklärende Erinnerung an die Kindheit
aufscheinen, aber auch Distanzierungen von als unheilvoll empfundenen
Entwicklungen der Gegenwart überhaupt, die Geborgenheit zersetzt
und die Menschen an Zerrissenheit gewöhnt.

So beginnt also der Text selbst (man muß sich den Redner dabei vorstellen: ein deutscher Gelehrter, knapp vierzig Jahre alt, aber durch Profes-
sion und Mode quasi-alterslos, von seiner Rolle her zu altväterischem
Verhalten gezwungen): »In unserer Seele gibt es einen Winkel, in dem
wir alle Poeten sind. Was mit unserer Kindheit und unserer Heimat zusammenhängt, lebt in uns mit so zauberhaften Farben, daß der größte
Maler es nicht wiedergeben könnte, und mit so sehnsüchtig verschwe-
benden Gefühlen, daß wir uns in diesem Bezirk auch von der höchsten
Kraft lyrischen Ausdrucks nicht befriedigt finden würden [12].« Ist dies,
was es zu sein vorgibt, eine kollektive Erinnerung? Wer ist »wir alle«?
Wenn man sich auch nur einige wenige Elendsszenen aus dem 19. Jahrhundert vor Augen hält – Kinderarbeit auf dem Lande und in den Fabriken, Hunger und Krankheit und daher die hohe Rate der Kindersterb-
lichkeit, das Bildungselend der Proletarierkinder – wird die Exklusivität
der Aussage deutlich. An der im übrigen die Spannung zwischen den
Grenzen der Poesie einerseits (Winkel, Bezirk) und der Grenzenlosig-
keit der Emotion auffällt – das Heimat-Erlebnis ist auch »tief religiös«
eingefärbt, bindet den Menschen in seiner höchsten Subjektivität an
Gott selbst.

Solches Erlebnis ist schichtenspezifisch, schon die Möglichkeit dazu ist
nicht jedem gegeben. Gefühlswerte wie das Erlebnis der Heimat, das Erlebnis, eine Heimat »zu haben«, verankern das Individuum und sein Dasein in einem festen Mittelpunkt. Als Kontrast kann die in einer Rund-
funk-Diskussion von einem Politiker des Arbeitnehmerflügels der
CDU, Norbert Blüm, geäußerte Meinung zu seiner Verbundenheit mit
seiner Heimat dienen: »Ich komme aus einer grauen Industriestadt,
Rüsselsheim. Wenn ich nun nach Wolfsburg umziehe, dann würde ich
sagen, da habe ich weder Heimat verloren noch neue hinzugewonnen.
Ich sehne mich höchstens nach dem Karl und Fritz, den ich in Rüssels-

---

12 Im folgenden wird fortlaufend aus dem Aufsatz Sprangers zitiert, ohne daß die einzelnen Seitenzahlen jeweils besonders vermerkt werden.

heim kannte, aber Heimat als Landschaft, da würde ich sagen, die ist in Wolfsburg so, wie sie in Rüsselsheim war[13].« Dieser Kontrast relativiert das »wir alle« Sprangers und enthüllt zugleich seinen ideologischen Charakter. Die angeblich unmittelbaren Empfindungen, die Spranger fast genießerisch aufzählt und mit poetischen Klischees evozieren möchte, diese Traditionsgüter gehören auch 1923 schon gar nicht mehr so ausschließlich zur vorgegebenen Umwelt des Kindes, sollen ihm statt dessen als Bildungsgut vorgestellt werden[14]. »Aber es sind doch nicht nur Gefühlswerte. Das Stück Welt, das wir Heimat nennen, hat auch seine ganz bestimmte, im Wissen erfaßbare sachliche Beschaffenheit. Auf der tieferen Kenntnis dieses ihres Wesens baut sich erst die echte und bewußte Heimatliebe auf. Deshalb suchen wir Heimat*kunde,* weil wir in ihr die natürlichen und geistigen Wurzeln unserer Existenz erfassen. Wir durchleuchten unsere Liebe mit Erkenntnis . . .«

Heimat – Heimatliebe – Heimatkunde: letztere wird gebraucht, um die Beschaffenheit der Heimat – den »Zusammenhang von Tatsachen und Gesetzlichkeiten, in die wir selbst . . . verflochten sind«, um also die Art und Weise der Verflochtenheit zu erkennen. Solche Erkenntnisse liefert nicht »die kühle Objektivität forschender Einstellung«, sondern eben die Heimatkunde als eine Wissenschaft, die »bewußt auf die Totalbedingungen« des menschlichen Lebens zugespitzt ist«. Heimatkunde als Wissenschaft könne definiert werden als »das geordnete Wissen um das Verbundensein des Menschen in allen seinen naturhaften und geistigen Lebensbeziehungen mit einem besonderen Fleck Erde, der für ihn Geburtsort oder mindestens dauernder Wohnplatz ist«. Heimatkunde wird in dieser Sichtweise zum Bindeglied zwischen der Biographie des einzelnen und der Natur- und Kulturgeschichte »seines« Ortes, in der Regel des Geburtsortes, weil hier der Bezug zur Biographie am einfachsten herzustellen ist.

Spranger schiebt an dieser Stelle seiner Überlegungen einen zunächst als Exkurs erscheinenden, dann aber als Träger der anthropologischen Grundüberlegungen des Autors fungierenden Zwischenteil ein. Er fragt: »Was ist Heimat? Wie entsteht Heimat?« Die Antworten auf diese beiden Fragen geraten ihm lang und abschweifig, in ihrer heute ein wenig antiquiert wirkenden Terminologie sogar manchmal ungewollt komisch. Davon darf man sich jedoch nicht täuschen lassen und das Gewicht der so ausgedrückten Argumentation unterschätzen. Spranger unterscheidet, um den Begriff der Heimat plastischer werden zu lassen, diesen vom (bloßen) »Milieu«. Jeder Mensch lebt in einem bestimmten Milieu, wir

---

13 Alexander Mitscherlich, Gerd Kalow (Hrsg.): Hauptworte – Hauptsachen, Zwei Gespräche: Heimat, Nation, München 1971, S. 23.
14 Eine ähnliche Argumentation bei unterschiedlichen Zusammenhängen bei Hermann Bausinger: Volkskultur in der technischen Welt, Stuttgart 1961, S. 88.

würden heute sagen: jedes Individuum ist Teil eines Netzes sozialer Beziehungen, übernimmt eine Reihe (sozialer) Rollen und hat einen bestimmten Status. In dieses Netz sozialer Beziehungen wird man hineingeboren. Dies hat mit »Heimat« noch nichts zu tun. Es muß noch etwas weiteres hinzutreten. »Zur Heimat wird diese gegebene Geburtsstätte erst dann, wenn man sich in sie hineingelebt hat.« Und: »Eine Heimat hat er nur da, wo er mit dem Boden und mit allem Naturhaft-Geistigen, das diesem Boden entsprossen ist, innerlich verwachsen ist.« Die Analogie aus dem Pflanzenleben wird noch einmal bemüht: »Von Heimat reden wir, wenn ein Fleck Erde betrachtet wird unter dem Gesichtspunkt seiner Totalbedeutung für die Erlebniswelt der dort lebenden Menschengruppe. Heimat ist erlebbare und erlebte Totalverbundenheit mit dem Boden. Und noch mehr: Heimat ist geistiges Wurzelgefühl.« Warum, müssen wir uns fragen, wird die Sprache hier derart hölzern? Der Gedankengang scheint doch so schwierig gar nicht nachzuvollziehen zu sein. Heimat ist ein Stück Natur, auf das sich das Individuum mit besonderer Intensität bezieht, das es in seine Identität einbezogen hat. Heimat ist zugleich Exempel für die Welt und Ruhepunkt vor der Welt.

Mit diesen Bestimmungsbemühungen wird nebenbei ausgesagt: Nicht jeder Mensch hat eine Heimat, denn daß er irgendwo geboren (und aufgewachsen) ist, braucht ihm dieses Heimat-Erlebnis nicht notwendig in Aussicht gestellt bzw. vermittelt zu haben. Jedoch auch: Jeder Mensch hat auch späterhin die Möglichkeit, sich eine Heimat zu schaffen.

Bleibt die zweite Frage: wie entsteht Heimat? Spranger verweist auf den »Regelfall«, da ist es leicht. Wo der Mensch in der Entwicklung vom Kleinkind bis zum Erwachsenen mehr und mehr von der »Welt« erfährt und erkennt, ist seine Heimat. Das Spezifische seines natürlichen und kulturellen Milieus wird ihm zur Welt schlechthin. Spranger weist in diesem Kontext – ein wenig steifkragig und vielleicht auch etwas melancholisch – auf den Glanz hin, der »dem Ort des ersten erotischen Seelenerwachens verbleibt«. Damit wird zwar wiederum auf ein Klischee angespielt, dessen Glanz möglicherweise eher literarischer Natur ist. Aber diese Anspielung fügt sich gut ein in die Reihe der das Gefühl und die Vor-Rationalität betonenden Gedanken und Ausdrücke.

Ein Exkurs im Exkurs versucht hier, eine philosophische Betrachtung des Prozesses »totaler Einwurzelung in die nächste Lebensumgebung« vorzustellen. Es gibt nicht nur *eine* Wirklichkeit, sondern jeder Mensch nimmt beim Zusammenstoß mit ihr andere ihrer Elemente wahr. Spranger will mit dieser Erläuterung auf den Schelerschen Begriff der Milieuwirklichkeit hinaus, bei der eine transportable und eine nichttransportable zu unterscheiden ist. »Es gibt ein Milieu, das wir mit herumtragen, der schlagendste Beweis, daß diese Seiten der Außenwelt eigentlich an uns hängen und mit uns verpflanzbar sind.« Davon zu unterscheiden sind die nicht mitwandernden Bestandteile des Milieus. »Das ist es, was den Heimatcharakter begründet.«

Plausibel erscheint diese Unterscheidung sogar bereits dann, wenn man noch skeptisch gegenüber der Substanz des »Heimatcharakters« selbst bleibt. Die Werte und Normen, die Manieren und Präferenzen, die sich durch den Sozialisationsprozeß im Individuum verfestigt haben, gehören zu ihm, gleichviel, an welchem Ort es sich bewegt. Was aber ist es, das nicht »mitwandert«? Spranger möchte durch ein anschauliches Beispiel alle eventuell vorhandene Skepsis überwinden. Er springt von der philosophischen Betrachtung direkt in das heimelige Natur darstellende Ölgemälde. »Wenn ich den Versuch mache, die Gegenden der Mark Brandenburg, die mir lieb sind, anderen zu ›zeigen‹, so fühle ich deutlich, wie viele Voraussetzungen des Sehens in mir und nur in mir gelegen sind. Schweigen will ich von den ganz persönlichen Erinnerungen und Beziehungen, die sich der Landschaft für mich dauernd aufgeprägt haben und nun in ihr ein Eigenleben weiterzuführen scheinen. Es ist da noch etwas anderes: Eine metaphysische Sprache, die gerade diese Natur spricht und die nur ganz verstehen kann, wer ihren Pulsschlag in sich selbst fühlt; in Mittagsglut schweigende Kiefern, der Duft des Harzes, der zugleich beklemmend und kräftigend zu wirken scheint; Sand, der immer wieder dieselbe monotone Sprache redet; träumende Seeufer . . .« Und so weiter – die evozierende Kraft dieser poetisch-professoralen Beschreibung bleibt gering, aber sie mag manchen doch ein wenig rühren.

Es soll gleich hinzugefügt werden, daß nicht nur Professoren ihre Schwierigkeiten bei der wortausmalenden Beschreibung ihrer Heimat haben. Bausinger kommt als Resultat von Untersuchungen typischer Heimatlieder zu dem Schluß, daß deren Beschreibungs-Blässe weniger auf dichterischer Schwäche beruhe, vielmehr darauf, »daß das Gefühl des Heimatlichen sich in der Tat gar nicht in erster Linie an Realitäten orientiert, daß es sich vielmehr mit vorgeprägten, klischierten Inhalten befriedigt« [15]. Als Fazit bleibt bei Spranger die typische Denkfigur solcher schwächlichen Beweisführung – verstehen kann's nur, wer's selbst erfühlt. Was das Spezifikum dieser Landschaft ist, das sie zur Heimat für den Autor werden ließ, versteckt sich hinter Touristendeutsch. Die Mark Brandenburg gehört gewiß zu den »schönen Landschaften« Deutschlands. Aber – lassen wir das Seeufer einmal abseits träumen – was unterscheidet diese Beschreibung von der der Lüneburger Heide, welche *nicht* die Heimat des Autors ist? (Nur in Klammern wollen wir auch an dieser Stelle noch einmal auf die politische Dimension der Zeitgebundenheit von Sprache und Denken Sprangers hinweisen: Ihm erschien seine Heimat, die Mark, als »Symbol unendlicher, ernster Treue und Festigkeit« – für uns ist solche Überhöhung, die sich an die oben wiedergegebene Schilderung der Mark anschließt, überhaupt nicht nachzuvollziehen.)

15 H. Bausinger, Ebd., S. 90.

Für den Autor hat der kurze Ausflug in seine eigene Heimat die Konsequenz, daß er sich auf eine Assoziation »schöne Landschaft« – Großstadt ist das Gegenbild dazu – einläßt. Für seine theoretischen Überlegungen bleibt dies nicht ohne Auswirkungen: »Der Mensch bedarf eines solchen Wurzelns in der Erde. Das ist das Elend des Großstädters – der im übrigen auch ein starkes Heimatgefühl haben mag, wie der Berliner es in der Regel hat –, daß er nicht mehr tief einwurzeln kann in den Boden und die umfangenden, seelisch schützenden Kräfte des Bodens . . .« Diese Assoziation, ein wenig relativiert durch den Hinweis auf die Berliner, verschiebt den gesamten Gedankengang. Denn obwohl die mehrfachen Erwähnungen von Wurzeln, Verwurzelung usw. schon früher die Vermutung nahelegten, daß es ihm bei Heimat immer zugleich auch um ländliche Heimat ging, um die überschaubaren und angeblich der Natur mehr verbundenen Dorfgemeinschaften (gegenüber den hektischen Stadtgesellschaften), ist diese gedankliche Überlagerung nun offenbar geworden. Heimat ist zunächst Natur, Heimatkunde zuerst Naturkunde. Weil »die Beziehung des Bodens und der Natur zu mir«, wie es an dieser Stelle in Fortführung der anthropomorphisierenden Landschaftsbeschreibungen in die Reflexionen hinein heißt, als *Band* bezeichnet werden können, ergibt die Liebe zur Heimat »einen letzten Gesamtsinn, der religiös genannt werden muß«. Heimatkunde, folgerten wir eben, ist zuerst Naturkunde. Spranger versteht es jedoch ganz geschickt, den Bereich der Kultur (im Wortsinne der Soziologie) mit in den Natur-Bereich einzufügen. »Wie aus dem Boden nur Pflanzen sprießen, die gerade er zu nähren vermag und die seinem Gesamtcharakter entsprechen (Bezugspunkt ist: der Landstrich), so kann auch die zugehörige Kultur, von der ›Agrikultur‹ an, als eine vom Menschen aus geformte, zu Geistigkeit veredelte Natur angesehen werden.«
Gesamtsinn, Band, Verwurzelung, Natur inklusive »echte« Kultur – die Heimat ist das organisch Vorgegebene, das Ewige, subjektiver Organismus des Erlebens, objektiver Organismus, in die der Mensch hineingelagert ist. Alles ist mit allem verbunden, den Gesamtsinn vermag man freilich nur erahnen. Heimat ist – Ordnung, geadelt, weil man sie akzeptiert hat.
Der eigentümliche Bildungswert der Heimatkunde liegt, sagt Spranger in einem neuen großen Abschnitt seines Referats, in der Überwindung der abstrakten Fächertrennung. Wobei noch hinzutritt: daß die Heimatkunde um den einzelnen Menschen zentriert bleibt. Sie erklärt ihm die Welt speziell anhand seiner Erfahrungen in seiner Umwelt. Die Heimatkunde »klärt den Menschen über seine Stellung im Ganzen der lebendigen Kräfte auf; sie erhebt die allseitige Bedingtheit seines leiblich-geistigen Lebens an einem für ihn zentralen Punkte zum Bewußtsein«. Einmal mehr erkennen wir, wie erpicht Spranger auf eine Welterklärung ist, die in sich triftig und schlüssig das Individuum in einem als das (richtige) Ganze erkannten Zusammenhang einbindet, ja festknotet. »Die Hei-

matkunde liefert uns das reinste Beispiel einer totalisierenden Wissenschaft.« Dieser Satz formuliert das Bedürfnis, durch Heimatkunde den SINN des GANZEN faßbar werden zu lassen. Hier wird dieses Bedürfnis durch eine Art Rückwendung, fort von der Gegenwart, hin zur Vergangenheit, und in einer Art Abgrenzung von modernen Wissenschaftsentwicklungen (parallel zu der Abgrenzung gegenüber dem Großstädtischen) artikuliert. Spezialisierung der Wissenschaftsdisziplinen, Ausdifferenzierung neuer Methodenkomplexe – all das ist »ein Übel, dem man durch eine geschlossene, um das Heimatprinzip konzentrierte Naturkunde und Kulturkunde entgegenwirken« könnte. Diese Auffassung von der Funktion von Wissenschaft stellt Spranger in eine geistesgeschichtliche Tradition, für die Namen wie Rousseau, Pestalozzi, Harnisch u. a. stehen. Das Programm lautet: »Denn das Volk muß zum Totalbewußtsein der Lebensbezüge in Natur und Geschichte gebildet werden, wenn es nicht bei aller Stoffülle des Wissens ungebildet bleiben soll.« In den geistigen Grundlagen, die dem Menschen durch Heimatkunde vermittelt werden, liegt zugleich die Gewähr, »daß das tiefe Verbundenheitsgefühl mit dem eigenen Volke nicht bloß das Vorurteil einer Epoche von besonderer politischer Richtung ist. Wehe dem Menschen, der nirgends wurzelt!«

Zum Schluß seines Vortrags wendet sich Spranger, die Sprache leicht erhoben, auffordernd an seine Zuhörer: »Atmen wir mit Bewußtsein den Duft dieser heimatlichen Scholle! Lernen wir, diese Heimat mit der verstehenden Liebe zu sehen, die uns erst zu uns selbst führt, weil sie im tiefsten Sinne ein Stück von uns selbst ist!« Nur wer Heimat hat, Heimat kennt, kann beanspruchen, gebildet zu sein. Was Bildung heißt, verrät uns Sprangers letzter Satz: »Bildung aber heißt: über sich hinauswachsen, dadurch, daß man zu sich selbst gekommen ist.«

Wir haben diesen Spranger-Text mit wachsendem Widerwillen zergliedert und ausgeleuchtet, wie unschwer an unseren Formulierungen festzustellen ist. Die Ehrfurcht vor einem langen und gerühmten Gelehrten-Leben wich zunehmend; zu banal sind Sprache und Gedankenführung. Welch unvermerkt komische Nebenwirkungen ein Satz wie »Wehe dem Menschen, der nirgends wurzelt!« hat – der Zeit verhaftet, wie er von Spranger 1923 niedergeschrieben und vorgetragen wurde. Und doch: Gerade diese wenigen, im Stabreim verkletteten Worte Sprangers stehen auch für eine Vorahnung, für ein momentanes Aufblitzen von schrecklichen Ereignissen und Entwicklungen, welche einem Gelehrten-Stuben-Dasein damals trotz des Ersten Weltkriegs wohl unfaßlich blieben.

Noch einmal: Und doch war Sprangers Konzept von Heimatkunde, mit all ihren Idiosynkrasien gegen moderne Wissenschaftsentwicklung, gegen Verstädterung, gegen die Symptome der sich herausbildenden hochindustrialisierten Massengesellschaft mächtig und wirksam. Die Heimatkunde blieb bis in die sechziger Jahre quasi unverändert. Wir erinnern uns an unsere ersten Schuljahre, auf dem Dorf, in der Stadt – Heimatkunde sollte uns die von Spranger angesprochenen »Wurzeln« verschaffen – die Heimatvertriebenen und ihre Kinder sollten allerdings auch immer ein bißchen »drüben« wurzeln bleiben.

3. Eine Kritik an Heimatkunde

Kritik am Sprangerschen Konzept der Heimatkunde setzte nachdrücklich und öffentlichkeitswirksam erst gegen Ende der sechziger Jahre ein, als die bildungspolitische Diskussion in der Bundesrepublik zugleich organisationsbezogene und inhaltliche Neuerungen und Änderungen nach sich zu ziehen begann. Fügen wir gleich hinzu, daß diese Konstellation heute einen Gutteil ihrer Kraft wieder eingebüßt hat, so daß sowohl bei der Organisation von Bildungseinrichtungen als auch bei den Inhalten des Unterrichts vielfach wieder an den Traditionen von einst angeknüpft wird. Eine exemplarische Kritik an Heimatkunde stammt aus der Feder von Hermann Müller – sie ist auch verhältnismäßig weit verbreitet worden, wie die hohe Auflage des Bandes verrät, in dem sein Text erschienen ist [16]. Müller geht von dem in der Pädagogik kaum kritisierten Grundsatz aus, daß man in der Erziehung vom Einfachen zum Schweren fortschreiten müsse. Dieser Grundsatz ist für ihn allerdings weniger ein formales pädagogisches Prinzip, sondern ein bestimmte Inhalte implizierendes Welt-Erklärungsmuster. Ordnung und Harmonie sowie das Fehlen der Kategorie der Vermittlung zeichnen ein solches Weltbild aus. »Von der Unmittelbarkeit des Naiven zur Unmittelbarkeit des Vernünftigen, von der Unmittelbarkeit des Details zur Unmittelbarkeit des Ganzen, von der Unmittelbarkeit des Einfachen zur Unmittelbarkeit des Komplexen hinzuführen, das ist die Aufgabe, die sich die Heimatkunde stellt.« Diese Absicht will Müller bereits am Begriff »Heimatkunde« aufweisen. Halb etymologisch verfahrend, halb auf Konnotationen im alltäglichen Sprachgebrauch verweisend, interpretiert Müller in Anlehnung an Adorno »Kunde« als eine allem Aufklärerischen abholde Pseudo-Disziplin. In Verbindung mit dem für Müller ominösen Begriff »Heimat« ist ihm solche Kunde ein Versuch, bei den Schülern eindeutige Identifikationen mit dem Primärhorizont herzustellen, sie ihre Bindungen *vor* aller Reflexion bejahen und internalisieren zu lassen, damit zugleich auch, ihr Verhalten in den späteren Lebensabschnitten zu steuern. Müller vermutet dahinter ein bestimmtes gesellschaftliches Be-

16 Hermann Müller: Affirmative Erziehung: Heimat- und Sachkunde, in: Hans-Joachim Gamm (Hrsg.): Erziehung in der Klassengesellschaft. Einführung in die Soziologie der Erziehung, 4. Aufl., München 1972.

wußtsein mit vier besonders gewichtigen Aspekten: 1. Heimatkunde tendiert dazu, Ordnungskategorien der Natur als auch für die menschliche Gesellschaft gültig hinzustellen. 2. Heimatkunde entwickelt im Schüler nur unzureichend ein reflektierendes Bewußtsein, verstärkt dagegen gefühlsmäßige Bindungen. 3. Heimatkunde unterschlägt die Konfliktträchtigkeit sozialer Beziehungen. 4. Heimatkunde gefährdet eine unvoreingenommene Betrachtung aller nicht der Heimat zugehörigen Regionen und Kulturen dadurch, daß sie dem Schüler einen künstlich provinziell gehaltenen Maßstab aufdrängt. Die Beispiele, die Müller zur Erhärtung dieser Thesen aus den Bildungsplänen einzelner Länder aufzählt, bleiben zumeist jedoch zu willkürlich, als daß mit ihrer Hilfe seine Kritik nachhaltig konkretisiert werden könnte.

In diesem Zusammenhang kritisiert Müller allerdings auch den Verzögerungs-Effekt, der verhindert, daß die Folgen sozialen Wandels bei der Erstellung der Unterrichtsmaterialien zur Heimatkunde angemessen berücksichtigt werden. Mit vielen anderen Pädagogen und Bildungspolitikern ist sich Müller einig, wenn er auf die Bedeutung der Heimatkunde als politische Bildung hinweist. »Heimatkunde als Einstellung und Angleichung stellt eine Vorbereitung auf die Gesellschaft dar, und zwar in einer Dosierung, die ›Verwirrung‹ verhindern soll, in einer gewünschten Strukturierung, Ordnung und Identifikation, die prolongiert werden kann, ohne daß sie differenziert oder revidiert werden muß.« Aus den Formulierungen des Sprangerschen Konzepts der Heimatkunde leitet Müller daher ein Interesse ab, Zustände zu erhalten, die vom Wandel bedroht sind. Die immer wieder herauslesbaren Appelle zur Erhaltung, zur Unwandelbarkeit, die Anrufung des Statischen, die Beschwörung der Verwurzelung – für Müller erwächst daraus eine Ideologie, die sich vor jedem aufklärerischen Zugriff sicher glaubt. »Heimatkunde tritt von Anfang an in den Dienst der Staatserhaltung, der Erhaltung der Machtordnung. Heimatkunde ist Appell zum Gehorsam, der auch den unteren Schichten noch eine Einheit und Gleichheit verspricht, an der alle Heimatlosen, alle Fremden nicht teilhaben. In der Heimatkunde geht es nicht um Wissen, sondern um Bindungen.« Zugleich nimmt Heimatkunde aber auch einen drohenden Charakter an: um davor abzuschrekken, das, was ist, ändern zu wollen. Heimatkunde produziert »*Resignation in die Zukunft.*«

Ein kurzer Durchgang durch einige Schulbücher älteren und neueren Datums hat in Müller die Überzeugung verfestigt, daß die zahlreichen Anachronismen dort nicht einfach Folge eines im Prinzip aber doch rasch zu überwindenden »time-lag« sind, vielmehr notwendige Versatzstücke der von ihm angeprangerten Immobilitäts-Ideologie. »Der Heimatkunde sind enge Grenzen der Modernisierung, der Anpassung und Kompensation gezogen. So scheitert sie völlig an der sekundären Gesellschaft, die sie eigentlich, wie alle Phänomene der Vermittlung, nur diffamieren kann. Damit aber ist die Aufgabe der Affirmation immer weniger zu leisten.« Aus diesem Grunde hat sich die Heimatkunde heute in einem doppelten Sinne überlebt. Ihre Leistung an Affirmation nimmt in dem Maße ab, wie die Mechanismen einer solchen »Kunde« durchschaut werden. Aber auch unabhängig davon verringert sich die Attraktion der Heimatkunde für die Interessenten von Affirmations-Produktion, einfach deshalb, weil hier mit im Grunde unattraktiven und die Menschen heute immer schwieriger erreichenden metaphysischen Vorstellungen operiert wird. Dieselbe Funktion, die Heimatkunde früher erfüllt hat, ist heutzutage bei der Sachkunde viel besser aufgehoben.

4. Umrisse einer aufgeklärten Heimatkunde

Betrachten wir Konzept und Kritik von Heimatkunde, erinnern wir uns dazu an unsere eigenen Erfahrungen mit diesem Schulfach, müssen wir in der Tat ein gewisses Dilemma konstatieren. In der behutsam und keineswegs mit sektierischer Wut vorgenommenen Analyse der Spranger-schen Vorstellungen erkannten wir eine Fülle von Mythologisierungen, die mit der Hilfe des »Prinzips Heimatkunde« in das Bewußtsein der Kinder gelangen sollen. Der Bildungswert der Heimatkunde, so lautete unser Fazit, ist zusammengefaßt in dem Ideologem von dem Ganzheitserlebnis des Menschen, für den Natur und Kultur, Landschaft und soziale Bindungen, der Geruch des Kiefernharzes im Sommer und die Sozialstruktur, Familie, Dorf, Volk und Nation in Versatzstücken eins wird, als EIN GANZES existiert, das so ist, wie es ist und nicht anders sein soll, am besten auch gar nicht erst anders gedacht werden soll.
Wie viele von radikalem Schwung beflügelte Kritiker [17] geht Müller in seiner Rundum-Verdammnis der Heimatkunde auf der anderen Seite viel zu weit, als daß seine im Kern berechtigten Einwände Fundamente einer tragfähigen alternativen Konzeption sein könnten. Wir meinen, wenn wir das Adjektiv »radikal« benutzen, übrigens nicht seine leider heute gängig gewordene politisierte Vulgärbedeutung (»Radikalen-Erlaß«), sondern verstehen darunter eine nicht mit oberflächlichen Erkenntnissen sich begnügende, sondern bis an den Grund der Frage oder des Problems vorstoßen wollenden Wissensdrang. Nicht ohne Ironie sei vermerkt, daß der Wortlaut des Spranger-Textes eine solche Radikalität geradezu provoziert [18].
Dennoch müssen wir an der gewittrigen Kritik Müllers einige Fragezeichen anbringen. Als erstes erscheint die Einordnung der Heimatkunde als im Grunde anachronistisch kaum einleuchtend. Es ist ohnehin

---

17 Vgl. Gerwin Schefer: Gesellschaftslehre und Primarstufe. Kritik der hessischen Rahmenrichtlinien, in: Das Argument, H. 80/1973, S. 122.
18 Und nicht ohne Selbstironie müssen wir eingestehen, gerade auch selbst Opfer der Wurzel-Metaphorik geworden zu sein, die sich offenbar auf Heimatgedanken ansiedelt wie die Quecke auf dem Erdbeerfeld.

schwierig, Profil und Inhalte von Schulfächern schlicht an den »Bedürfnissen der Gesellschaft« oder gar an solchen »des Kapitals« zu messen. Solche Bedürfnisse, einmal abgesehen von der Schwierigkeit, sie überhaupt präzise genug zu eruieren, lassen sich eben nicht in konkrete »Aufträge« an die verschiedenen Sozialisations-Instanzen ummünzen. »Die Aufgabe der geschichtlichen Bindung mit der emotionsbetonten Primärgruppe als Element der Heimatkunde tritt zurück gegenüber dem Sachzwang, der nach der Erfahrung und dem Beispiel von Natur und Technik auf die Gesellschaft übertragen wird. Der Effekt der Sozialkunde (muß wohl »Sachkunde« heißen, d. Verf.) wird dadurch erreicht, daß Ohnmacht und Resignation vor dem Realen oder vermeintlich Faktischen eingeübt und damit im gesellschaftlichen Bereich die unkritische Anerkennung des Bestehenden erreicht wird[19].« Gewiß mag dies eine Tendenz sein. Der jedoch andere entgegenstehen. Wie anders ließe sich erklären, daß in der heutigen Gesellschaft, quer zu allen politischen Präferenzen, eine auf den Schutz der Natur, auf die Erhaltung der Umwelt, auf die Renovierung alter Bauten (und seien es wilhelminische Villen im Frankfurter Westend) bedachte soziale Strömung so verhältnismäßig viele Menschen erfaßt?

Diese Frage leitet schon über zu einigen skizzenhaften Gedanken, aus denen sich die Umrisse einer aufgeklärten Heimatkunde ergeben könnten. Die von den Kritikern der »alten« Heimatkunde zuweilen etwas verlegen angeführten Ansätze zu einer aus den Reihen der Arbeiterbewegung sich entwickelnden Heimatkunde bieten uns kaum Hilfe an. Edwin Hoernle forderte 1923 – im selben Jahr, als Spranger sein Konzept formulierte – eine »revolutionäre Heimatkunde für Proletarierkinder«. Dafür ein Beispiel: »Geschlossen besuchen wir die vom Proletarierblut geweihten Stätten. Hier, diese Kugelspuren zeugen noch vom Heldenkampf des Spartakusbundes des Märzaufstandes. Dorther marschierten die Kappisten, hier verschanzten sich die Arbeiter. Dieses Gebäude wurde zur Burg, jener Bahnhof wurde kühn gestürmt. Hier sind die Gräber unserer Gefallenen. Das ist der Platz der großen Demonstration. Dort die Fabriken sind das Hauptquartier der revolutionären Arbeiterschaft. In diesem Zuchthaus schmachten noch Brüder. So sollen unsere Kinder die ›Heimat‹ schauen lernen[20].« Es ist richtig, daß eine solche Beschreibung der Heimat den Harmonisierungen und Mythen der Sprangerschen Heimatkunde entgeht. Aber doch nur, um sich andere Harmonisierungen, Heroisierungen und Mythen einzufangen. Wenn man nur simpel die Helden auf den Denkmalssockeln austauscht (Lenin statt Wilhelm II.), ist man der Aufklärung noch nicht näher gekommen.

19 Müller (Anm. 16), S. 215.
20 Edwin Hoernle: Die Arbeit in den kommunistischen Kindergruppen, in: Grundfragen proletarischer Erziehung, o. O. o. J., S. 242.

174

Auch die von Gottfried Korff, einem jüngeren Volkskundler, in Andeutungen und wenig präzisen Programmen entworfene »emanzipatorische Heimatkunde« erscheint uns noch zu widersprüchlich und unanschaulich. Korff, dem wir manche fruchtbare Anregung verdanken, proklamiert als Ziel einer solchen emanzipatorischen Heimatkunde »die aktive Schaffung von ›Heimatbedingungen‹ die sich . . . gleichermaßen an der objektiven Möglichkeit, an dem also, was durch den Stand der Produktion gesellschaftlich für alle erreichbar ist, und an einem kompromißlosen Demokratieverständnis zu bemessen haben. Ein so verstandener Heimatbegriff sieht folgerichtig in Bürgerinitiativen, Protestaktionen und auch in Arbeitskämpfen à la Lip-Besançon einen adäquaten Ausdruck des Heimatbewußtseins als in dem zum Ritual erstarrten Gehupfe, Gesinge und Gejodel mit Trachtenwams und Sepplhose[21].« Solche Alternativen erscheinen uns naiv. Die Kommerzialisierung von Heimatgepräge hat in den letzten Jahrzehnten sicher Formen angenommen, die das Stirnrunzeln des Intellektuellen rechtfertigen. Indes beruhen der Erfolg solchen Bemühens, das Geldverdienen an Heimatbedürfnissen eben darauf, daß solche Bedürfnisse existieren, sich leicht erwecken und ausdehnen lassen. Entsprechendes gilt für die immer häufiger anzutreffenden Mißbräuche mit der basisdemokratischen Institution der Bürgerinitiativen durch politische Kleingruppen: man sollte sie nicht als Argument gegen diese Institution benutzen. Immerhin verbindet uns mit Korff die Absicht, Heimatkunde nicht einfach aus den Schulen zu verbannen, sie zugleich aber wesentlich zu modifizieren.

Wie zu modifizieren? Zunächst einmal schlagen wir vor, daß die bei Spranger von Zeit zu Zeit sich in den Vordergrund seiner Argumentation drängenden Aversionen gegen komplexere Wohngebilde überwunden werden. Heimat haben nicht nur Dorfbewohner und ansonsten allenfalls Berliner. Selbstverständlich ist das Stadtviertel in Köln und Hamburg, ist die Arbeitersiedlung in Gelsenkirchen genauso potentielle Heimat wie das Gebirgs- oder das Heidedorf. Heimatkunde hat sich vor spätbürgerlicher Kulturkritik ebenso zu hüten wie vor jedweder Romantisierung. Anklänge an Religiöses, an Numinoses sind überflüssig. Das hat überhaupt nichts damit zu tun, daß – natürlich – das Kind nicht ein nur rationales Verhältnis zu seiner Umwelt hat, daß es seine Heimat *lieben* kann. Die Verbundenheit mit dieser als Welt erfahrenen Umgebung, mit den Angehörigen und Freunden, mit der Landschaft, den Häusern, Straßen und Verstecken kann doch ernsthaft von niemandem diskriminiert werden wollen. Sie schließt ja nicht eine kritiklose Hinnahme all dessen ein, was sie ausmacht. Im Gegenteil – auch und gerade die Kindheit ist ja geprägt von Konflikten, von Furcht und Ängsten, von Verletzungen und schlimmen Erfahrungen. Wenn Heimatkunde die nä-

21 Korff (Anm. 9), S. 7 f.

here und weitere Umgebung nicht idealisiert und harmonisiert, statt dessen die Geschichte und Entwicklung, die Interessen und sozialen Beziehungen in dieser Heimat zum Thema nimmt, wenn sie über Heimat aufklärt, dann wird sie die Menschen mündiger (und damit, meinen wir, auch froher) machen, selbstbewußter und damit auch für ein demokratisches Gemeinwesen besser gewappnet.

Der Bildungswert der aufgeklärten Heimatkunde besteht nicht darin, dem heranwachsenden Menschen über das Mittel der emotionalen Bindung ein »geistiges Wurzelgefühl« zu verschaffen, ihn Mobilität, Veränderungen, Konflikte perhorreszieren zu lassen, ihm seinen Horizont mit der Maßgabe zu beschränken, daß er sich damit abfindet. Statt dessen soll eine aufgeklärte Heimatkunde dem Heranwachsenden die Möglichkeit geben zu erkennen, daß seine Bindung an das, was ihm Heimat ist, zugleich eine *bewahrende und* eine *auf Änderung, Weiterentwicklung hinzielende Komponente* besitzt. Sie soll ihm die gesammelten Erfahrungen, die kollektiven Träume und Wunden seiner Umgebung, seines Dorfes, seines Stadtviertels, seiner Gegend weitergeben, sie soll ihm deutlich werden lassen, welche biologischen, geographischen, historischen, sozialen und politischen Faktoren sein und seiner Vorfahren und Nachbarn Leben bestimmt und mitbestimmt haben, welchen Zwängen diese Menschen und aus welchen Gründen ausgesetzt waren und sind, welche Erträge ihre Mühen gebracht haben und was umsonst war. Eine solche Heimatkunde ist, wie die Sprangersche, ihrem eigenen Anspruch nach zumindestens, gewiß schon Kern einer Weltkunde. Sie beschränkt sich nicht auf Sachdaten und läßt sich nicht auf Rationalität im engeren Wortsinne beschränken. Sie besingt aber nicht das Bestehende um des Bestehenden willen. Sie will nicht einfach integrativ wirken, sondern durch eben nichtaffirmative Erziehung den Prozeß sozialer Weiterentwicklung angemessen voranbringen. Auch die Erhaltung von Strukturen gemeindlicher Kommunikation, auch die Restauration vormals als Symbole der Ungerechtigkeit empfundener, nunmehr jedoch sozial »eingemeindeter« Zeugnisse der Vergangenheit gehören in das Blickfeld einer aufgeklärten Heimatkunde. Erhalten, sammeln, aufheben – das ist nicht nur lehrreich, sondern auch zukunftsoffen. Heimatkunde soll ein *kritisches Loyalitätsgefühl* erzeugen.[22]

Wenn es um Heimat geht, wird man leicht bedenkenlos. Wir haben uns in dieser Skizze bemüht, anders mit diesem Gegenstand umzugehen. Wir

---

22 Ein aufgeweckter Sozialarbeiter hat mit einer Gruppe von Jugendlichen eines Dorfes in der Nähe von Marburg eine vorbildliche kleine Broschüre erarbeitet: Spurensicherung in Mellnau. Jugendliche forschen in der Geschichte ihres Ortes, alp-druck, Marburg (1980), 43 Seiten. Hier ist ein anregendes Beispiel für kritisch-neugierige Heimatkunde, die die politische, soziale und wirtschaftliche Geschichte des eigenen Dorfes in den Erlebnishorizont der Jugendlichen integriert, *ohne* daß vorschnell verdammt

bilden uns keineswegs ein, den Stein der Weisen in einer Kontroverse gefunden zu haben, deren Seitenflügel viel weiter reichen, als wir es in diesem Kapitel andeuten konnten. Unverdrossen möchten wir, gegen die Volkstums-Mythologen von vorgestern und die tabula-rasa-Kritiker von gestern, die zeitgemäßen und zukunftsoffenen Dimensionen von Heimatkunde bewahren und weiterentwickeln helfen.

5. Das »Recht auf die Heimat«

Im Vorwort zu einer mehrbändigen, mit beträchtlichem Aufwand von einer Vielzahl Wissenschaftler und Politiker erarbeiteten Darstellung und Analyse des Problems der deutschen Flüchtlinge nach dem Zweiten Weltkrieg schrieb 1959 der damalige Bundesminister für Vertriebene, Flüchtlinge und Kriegsgeschädigte, Theodor Oberländer: »Die Eingliederung der Heimatvertriebenen ist nicht nur eine von dem Gebot der Menschlichkeit und der Wirtschaftlichkeit bedingte Aufgabe. Sie erhält einen besonderen Sinn aus der Erkenntnis, daß die Rückkehr der Ostdeutschen in ihre Heimat nur möglich erscheint, wenn das Potential der Vertriebenen in seiner Lebenskraft wiederhergestellt wird. Die Eingliederung ist daher auch eine Voraussetzung der Rückkehr[23].«
In diesen wenigen Sätzen ist das Leitmotiv angeschlagen, das die gesamte deutsche Diskussion nach 1945 über die Probleme der Heimatvertriebenen durchzieht. Eingliederung – also Entschädigung für die erlittenen Verluste, Aufbau einer neuen Existenz, das Schaffen einer »neuen Heimat« – kann als das wichtigste Ziel der westdeutschen Flüchtlingspolitik bezeichnet werden. Es dürfte nicht übertrieben sein, ihr Gelingen als einen der wesentlichsten Erfolge westdeutscher Politik überhaupt und als eine der Grundlagen für die relative Stabilität der Bundesrepublik Deutschland zu bezeichnen.
Rückkehr in die »alte« Heimat – auch dieses Ziel hat, insbesondere in den ersten Nachkriegsjahren, als die junge Bundesrepublik von ihren Lenkern und Bürgern noch als Provisorium empfunden wurde, einen hohen Stellenwert in der Innenpolitik beansprucht. Die Widersprüchlichkeit dieser beiden Ziele, in den oben zitierten Worten Oberländers

---

oder heroisiert würde. Die Jugendlichen waren zwischen 15 und 18 Jahre alt, insofern unterscheidet sich diese Heimatkunde, die im Rahmen eines Jugendklubs freiwillig und in der Freizeit betrieben wurde, vom Schulfach Heimatkunde. Aber auch dort ließe sich gewiß Heimatkunde in ähnlicher Form als Aufklärung im zu Unrecht so oft in Deutschland beschimpften Sinne betreiben.
23 Theodor Oberländer: Zum Geleit, in: Die Vertriebenen in Westdeutschland. Ihre Eingliederung und ihr Einfluß auf Gesellschaft, Wirtschaft, Politik und Geistesleben, hrsg. v. Eugen Lemberg und Friedrich Edding, 3 Bde., Kiel 1959, Bd. 1, S. VI.

durch eine Leerformel überbrückt, kennzeichnet Selbstverständnis und Politik der politischen Organisationen, die die Interessen der Flüchtlinge vertraten (Vertriebenenverbände, Block der Heimatvertriebenen und Entrechteten BHE) oder sich ihrer anzunehmen versprachen. Aus der heutigen Sicht erscheint diese Politik wie ein Ritt über den Bodensee (allerdings einer, der nach Erreichen des anderen Ufers nicht so tragisch endet wie in der Legende). In dem folgenden Kapitel geht es uns nun weder um eine kritische Würdigung noch um eine Analyse der westdeutschen Flüchtlingspolitik. Wir wollen uns darauf beschränken, die von den Interessenverbänden der Flüchtlinge selbst sowie von Vertretern der verschiedenen politischen Institutionen der Bundesrepublik formulierte Ideologie des »Rechtes auf die Heimat« darzustellen. Natürlich kommt man, wenn man dies tut, nicht umhin, über die politische Wirksamkeit dieser Ideologie nachzudenken. Diese Überlegungen und diejenigen über ihre politische Funktion in der Bundesrepublik sollen im Kontext unserer Untersuchungen den Blick auf die politische Brisanz von Heimat-Ideologie lenken.

Massenzwangswanderungen müssen zu den Folgeerscheinungen des modernen Krieges gerechnet werden, der sich damit nicht nur während der Kriegshandlungen selbst, sondern auch noch danach als besonders grausam für die Zivilbevölkerung erweist. G. Rhode unterscheidet zwischen drei Formen moderner Zwangswanderung:
- der Emigration aus politischen Gründen,
- der Vertreibung andersnationaler Staatsbürger,
- der Verschleppung und Zwangsverpflanzung[24].

Über den Nutzen solcher Einteilungen mag man streiten. Unstrittig ist indes, daß das Flüchtlingsproblem in allen Teilen der Welt Ursache maßlosen Elends war und ist. Den Betroffenen hilft es nichts, wenn ihnen mit wissenschaftlicher Kühle deutlich gemacht wird, daß ihr Schicksal eines unter Millionen und Abermillionen ist. Es hilft ihnen jedoch auch nichts, jedenfalls auf die Dauer nicht, wenn ihr Status, Opfer eskalierter politischer Unvernunft, als nur durch eine weitere Drehung dieser Eskalations-Spirale überwindbar dargestellt wird. Die Geschichte des zwanzigsten Jahrhunderts ist von vielen Ungerechtigkeiten, Grausamkeiten und Unmenschlichkeiten größten Ausmaßes geprägt worden. Zwei Weltkriege zählen dazu, an denen Deutschland maßgeblich beteiligt war. Und so gewiß jene recht haben, die sich gegen die Vorstellung einer nationalen Kollektivschuld zur Wehr setzen und das Aufrechnen der Schuld verschiedener Akteure der Geschichte für ganz absurd halten – das Unrecht der Vertreibung der Deutschen aus den ehemaligen Ostgebieten des Deutschen Reiches steht *nicht am Anfang* einer solchen Un-

---

24 G. Rhode: Phasen und Formen der Massenzwangswanderungen in Europa, in: Die Vertriebenen in Westdeutschland, Bd. 1, S. 17.

rechts-Eskalation. In der Sprache eines liberalen Journalisten: »Die Millionen Menschen, die erst vor der anrückenden Roten Armee flüchteten, die Millionen Deutschen, die dann gewaltsam verjagt wurden, wußten, daß dies die Folge einer Rache war, die nicht unerwartet über sie hereinbrach. Sie waren unschuldig an Auschwitz und Maidanek, sie trugen keine Verantwortung an den Millionen toten polnischen und sowjetischen Soldaten, an den zerstörten Städten und den erschossenen Zivilisten. Aber sie waren dann die Opfer der Opfer, und sie hatten keine Wahl[25].«
Sicher wäre es zuviel verlangt, wollte man den unmittelbar Betroffenen eine solche distanzierte und differenzierte Sichtweise zumuten. Obwohl den einsichtigen Beobachtern nach dem Ende des Zweiten Weltkrieges rasch deutlich wurde, daß der durch diesen geschaffene »Eiserne Vorhang« keineswegs provisorisch war, vielmehr eine Grenze neuer Art markierte (nämlich zwischen antagonistischen Gesellschaftssystemen), lebte in den meisten Flüchtlingen noch lange die Hoffnung auf eine baldige Rückkehr. *Unter Rückkehr verstanden sie dabei nicht nur die Rückwanderung in ihre alte Heimat, sondern zugleich die Rekonstruktion der gesellschaftlichen und politischen Institutionen (abzüglich nationalsozialistischer Einfärbungen).* Für die meisten schien dies ein quasi natürlicher Prozeß zu sein. Allerdings gab es auch schon bald Interpretationen des Flüchtlingsproblems, die es in den Zusammenhang des Kalten Krieges stellten. Danach sollte die Austreibung der Deutschen, als eine diabolische Planung der Sowjetführer, dazu führen, daß in Westdeutschland soziale Unruhen und soziale Dekomposition um sich griffen. Auf dieser Basis würde dann die Sowjetisierung auch Westdeutschlands ein leichtes werden[26].
Nach Angaben des 1969 von der sozial-liberalen Koalition aufgelösten Vertriebenen-Ministeriums gab es am 1. 1. 1968 insgesamt 10,6 Millionen Vertriebene in der Bundesrepublik[27]. Die am 29. Oktober 1946 in den vier Zonen Deutschlands durchgeführte Volkszählung hatte 9,683 Millionen Vertriebene ergeben[28]. Spätestens an dieser Stelle müssen wir

25 Dietrich Strothmann: Die Vertriebenen, in: Karl Dietrich Bracher (Hrsg.): Nach 25 Jahren. Eine Deutschland-Bilanz, München 1970, S. 300.
Insbesondere unseren jüngeren Lesern empfehlen wir als eindrucksvolle und erschütternde Lektüre folgende Berichte von Flüchtlingen aus den früheren deutschen Ostgebieten: Hans Graf von Lehndorff, Ostpreußisches Tagebuch. Aufzeichnungen eines Arztes aus den Jahren 1945–1947, München 1960; Käthe von Normann: Tagebuch aus Pommern 1945/46, München 1962; Marion Gräfin Dönhoff: Namen die keiner mehr nennt, Düsseldorf 1962.
26 So u. a. auch: Rhode (Anm. 24), S. 35.
27 Strothmann (Anm. 25), S. 301.
28 Hans Schwab-Felisch: Das Flüchtlingsproblem, in: Hans-Werner Richter (Hrsg.): Bestandsaufnahme. Eine deutsche Bilanz 1962, München und Basel 1962, S. 107.

etwas präziser auf die verwendeten Begriffe achten, die ein bemerkenswertes Wechselspiel zwischen Quantität und Qualität, zwischen Statistik und Politik erkennen lassen. Alfred Grosser meint nicht zu Unrecht, man dürfe die Zahlen über dic Flüchtlinge nur mit großer Vorsicht verwenden:»Das Statistische Bundesamt hat eine zumindest anfechtbare Methode angewandt und beibehalten. Die im Westen geborenen Kinder der Vertriebenen und Flüchtlinge, selbst wenn sie in den sechziger Jahren zur Welt gekommen sind, werden ebenfalls als Vertriebene und Flüchtlinge eingestuft[29].«
Die beiden Begriffe sind im übrigen keineswegs synonym.»Zuerst hatte die Flucht vor Krieg und Verfolgung Millionen ins westdeutsche Aufnahmeland geführt. So hatte sich dann die Bezeichnung ›Flüchtlinge‹ in Umgangssprache und Ländergesetzen alsbald als Sammelname und Oberbegriff für alle Gruppen von Flüchtlingen, Ausgewiesenen oder Vertriebenen in gleicher Notlage eingebürgert . . . In Wort und Begriff des ›Vertriebenen‹ wird das Unrecht der Vertreibung mitgedacht. Dieser Ausdruck gibt eine andere Würde als der Name Flüchtling. . . . Der deutsche Rechtsterminus ›Vertriebener‹ (i.w.S.) wendet sich, gleichsam als fortlaufender Protest gegen das Unrecht der Vertreibung, auch an die internationale Öffentlichkeit und wird vielfach auch so verstanden[30].«
Nach dem Bundes-Vertriebenen- und Flüchtlingsgesetz (BVFG) vom 19. Mai 1953 ist»*Vertriebener*«, wer deutscher Staatsangehöriger oder deutscher Volkszugehöriger ist, seinen Wohnsitz entweder in den nach 1945 nicht mehr unter deutscher Verwaltung stehenden Gebieten des Deutschen Reiches in den Grenzen vom 31. 12. 1937 oder in anderen Vertreibungsgebieten außerhalb des damaligen Deutschen Reiches hatte, und wer diesen Wohnsitz im Zusammenhang mit den Ereignissen des Zweiten Weltkrieges infolge Vertreibung, insbesondere durch Ausweisung oder Flucht, verloren hat. Nach demselben Gesetz wird als»*Heimatvertriebener*« definiert, wer *am* 31. 12. 1937 *oder vorher* seinen Wohnsitz innerhalb der als Vertreibungsgebiete gekennzeichneten Region hatte. Der Begriff»*Flüchtling*« (Sowjetzonenflüchtling) bleibt nach diesem Gesetz für diejenigen reserviert, die entsprechend aus der ehemaligen sowjetisch besetzten Zone in die Bundesrepublik gekommen sind. Lassen wir noch rasch eine weitere Definition folgen, weil aus dem Begriff selbst das Gemeinte nicht eindeutig genug hervorgeht. Das BVFG definiert die deutsche Volkszugehörigkeit als ein Merkmal, das sich aus dem umfassenden Bekenntnis zum deutschen Volkstum in der alten Heimat bestimmt. Ergänzende Untermerkmale sind Abstam-

---

29 Alfred Grosser: Deutschlandbilanz. Geschichte Deutschlands seit 1945, München 1970, 2. Aufl., S. 285.
30 Heinrich Rogge: Vertreibung und Eingliederung im Spiegel des Rechts, in: Lemberg/Edding (Anm. 23), Bd. I, S. 190.

mung, Sprache, Erziehung und Kultur[31]. All diese Definitionen und Erklärungen, so sperrig sie sich anhören mögen, waren von beträchtlicher
juristischer Bedeutung für die Betroffenen – und auch von ökonomischer Bedeutung, bemaß sich doch auch an ihrem jeweiligen Status, inwieweit die Vertriebenen an dem durch Gesetz am 14. 8. 1952 beschlos-
senen Lastenausgleich partizipieren konnten.

Mag aus diesen und ähnlichen Gründen auch vertretbar sein, die Sta-
tus-Rechte der Vertriebenen auf die folgende Generation zu übertragen
– für die Statistik ergibt sich daraus der verwirrende Tatbestand, daß ein
wachsender Anteil der Vertriebenen den Fortgang der Vertreibung und
die alte Heimat nur noch aus den Erzählungen ihrer Eltern kennt. »Über
30 % derer, die als Vertriebene gelten, weil ihre Eltern vertrieben wurden, sind in der Bundesrepublik zur Welt gekommen, mag ihre ›Heimat‹
nun Bayern heißen oder Schleswig-Holstein. Auch die Zubilligung eines
›vererbbaren Heimatrechts‹ als Rechtsgrundsatz eingegangen in das
Bundesvertriebenen-Gesetz, § 7, von 1953, ist nur ein Postulat; es ist
nirgendwo einklagbar. Überdies machen immer weniger Jugendliche
Gebrauch davon, den ihnen zustehenden Vertriebenen-Ausweis zu be-
antragen. So schläft der Anspruch auf Verwirklichung des immer wieder
beschworenen Heimatrechts ein . . .[32].«

6. Die Integration der Vertriebenen

Sicherer als Schwab-Felisch 1962 und auch noch als Strothmann 1970
können wir heute konstatieren, daß die Integration der nach 1945 nach
Westdeutschland einströmenden Flüchtlinge gelungen ist. Strothmann
spricht sogar von einem »Vertriebenenwunder«. Daran ist gewiß richtig,
daß niemand, der realistisch bleiben wollte, sich 1945 oder auch noch
1949 vorstellen konnte, wie vergleichsweise reibungslos der Ansied-
lungs- und Integrationsprozeß der Vertriebenen und Flüchtlinge ablau-
fen würde. »Die Geschichte der Vertriebenen in ihrer neuen Heimat ist
zugleich auch die Geschichte eines wirtschaftlichen Aufstiegs, eines politischen Rationalitätsgewinns, einer sozialen Befriedung und einer psy-
chologischen ›Vergangenheitsbewältigung‹ von außerordentlicher Qualität[33].«

Wie kam es dazu? Aus den vorläufigen Antworten einer Reihe von Autoren lassen sich als die wichtigsten von zahlreichen, miteinander in
Wechselwirkung stehenden Faktoren herauslesen:

---

31 Vgl. als eingängige Erklärung der oftmals recht verzwickten Vertriebenengesetzge-
bung: Vertriebenenfibel. Ratgeber für den Neuaufbau der Existenz, hrsg. v. Hilfswerk
der EKD, Stuttgart 1953.
32 Strothmann (Anm. 25), S. 304.
33 Ebd., S. 305.

- die Politik der Westalliierten, den Westzonen und der 1949 gegründeten Bundesrepublik erhebliche wirtschaftliche Starthilfen zu geben, vor allem durch das Instrument des Marshall-Plans;
- die Politik der bürgerlichen Parteien, die eine Fortführung von Planwirtschaft und antikapitalistischen Reformen ablehnten, statt dessen mit dem Konzept der sozialen Marktwirtschaft erstaunliche Mobilisierungs-Effekte in der Volkswirtschaft erreichten;
- das Vorhandensein einer Vielzahl billiger, jedoch qualifizierter Arbeitskräfte, die den Wiederaufbau beschleunigten, zugleich auch als »Bremsvorrichtung bei Lohnforderung«[34] wirkten;
- die Entwicklung der internationalen Wirtschaft, die (z. B. im »Korea-Boom«) ein exportorientiertes Land wie die Bundesrepublik begünstigte;
- das Vorhandensein einer trotz aller Zerstörungen im Krieg großenteils intakten, den Anforderungen eines hochindustrialisierten Staates angemessenen und sich neuen Forderungen rasch anpassenden Infrastruktur;
- das Vorhandensein und die weitere Ausbildung einer auf moderne Industriearbeit eingestellten Mentalität bei der Mehrheit der Bevölkerung;
- die Möglichkeit, beträchtliche Menschenströme kurzfristig nach den Bedürfnissen der Industrie umdirigieren zu können, die insbesondere bei den Vertriebenen gegeben war.

Diese Aufzählung ist nicht komplett. Aber sie kann ausreichen, um zwei Vermutungen zu erhärten, nämlich erstens, daß es einer Reihe sich gegenseitig verstärkender Faktoren bedurfte, um den raschen Wiederaufbau des westlichen Deutschland zu bewirken (alle monokausalen Erklärungen greifen zu kurz), und zweitens, *daß die Vertriebenen und Flüchtlinge sich gerade nicht als Hemmnis, sondern als beschleunigender Faktor für diesen Wiederaufbau erwiesen.*

Mit der zunächst sicher gegen die Ziele und die Absichten der Betroffenen eingeleiteten Integrations-Politik wurden die Vertriebenen sogar zu einem der Motoren des gesellschaftlichen Wandels, der Voraussetzung, Begleiterscheinung und Konsequenz des ökonomischen Aufschwungs war: »Von den Vertriebenen nahm nur ein Teil das Schicksal so bereitwillig in den Willen auf, daß sie sich bewußt als Träger der Veränderung fühlten. Die Mehrzahl war innerlich zunächst eher gegen den Strom gerichtet und wurde darin durch öffentliche Bekundungen zahlreicher Persönlichkeiten von Einfluß bestärkt. Eine gewisse Verlangsamung und Modifikation der Entwicklung zur Industriegesellschaft wurde dadurch zweifellos erreicht . . . Betrachtet man jedoch die Fakten, soweit sie die Statistik erkennen läßt, so ist ein schneller und umfassender Gesell-

34 Grosser (Anm. 29), 1970, S. 284.

schaftswandel, der besonders stark die Vertriebenen erfaßt, als Ergebnis des Eingliederungsprozesses unverkennbar[35].« Eingliederung wurde von dem ehemaligen Staatssekretär des Vertriebenen-Ministeriums in Anlehnung an G. Weisser definiert als die »Teilhaberschaft an der Volkswirtschaft, der Eigentumsverwaltung und dem Kulturleben, die dem Können, der Vorbildung, der Neigung und der Funktion in der heimatlichen Sozialstruktur entsprechen oder nahekommen.[36]« Uns erscheint diese Begriffsbestimmung nicht zureichend, weil zu statisch. Der erfolgreichen Eingliederungspolitik lag ja auch die Absicht zugrunde, einen nicht unbeträchtlichen Teil der Vertriebenen umzuwidmen – dies galt zumal für die bäuerliche Bevölkerung aus dem Osten. Erkennbar ist diese Entwicklung an den großen Binnenwanderungen der Vertriebenen in Westdeutschland, die hauptsächlich die industriellen Ballungsräume im Ruhrgebiet, im Rhein-Main-Neckar-Eck und in Schwaben zum Ziel hatten.[37] Im Bewußtsein der Verfechter einer Politik der Eingliederung schloß diese ein großes Risiko ein. Edding und Lemberg formulierten vorsichtig, daß dieses Risiko darin bestanden habe, daß vom Ausland die Eingliederungspolitik als Verzicht auf die verlorenen Gebiete hätte gedeutet werden können. Nun, solche Deutungen gab es natürlich, und nicht nur im Ausland. Tatsächlich lag ein Widerspruch in der Sache selbst, nämlich in der parallelen Proklamation von Eingliederungspolitik und Rückkehr-Forderung. Von fast allen Autoren, die sich mit dem Vertriebenenproblem beschäftigt haben, ist dieser Widerspruch auch als solcher erkannt worden. P. P. Nahm spricht von einem bewußt hingenommenen Wagnis der Eingliederungspolitik »in bezug auf die Virulenz des Heimkehrwillens«[38].

Wer aus pragmatischen und ökonomischen Gründen einerseits die Eingliederungspolitik begrüßt und fördert, andererseits jedoch die politische Option der »Rückkehr in die alte Heimat« durch diese Eingliederungspolitik und ihre Erfolge nicht verschütten möchte, braucht eine ideologische Hilfskonstruktion, um den Zielkonflikt wenigstens dem Scheine nach zu überwinden. Diese ideologische Hilfskonstruktion, wie sie Nahm in seiner folgenden Argumentation aufbaut, wurde in den fünfziger Jahren zur offiziellen Heimat-Ideologie der Vertriebenen, und sie ist es bis heute geblieben – nur, daß ihre Adressaten immer schwerer auffindbar geworden sind.

35 Friedrich Edding, Eugen Lemberg: Eingliederung und Gesellschaftswandel, in: dies. (Anm. 23), Bd. I, S. 161.
36 Peter Paul Nahm: Der Wille zur Eingliederung und seine Förderung, in: Ebd., S. 151.
37 Vgl. als eindrucksvolles literarisches Zeugnis dieser Binnenwanderung: Arno Schmidt: Die Umsiedler, in: ders.: Rosen & Porrée, Karlsruhe 1959.
38 Nahm (Anm. 36), S. 152.

Weil der Erfolg der Eingliederungspolitik unleugbar war und sich auf zwei Ebenen – der politischen und der wirtschaftlichen – unübersehbar manifestierte [39], mußte eine dritte, über diesen beiden Ebenen liegende, »eigentliche« Ebene gefunden werden, auf der die Eingliederung eben nicht möglich war. Diese Ebene wird uns im folgenden nachhaltig interessieren. Nahm streicht in seinem Gedankengang die politischen und wirtschaftlichen Erfolge der Eingliederungspolitik gebührend heraus. Aber dann fährt er fort: »Reichtum und wirtschaftlicher Aufstieg sind kein Ersatz für Heimat, Recht und alle mit diesen Säulen unserer Ordnung zusammenhängenden realen und metaphysischen Dinge . . . Die Annahme oder die Erwartung, die Heimat des einzelnen durch einen allgemeinen wirtschaftlichen Aufstieg ersetzen zu können, ist ein der materialistischen Betrachtungsweise entspringender Trugschluß . . . Natürlich assimiliert ein gewisser Prozentsatz. Denn nicht alle bestehen die Auslese, der sie durch Alter, Eheschließung mit Einheimischen und Charakter unterworfen werden . . . Aber auch nach 13 Jahren steht die Masse der Vertriebenen zur Heimat.[40]«

Der Widerspruch zwischen Eingliederung und Rückkehr-Forderung sollte also dadurch unwirksam gemacht werden, daß man beide sich widersprechenden Ziele auf unterschiedlichen Ebenen ansiedelte. Nur so wird der eingangs zitierte Satz Oberländers überhaupt logisch nachvollziehbar. »Ohne Zweifel sind Ankurbelung und Aufstieg unserer Wirtschaft beträchtlich durch Entschlossenheit, Disziplin, Können und Leistung der Vertriebenen mitbedingt. Aber dieses Zupacken und Mitschaffen ist keine Entscheidung im Sinne eines Bekenntnisses zum Dableiben . . .[41]« Aber auf die Dauer wirkte es so, da half auch keine pauschale Verdammung »materialistischer Betrachtungsweisen«.

Nun kann man eine Reihe von Vermutungen und Thesen anführen, nach denen diese widersprüchliche Politik in der Form, wie sie konzipiert und realisiert wurde, in gewissem Sinne unvermeidbar war:

– den Vertriebenen konnte nicht sofort zugemutet werden, die Unabänderlichkeit des Verlustes ihrer alten Heimat zu akzeptieren, deswegen und zur Linderung ihrer Leiden wurde ihr spontaner Rückkehrwunsch in den Forderungskatalog der Regierungspolitik aufgenommen;

– die Eingliederungspolitik spielte sich real ab, während die Forderung

---

39 Unterstrichen werden muß vor allem der *politische* Erfolg der Eingliederung: Auch wenn der von verschiedener Seite angestellte Vergleich mit dem »Gegenbeispiel« der Palästina-Flüchtlinge nicht ganz angemessen ist, so darf doch nicht unterschätzt werden, daß extremistische Bewegungen nur marginale Bedeutung unter den Vertriebenen erlangen konnten.
40 Nahm (Anm. 36), S. 153 f.
41 Ebd., S. 153.

nach Rückkehr auf der Ebene verbaler Unverbindlichkeiten, der Sonntagsredner und Resolutionen verblieb, also nur symbolische Politik war;

– wegen der Uneinigkeit der Siegermächte blieb ein Friedensvertrag mit Deutschland aus; statt dessen schien es vielen westlichen Beobachtern so, daß die sozialistischen Regimes in Osteuropa nicht lange stabil bleiben würden. Ein – wenn auch nicht mit den Mitteln des Krieges vorbereitetes – roll-back des Westens würde die meisten »Vertreibungsgebiete« wieder zur Disposition des eigenen Lagers stellen, so daß ein territorialer Anspruch darauf, den eine westlich-demokratische Bundesrepublik formulierte, zumindest nicht a priori als utopisch erschien[42];

– die Vertreibung war unleugbar ein Unrecht; auch wenn es gar nicht um die Wiederherstellung des status quo ante geht, darf man sich mit einem solchen Unrecht nicht abfinden;

– die Betonung des erlittenen Leids des deutschen Volkes konnte in der Weltöffentlichkeit doch ein gewisses Gegengewicht gegenüber dem vom Dritten Reich verursachten Leid darstellen; ein Neuanfang der Deutschen wirkte glaubhafter, wenn zuvor zwar keine ausgleichende Gerechtigkeit, aber so etwas wie eine ausgleichende Ungerechtigkeit gewaltet hatte.

Über diese Thesen und Vermutungen, die das Handeln der politischen Akteure bewußt oder unbewußt beeinflußt haben können, läßt sich nichts Endgültiges aussagen. Die außenpolitische Konzeption Konrad Adenauers war im übrigen durch einen weiteren grundlegenden Widerspruch gekennzeichnet, von dem man nicht genau wissen kann, ob oder inwieweit er sich jemals darüber Rechenschaft abgelegt hat. Die starke Westbindung der Bundesrepublik wurde von Adenauer damit begründet, daß nur mit ihrer Hilfe eine Wiedervereinigung ermöglicht würde. Tatsächlich jedoch rückte seine Politik die Wiedervereinigung in weite Ferne. Die These, erst die Eingliederung bilde die Voraussetzung zur Rückkehr der Vertriebenen, ist nach demselben Muster widersprüchlich.

Bevor wir uns noch einmal nach den Auswirkungen der Vertriebenen-politik erkundigen, müssen wir jedoch jene Ideologie der »dritten Ebene« näher betrachten, also die Heimat-Ideologie der Vertriebenen, präziser: ihrer Verbände und Interessenverwalter.

Vordergründig geht es bei dem Kernstück dieser Ideologie um ein Stück Völkerrecht. Die Rechtsformel vom Recht auf die Heimat kann als ein Beispiel für einen offenbar in einer spezifisch deutschen Tradition stehenden Prozeß angesehen werden, die Pseudo-Verrechtlichung der Po-

---

42 Obgleich man im Auge behalten muß, daß auch die Westalliierten trotz anderslautender Kommuniqués kaum an einer Wiedervereinigung Deutschlands interessiert waren.

litik. Was heißt das? Kurz gesagt nicht mehr, als daß versucht wird, eine politische Forderung dadurch unangreifbar zu machen, daß man sie in eine Rechtsposition umdefiniert. Die ganze leidvolle Geschichte der bundesrepublikanischen Deutschlandpolitik ist durch diesen »Trick« gekennzeichnet, bis hin zum umstrittenen Urteil des Bundesverfassungsgerichts zum Grundvertrag mit der DDR aus dem Jahre 1973 (ganz zu schweigen von der »Hallstein-Doktrin« aus dem Jahre 1955 mit all ihren Konsequenzen).

Einer der nachdrücklichsten Verfechter dieser Formel meint denn auch dazu: »Hinter den schlichten deutschen Worten ›Recht auf die Heimat‹, die eine elementare Rechtsvorstellung aussprechen sollen und ein neuartiges Gebilde des Völkerrechts bezeichnen, birgt sich eine Synthese von Rechtsideen, die in verschlungener ideengeschichtlicher und rechtspolitischer Entwicklung zustande kam, und ein komplizierter Prozeß der Rechtsbildung.[43]«

In der deutschsprachigen Literatur über den völkerrechtlichen Aspekt des Rechtes auf die Heimat[44] findet sich häufig der Hinweis darauf, daß diesem Recht sein Platz im Völkerrecht »erkämpft« werden müsse. Tatsächlich ist das Völkerrecht die Summe der Verhaltensregeln für Staaten, die zu einem bestimmten Zeitpunkt gelten, d. h. von diesen akzeptiert werden[45]. Die Vorstellung, ein neues Rechtsgut im Völkerrechts-Katalog unterzubringen, wenn man darum »kämpft«, ist also nicht unsinnig. Die Frage ist nur, ob sich die Bundesrepublik nach dem verlorenen Weltkrieg in einer günstigen Position für ein solches Unterfangen befand.

Das »Recht auf die Heimat« sollte von der Bundesregierung in diesen Satz von Verhaltensregeln hineingeboxt werden. Mit hohem moralischem Anspruch versucht dies z. B. eines der wichtigsten Dokumente der Heimatvertriebenen in der Bundesrepublik, die am 5. 8. 1950 von den Vertriebenenverbänden gemeinsam formulierte »*Charta der deutschen Heimatvertriebenen*«. In dieser feierlichen Erklärung, deren Tenor übrigens weitaus gemäßigter ist als viele politische Verlautbarungen der Vertriebenenverbände aus späteren Jahren, wird auch gefordert, das Recht auf die Heimat als grundlegendes Menschenrecht anzuerkennen: »Wir haben unsere Heimat verloren. Heimatlose sind Fremdlinge auf dieser Erde. Gott hat die Menschen in ihre Heimat hineingestellt. Den Menschen mit Zwang von seiner Heimat zu trennen, bedeutet, ihn im Geiste töten. Wir haben dieses Schicksal erlitten und erlebt. Daher fühlen wir uns berufen zu verlangen, daß das Recht auf die Heimat als eines

---

43 Rogge (Anm. 30), Bd. I, S. 235.
44 Aufgeführt ist diese Literatur bei Rogge.
45 Vgl. M. M. Witheman (Hrsg.): Digest of International Law, 1963, Bd. I, S. 1.

der von Gott geschenkten Grundrechte der Menschheit anerkannt und verwirklicht wird[46].«

Auch Rudolf Laun begründet das Recht auf die Heimat auf religiöse und naturrechtliche Vorstellungen. Sein viel zitiertes Referat auf dem Ersten Bundeskongreß der Vereinigten Ostdeutschen Landsmannschaften am 1. 7. 1951 in Frankfurt/Main beginnt mit der Feststellung: »Einer der heiligsten Werte, die der Mensch auf dieser Erde hat, ist die Heimat[47].« Heimat gehört für ihn zum innersten Kern dessen, was das Menschsein überhaupt ausmacht. »Sobald die Heimat nicht bloß Jagd- und Weideland ist, wie bei Nomaden, sondern die Scholle durch den Schweiß der Väter bearbeitet ist und geistige Werte mit ihr verknüpft sind, kann sich die Liebe zur Heimat auch in der Ferne durch viele Generationen, ja viele Jahrhunderte erhalten, und je höher ein Volk geistig stand, als es die Heimat verlor, desto unvergeßlicher wird sie ihm bleiben . . . Das Recht auf die Heimat ist demnach der Gegenstand eines ganz großen allgemein menschlichen und daher internationalen ethischen Problems. Der erdrückenden Mehrheit aller Menschen ist eine alte angestammte Heimat ihres Volkes, sei es nun die eine oder die andere, etwas Heiliges.[48]«

Nicht verschwiegen werden soll, daß in der in diesem Zitat ausgelassenen Passage von Laun auf das Beispiel des Volkes Israel hingewiesen wird – an ihm könne man die Kraft des Heimatgedankens über zwei Jahrtausende hinweg erkennen.

Gegen Ende der fünfziger Jahre wurden unter der Leitung des rührigen Kurt Rabl eine Reihe von Tagungen über das Thema Recht auf die Heimat veranstaltet, auf denen eine Reihe Wissenschaftler verschiedener Disziplinen (u. a. Brepohl aus soziologischer Sicht; Möbius aus sozialpsychologischer Sicht, deutsche und ausländische Juristen sowie Theologen beider Konfessionen) dazu Stellung nahmen. Ihre Referate und die sich anschließenden Diskussionen wurden von Kurt Rabl in mehreren Bänden publiziert. Mit einigem Recht kann man davon ausgehen, daß in diesen Bänden der umfassendste und zu einem späteren Zeitpunkt auch nicht mehr wiederholte Versuch unternommen worden ist, im Kampf um die Durchsetzung des Rechtes auf die Heimat voranzukommen. Eines der hier vorgetragenen Referate stammt von dem evangelischen Theologen Walter Künneth. Er möchte das Recht auf die Heimat mit religiösen Argumenten belegen. »Die wahre Heimat ist eben nicht Ergebnis menschlicher Leistungen und Entscheidungen, sondern kann zutiefst nur als Geschenk empfangen werden . . . Die Heimat dür-

46 Zit. nach: Hans-Adolf Jacobsen (Hrsg.): Mißtrauische Nachbarn. Deutsche Ostpolitik 1919–1970, Dokumentation und Analyse, Bonn 1970, S. 233.

47 Die Rede Launs ist abgedruckt in: Kurt Rabl (Hrsg.): Das Recht auf die Heimat, Bd. II, München 1959, S. 95 ff.

48 Laun, Ebd., S. 96.

fen wir so wenig verachten wie Vater und Mutter. Heimatverachtung ist Gottesverachtung. Diese Liebe und Ehre schulden wir der Heimat unabhängig von ihrem Wert und Wohlstand, unabhängig davon, ob sie sich im Glück oder tiefem Unglück befindet.... Verzicht auf das im Sinn unserer Darlegungen begründete Heimatrecht wäre gleichbedeutsam mit *Untreue gegenüber dem Vermächtnis Gottes . . . Untreue gegen den Heimatanspruch ist daher immer auch Untreue am Menschen,* mehr: ist *Untreue an der Völkerwelt . . .* Positiv ausgedrückt: *das Ringen ums Heimatrecht ist nicht Ausfluß von Eigensucht und Eigenwilligkeit, sondern Konkretisation der Treue zu Gottes Vermächtnis*[49].«

In einer vorläufigen Zusammenfassung der Beratungsergebnisse der Tagungsteilnehmer stellt Kurt Rabl fest, daß die Konzeption eines nicht auf den einzelnen, sondern auf eine Gruppe bezogenen, also kollektiven Rechtes auf die Heimat aus der Sicht einer freiheitlich orientierten Rechtswissenschaft nicht nur unbedenklich, sondern geradezu unumgänglich sei[50].

7. Kritik an der Ideologie vom Recht auf die Heimat

Die Konstruktion eines von Gott gegebenen oder dem Menschen, jedenfalls dem zivilisierten, eingeborenen Rechtes auf die Heimat ist nicht unwidersprochen geblieben. Sie bietet ein geradezu klassisches Beispiel für eine grobe ideologische Betrachtungsweise, steht doch im Mittelpunkt aller intellektuellen Mühen ein politisches Interesse, das es mit den Weihen höherer Gültigkeit zum Zwecke seiner besseren – allerdings zunächst nur abstrakten – Durchsetzbarkeit zu versehen galt. Wir können einzelne Züge dieser Heimat-Ideologie unschwer an der Künnethschen Überhöhung der Heimat erkennen – es muß ein solches Feldgottesdienst-Tremolo peinlichst auf jeden wirken, der seine christliche Einstellung aus der Bibel und nicht vom Koppelschloß der Soldaten im Ersten Weltkrieg ableitet.

Neben solchen Grobheiten weist die Heimat-Ideologie der Verfechter des Rechtes auf die Heimat jedoch auch etliche Subtilität auf. Etwas davon findet sich schon in der Formulierung des Themas selbst: Recht auf *die* Heimat. Es geht also keineswegs darum, dem Menschen ein Recht zuzubilligen auf all jene positiven Auswirkungen, die in der politischen Umgangssprache mit »Heimat« verbunden werden, ein Recht also darauf, innerhalb eines akzeptierten sozialen Gefüges zu leben, persönliche und familiäre Bindungen mit der Umwelt zu entwickeln und zu pflegen,

49 Walter Künneth: Die Frage des Rechts auf die Heimat in evangelischer Sicht, in: Rabl (Hrsg.) (Anm. 47), S. 24 ff.
50 Ebd., Bd. II, S. 147.

die Landschaft zu lieben, am kulturellen Leben sich zu beteiligen usw. – es geht statt dessen eindeutig darum, den verlorengegangenen status quo ante wiederherzustellen. In diesem Zusammenhang ist es nur ideo-logisch, wenn die Verfechter dieser Ideologie »nachzuweisen« versuchen, daß auch die Menschen, die in den »Vertreibungsgebieten« angesiedelt worden sind – also z. B. die heute in Schlesien lebenden Polen – dort quasi unfähig bleiben, ein normales Leben zu führen. Hand in Hand mit solchen völlig aus der Luft gegriffenen Spekulationen liefen in den fünfziger Jahren propagandistische Tatarenmeldungen um, wonach die »Vertreibungsgebiete«, besonders in Polen, völlig verlotterten.

Auf einer Tagung des »Steinbacher Kreises« zum Thema Heimat meinte der damalige Direktor des Instituts für christliche Gesellschaftswissenschaften, Heinz-Dietrich Wendland: »Aus dem Recht auf Heimat kann nicht mit zwingender Logik das Recht auf die alte Heimat abgeleitet werden. Ich kann als Christ auf geschichtlich positive Rechtstitel verweisen, ich kann auch als Christ widerfahrenes Unrecht aufdecken, beklagen und anklagen, aber ich kann nicht im Namen Gottes . . . ein absolutes Recht auf die alte Heimat verkünden[51].« Und Schwab Felisch, der Wendland zitiert und an anderer Stelle das Recht auf die Heimat ein »Wolkenkuckucksheim« nennt, will die Absurdität festnageln, »die in dem Versuch liegt, dieses schöne Wort ›Recht auf Heimat‹ mit dem die menschliche Existenz selbst angesprochen ist, zu einem kodifizierbaren Recht herabzuwürdigen, damit es der Politik dienstbar werden könne. Gott kann geben. Gott kann nehmen. Kann er auch wiedergeben? . . . Dies ginge selbst bei einem ›Wunder des Malachias‹ nicht, bei dem die deutschen Siedler der Ostgebiete plötzlich wie durch ein Wunder wieder in ihren alten Wohnungen, auf ihren alten Höfen wären, weil sich inzwischen alles gewandelt hat[52].«

In diesem letzten Halbsatz spiegelt sich das ganze Dilemma der Heimat-Ideologie nach dem Muster »Recht auf die Heimat«. Es kann übertüncht werden durch dicke Schichten rechtshistorischer und theologischer, soziologischer und psychologischer Spekulationen, von denen Rabls Sammelwerk geradezu überquillt. Von der geschichtlichen Entwicklung blättert das ab. Es kann auch dadurch ein wenig verdeckt werden, daß man den zugrundegelegten Begriff von Heimat in allen Farben schillern läßt. Das eindrucksvollste Beispiel hierfür hat die Marburger Kulturwissenschaftlerin Weber-Kellermann aufgetan. Es handelt sich um den Text eines Geleitwortes zu einer Untersuchung der sippen- und volkskundlichen Beziehungen zwischen zwei Dörfern im Banat und im Odenwald. Dort heißt es in fröhlicher Unbekümmertheit um den Heimat-Begriff: »Zum Schluß gebührt mein aufrichtiger Dank . . . auch den

51 Schwab-Felisch (Anm. 28), S. 116.
52 Ebd., S. 118.

Guttenbrunner Heimatvertriebenen im Raum von Weinheim*. . . Möge es (dieses Buch) allen Guttenbrunnern – denen, die in ihrer Heimat unter schwersten Verhältnissen tapfer auf ihrem Posten ausharren, denen, die bei uns in Österreich sich eine neue Heimat aufbauen konnten – und denen, die in Amerika seit Jahrzehnten ihrer Heimat und ihrem Volkstum die Treue gehalten haben, ein Zeichen sein, daß die Heimat sie nicht vergessen hat und nicht vergessen wird![53]«

Man wird sich der Vermutung Weber-Kellermanns, daß hier durch die häufige Verwendung des »schlichten deutschen Wortes« Heimat die Gefühlssaite angeschlagen werden soll, kaum entziehen können. Die Politik der Eingliederung war viel zu durchschlagend, als daß das »Gruppenrecht« auf die Heimat heute noch einen Träger finden würde. Daß die Generationsfrage sich für die Theoretiker und Praktiker dieser Ideologie als die größte Klippe erweisen würde, mutmaßte schon Schwab-Felisch. Er dokumentiert aber auch in seinem hellsichtigen Beitrag den hilflosen Zynismus jener, die diesen Anspruch forcierten. Es wird dort ein Landtagsabgeordneter zitiert, der klagt: »Unsere Heimat ist dort, wo wir geboren sind, und wenn gesagt wird, daß unsere Kinder ja unsere Heimat nicht mehr haben, sondern schon eine andere, ja wo bleibt denn dann die Grundlage für das Bestreben aller Vertriebenen-Organisationen?[54]« Ja, wo? Mal ist Heimat, wo man geboren ist, mal ist Heimat das Land, das die Vorväter im Schweiße ihres Angesichts kultiviert haben, mal geht es um den heiligsten Wert der Menschheit – materialistische Betrachtungsweisen werden einmal verdammt, ein anderes Mal liegen sie dem Heimat-Begriff zugrunde. Die Ideologie des Rechtes auf die Heimat konnte als realistisches Element für sich nur ins Feld führen, daß die Vertreibung ein Unrecht war. Es hat aber wenig Sinn, dieses Unrecht neues Unrecht zeugen zu lassen.

Man muß zur Ehre der Vertriebenen sagen, daß sich ein großer Teil von ihnen der Implikationen der Heimat-Ideologie kaum bewußt waren. Auf konkrete Fragen, wie denn eine Rückkehr aussehen würde, welche Folgen dies für die nun dort lebenden Menschen haben würde, wußten auch die Funktionäre der Verbände keine Antworten. Nur eine kleine Minderheit unter ihnen verfolgte einen extremistischen Kurs.

Zum Abschluß dieses Kapitels müssen wir uns noch einmal mit dem politischen Gewicht der Heimat-Ideologie in der westdeutschen Nachkriegspolitik beschäftigen. Was zunächst die Einschätzung der Vertriebenenverbände und ihres Einflusses auf diese Politik betrifft, so lesen wir aus der vorhandenen Literatur kontroverse Urteile heraus. Schwab-Felisch will diesen Einfluß nicht unterschätzt sehen. Er schreibt

---

53 Zit. nach: Andreas C. Bimmer (Hrsg.): Hessentag: Ein Fest der Hessen? Anspruch und Wirklichkeit eines organisierten Volksfestes, Marburg 1973, S. 29.
54 Hans Schwab-Felisch (Anm. 28), S. 116.

(1962):»Heute haben die Vertriebenenverbände Macht. Heute weiß man oft nicht mehr zu unterscheiden, wer in allen Fragen der Ostpolitik, die bei der ›DDR‹ beginnt und bis zur Hallstein-Doktrin reicht, der Getriebene und wer der Treiber ist: die Vertriebenen oder die Bundesregierung. Die Identität der ostpolitischen Auffassungen von Bundesregierung und Vertriebenenorganisationen ist heute offensichtlich ...[55].«
In ähnlicher Weise urteilte der scharfzüngige Fritz Richert zehn Jahre später:»Noch anachronistischer, aber vielfältig bezeichnend für die ex origine bestehende Diskrepanz zwischen bundesdeutschem Initial-Anspruch und gegenüber 1949 völlig umentwickelten Realitäten ist die bis in die jüngste Zeit effektvolle Pression, die die Vertriebenenverbände auf alle Parteien, vor allem auf die bürgerlichen, ausgeübt haben. Ihre Landsmannschaften, die Heimatorganisationen der seit 1944 vertriebenen Ostdeutschen, anfangs immerhin Sammelbecken von über 15 % der Westzonen-Bewohner, haben den ›deutschen‹ Anspruch auf die Ost-Oder-Neiße-Gebiete (unter konfusen Begriffen wie dem des sogenannten ›Rechts auf Heimat‹) bis heute als ernst genommene Veto-Funktion bezüglich flexibler Ostpolitik aufrechterhalten ...[56]« Für einen derart großen Einfluß sprechen auch eine Vielzahl von innenpolitischen Konflikten, die sich anhand kleinerer tagespolitischer Begebenheiten wie z. B. der Änderung der Wetterkarten-Grenzen im Fernsehen o. ä. entwickelten. Noch heute wird z. B. mit viel Aufwand darüber publizistisch gestritten, ob die Empfehlungen einer gemeinsamen polnisch-westdeutschen Kommission zur Entideologisierung der Darstellung deutsch-polnischer Geschichtsbücher hierzulande akzeptabel seien, und die Repräsentanten der Vertriebenenverbände beteiligen sich rege daran – in dem von Richert angesprochenen Sinne. Für ein hohes Maß an Einfluß dieser Verbände auf die Ost- und Deutschlandpolitik der Bundesregierungen spricht auch die Tatsache, daß es im Laufe der sechziger Jahre erheblicher Anstrengungen anderer gesellschaftlicher Gruppen bedurfte, um diese Politik von ihrer Konformität mit den Zielsetzungen der Vertriebenenverbände abzubringen. Das seinerzeit berühmt gewordene »Memorandum der Acht« vom Februar 1962, eine Stellungnahme von acht prominenten Protestanten zur Ostpolitik, läßt in seinen Formulierungen indirekt auf die Macht der Vertriebenenverbände schließen. Dort heißt es:»Wir sagen nichts Neues, wenn wir die Ansicht aussprechen, daß zwar die Freiheit der in Berlin lebenden Menschen ein von der ganzen Welt anerkanntes Recht ist, daß aber das nationale Anliegen der Wiedervereinigung in Freiheit heute nicht durchgesetzt werden kann,

55 Ebd., S. 111.
56 Fritz Richert: Gesellschaftspolitische Vorstellungen, in: Deutsche Gesellschaft für Auswärtige Politik (Hrsg.): Außenpolitische Perspektiven des westdeutschen Staates, Bd. II: Das Vordringen neuer Kräfte, München, Wien 1972, S. 153.

und daß wir den Souveränitätsanspruch auf die Gebiete jenseits der Oder-Neiße-Linie werden verloren geben müssen. Wir glauben zu wissen, daß politisch verantwortliche Kreise aller Parteien die von uns ausgesprochene Ansicht teilen, aber aus innenpolitischen Rücksichten scheuen sie sich, die Erkenntnis, die sie gewonnen haben, öffentlich auszusprechen. Eine Atmosphäre, die es der politischen Führung unmöglich macht, dem Volk die Wahrheit zu sagen, ist vergiftet[57].«
Innenpolitische Rücksichten – auf wen hätte man sie nehmen müssen in dieser Frage, wenn nicht auf die Vertriebenenverbände? Alfred Grosser leugnet zwar nicht, daß von ihnen ein gewisser Einfluß auf die Politik der Bundesregierungen ausging, indes stellt er den Sachverhalt etwas anders dar:»Das Verhältnis zwischen der Regierung und den Parteien einerseits und den Flüchtlingsverbänden andererseits war immer kompliziert. Sie wurden mit schönen Worten beschwichtigt und subventioniert. Gleichzeitig wurden sie dadurch aber repräsentativer, und sei es nur, weil ihre Tagungen und ihre Presse finanziert wurden. Nachdem sie repräsentativer geworden waren, konnten sie verstärkte Unterstützung beanspruchen – da ja die Repräsentativität mehr eine Sache des Glaubens ist als nachweisbarer Zahlen[58].«
Aus einer ganz anderen Sichtweise und mit den Methoden der Parteien- und Verbändesoziologie kommt Manfred Max Wambach zu einem anderen, auf den ersten Blick überraschenden Ergebnis. In seiner sehr sorgfältig angelegten und solide durchgeführten Analyse des politischen Einflusses der Vertriebenenverbände auf die Parteien, den staatlichen Verwaltungsapparat sowie auf die Ziele der Regierung erscheint dieser Einfluß als sehr viel geringer, als gemeinhin angenommen wird.»Der Primat der Verbandspolitik ist im Parteienstaat eine geradezu hoffnungslose Idee. Im Falle der Vertriebenenverbände legte die Parteienpolitik den Rahmen fest, in dem die politische Potenz der Verbände wirksam werden konnte. Trotz ihrer intensiven und organisierten Einflußnahmen auf Fraktionen und Parlamentsausschüsse sowie Ministerien und Verwaltungen, waren sie dem politischen Oligopol der Parteien nicht gewachsen[59].« Diese zusammenfassenden Feststellungen hat Wambach recht überzeugend zu belegen vermocht.
Wieder anders akzentuiert ist die Ansicht Strothmanns, der konstatiert, daß die Bundesregierung den Vertriebenen falsche Hoffnungen gemacht hat und sie absichtlich in Illusionen und Utopien gefangen hielt. »Regierung und Parlament förderten die wirtschaftlich-gesellschaftliche

57 Das Memorandum der Acht ist aufgeführt, in: Kurt P. Tudyka (Hrsg.): Das geteilte Deutschland. Eine Dokumentation der Meinungen, Stuttgart usw. 1965, S. 190 f.
58 Grosser (Anm. 29), S. 290.
59 Manfred Max Wambach: Verbändestaat und Parteienoligopol. Macht und Ohnmacht der Vertriebenenverbände, Stuttgart 1971, S. 160.

Egalisierung, gleichzeitig aber auch den Eskapismus in die politische Irrationalität. Diese Vertriebenen-Politik war nicht ehrlich . . . So wurde oft mit den Vertriebenen ein doppeltes Spiel getrieben; sie wurden getäuscht, im Stich gelassen [60].« Diese letzten Sätze des liberalen Publizisten lesen sich wie Klagen ultra-konservativer Vertriebenen-Funktionäre, deshalb muß man sogleich darauf hinweisen, daß sie in anderem Sinne gemeint sind. Für Strothmann waren die Vertriebenen *Objekte* der Regierungspolitik. Nicht aus Rücksicht auf sie sagten die führenden Politiker »dem Volke« nicht die Wahrheit, sondern aus übergeordneten politischen Gründen. Diese resultierten aus den internationalen Situationen des Ost-West-Verhältnisses.

Damit ist aber ein Stichwort gefallen, das offenbar den entscheidenden innen- wie außenpolitischen Faktor der westdeutschen Entwicklung benennt. In der Tat wäre die Heimat-Ideologie mit der in ihr verborgen enthaltenen außenpolitischen Option weit weniger virulent geworden, wenn sie sich nicht hätte einordnen lassen in den Kalten Krieg, der in den späten vierziger, den fünfziger und weiten Teilen der sechziger Jahre die Erscheinungsform des Ost-West-Konfliktes war. Es ist kein Zufall, daß mit dem Abklingen des Kalten Krieges diese Option an Bedeutung verlor, damit also auch ihre sozialen Träger, die Vertriebenen und insbesondere auch deren Repräsentanten immer weiter an den Rand des politischen Geschehens rückten.

Die »Macht der Vertriebenenverbände«, so lautet unsere These, war eine Fiktion. Diese konnten sich nur in dem ihnen vorgegebenen Rahmen artikulieren, und dessen Ausmaße bestimmten sich aufgrund anderer Faktoren. So gesehen, ist Strothmann recht zu geben: mit den Vertriebenen wurde ein doppeltes Spiel getrieben. Dennoch: Symbolische Politik kann (und soll) unter gegebenen Umständen als Ersatz-Option real werden. Ende der vierziger Jahre konnte aber niemand den Verlauf des Kalten Krieges voraussehen. Die ideologische Hilfskonstruktion des Rechtes auf *die* Heimat hätte leicht zu einem konfliktschürenden Faktor der Ost-West-Auseinandersetzung werden können. Deshalb erscheint das Bild vom Ritt über den Bodensee (mit gutem Ausgang) doch angebracht.

Auf der anderen Seite muß zugegeben werden, daß es zu den bleibenden Verdiensten der realen westdeutschen Politik unter der Kanzlerschaft Adenauers gehört, das Vertriebenenproblem weitgehend entschärft zu haben. Solch ein Verdienst kann man nicht schlicht einem einzelnen zuschreiben. Daß die Eingliederungspolitik erfolgreich war, lag an vielem, nicht zuletzt auch an den Vertriebenen und (so erstaunlich das klingen mag) an vielen Vertriebenen-Funktionären. Denn worauf es ankam,

---

60 Strothmann (Anm. 25), S. 315.

war, daß sich die Vertriebenen, allen Geredes von ihrem »Recht auf die (alte) Heimat« zum Trotz, um den Aufbau einer »neuen Heimat« bemühten, sich also nicht isolierten, sondern in die sozialen, politischen, kulturellen und wirtschaftlichen Zusammenhänge Westdeutschlands sich einzugliedern bereit waren[61].

Heute ist das Kapitel »Heimatvertriebene« in der Bundesrepublik weitgehend abgeschlossen. Oder, präziser formuliert: es erscheint als zunächst weitgehend abgeschlossen. Das Problem hat sich aufgeteilt:

– in einen historischen Teil: da wird, im Zuge einer neuartigen und nicht immer glücklichen Erweckung des »Geschichtsbewußtseins« der Deutschen in der Bundesrepublik die Zeit der Vertreibung als eine Art Quittung für die Jahre des Nationalsozialismus interpretiert;

– in einen DDR-Teil: da überschneidet sich das Heimat-Problem mit dem der nationalen Identität; den Deutschen in der DDR, insbesondere denjenigen, die sich eher mit dem westlichen Wirtschafts- und Gesellschaftssystem identifizieren und die damit (nach westlichem Verständnis) die ostdeutschen Träger der Vorstellung von der Einheit der Nation sind, würden viele hierzulande gerne anraten – sie wissen nur nicht, wie sie es ausdrücken sollen –, doch weiterhin in ihrer Heimat zu bleiben, denn ihre Übersiedlung in den Westen bedeutet ja auch eine Schwächung der Einheits-Option. Dies ist ein sehr heikler Punkt, dessentwegen die Diskussionen über die deutsche Nation, wie jüngst wieder deutlich wurde, über die Maßen verkrampft verlaufen;

– in einen Teil, der Deutschgebürtige in anderen Ländern Osteuropas betrifft: da war und ist es die Politik der Bundesregierungen, diesen die Einreise in die Bundesrepublik zu ermöglichen, auch wenn in Verhandlungen mit den Regierungen Osteuropas dafür oft hohe Preise gezahlt werden mußten und müssen. Nach einem Bericht im »Spiegel« von 1979 werden die Aussiedler aus diesen Ländern, wenn sie in der Bundesrepublik eintreffen, in Ansprachen und mit Transparenten begrüßt »Willkommen in der Bundesrepublik, Ihrer neuen Heimat«[62].

---

61 Vgl. als hochinteressanten Beitrag zur Eingliederungsfrage folgendes Beispiel: Helmut Grieser: Die ausgebliebene Radikalisierung. Zur Sozialgeschichte der Kieler Flüchtlingslager im Spannungsfeld von sozialdemokratischer Landespolitik und Stadtverwaltung 1945–1950, Wiesbaden 1980 (Beiheft 69 der Vierteljahrsschrift für Sozial- und Wirtschaftsgeschichte).

62 Der Spiegel, Nr. 30/1979.

8. Heimat und Heimatbegriff in der DDR

In einem, wie ein Kritiker bemerkte, etwas dilettantisch geratenen Kapitel seines Sammelwerkes über pluralistische Demokratie setzt sich der Politikwissenschaftler Winfried Steffani auch mit dem Heimatbegriff auseinander, den er für sein Konzept von Demokratie gerne retten möchte[63]. Dabei kommt er allerdings im der Tat nicht sehr weit, aber dies soll uns nicht weiter kümmern. Interessant an den Ausführungen Steffanis war für uns vor allem die Auseinandersetzung mit einem marxistischen Heimatbegriff. Dabei bezieht er sich zunächst auf jene berühmte und auch von uns an anderer Stelle bereits referierte Schlußpassage aus Blochs »Das Prinzip Hoffnung«. Er kommentiert diese Passage so: »In dieser extremen Ausweitung erweist sich Heimat schließlich als säkulare Parallele zur Sichtweise von der Heimat des Christenmenschen in Kirche und Gemeinde und der Gewißheit von der wahren, erst richtigen und rechten Heimat im Reiche Gottes. Säkular gewendet: die Heimat des arbeitenden, schaffenden Menschen bilden die Arbeiterklasse und die Arbeiterbewegung, die wahre, erst richtige und rechte Heimat läßt sich jedoch nur in der klassenlos-sozialistischen Gesellschaft finden. Heimat kann in dieser Perspektive letztendlich die Dimensionen einer Heilsgewißheit, einer politischen Heilsbotschaft erlangen[64].« Und zur Stützung seiner Interpretation verweist Steffani im Anschluß auf Bemühungen in der DDR, sich des Heimatbegriffs dort in diesem säkularen und ideologischen Sinne zu bemächtigen.

Wie so häufig auch auf anderen Gebieten, scheint es, wenn es um Heimat geht, schnell zu einem veritablen ideologischen Gefecht, von den Beteiligten »Systemauseinandersetzung« genannt, zu kommen. Das verwundert ja auch nicht, wenn man sich über die politische Funktionalität des Heimatbegriffs klargeworden ist. Die Wirksamkeit von »Heimat« als Integrationsideologie wird aus obrigkeitlicher Sicht um so höher eingeschätzt, je deutlicher politische, wirtschaftliche und andere Defizite den Bestand des gesellschaftlichen Gefüges bedrohen. Wieder zeigt sich, daß die Aktualität von Heimat ganz in der Nähe von Erfahrungen wie Verlust, Beschädigung usw. zunimmt.

Die wissenschaftlichen Veröffentlichungen in der DDR, die »Heimat« zum Gegenstand haben, sind nicht sehr zahlreich[65]. Daran läßt sich be-

---

63 Winfried Steffani: Pluralistische Demokratie. Studien zur Theorie und Praxis, Opladen 1980, S. 199 ff.; die im ganzen sehr positive, jedoch gerade das Heimat-Kapitel harsch als mißlungen kennzeichnende Rezension des Buches stammt von Uwe Backes und ist publiziert in: Das Parlament v. 31. 1. 1981.

64 Steffani (Anm. 63), S. 201 f.

65 Neben den im folgenden zitierten Arbeiten von Lange und dem Artikel im »Kulturpolitischen Wörterbuch« sind nur einige ältere programmatische Darstellungen, vor allem aus dem Bereich des Deutschen Kulturbunds (zum Teil zitiert bei Lange: Heimat –

reits ablesen, daß »Heimat«, im Gegensatz zu »Milieu«, kein besonders wichtiger Baustein im Gefüge der kommunistischen Ideologie ist. Andererseits enthalten die Arbeiten, mit denen wir uns hier auseinandersetzen wollen, nicht nur die zu erwartende Kritik an bürgerlichen Heimatbegriffen und an den Auswirkungen bürgerlicher Heimatideologie für die Gesellschaft der Bundesrepublik, sondern auch »positive« Definitionen von Heimat im sozialistischen Sinn. Besonders seit 1970 ist die Tendenz erkennbar, Heimat (bezogen auf die unmittelbare Umwelt der Bürger) als Mittel zur Integration auf lokaler und regionaler Basis stärker als bisher zu propagieren, selbstverständlich mit Modifikationen, die den Heimatgefühlen »ihre borniert-lokale Beschränktheit«[66] nehmen. Die »Heimat«-Definition, die wir dem »Kulturpolitischen Wörterbuch« entnehmen können, erfüllt diesen Zweck noch sehr unvollkommen: »Territoriale Einheit des natürlichen, sozialen und kulturellen Milieus, in dem der Mensch seine erste wesentliche Persönlichkeitsprägung erfährt; im engeren Sinne die Landschaft und Siedlungsform . . ., in der die Jugend verlebt wird, der Mensch zum gesellschaftlichen Individuum heranwächst und seine ersten gemeinschaftlichen Bindungen (Kameradschaft, Freundschaft, Liebe) eingeht[67].« Daß »Heimat« hier zur »Kindheitsheimat« reduziert wird, ist auch in der DDR bereits kritisiert worden[68]. Vielleicht geht man nicht fehl, wenn man als Ursache dieser Reduzierung die – aus pädagogischen Gründen offenbar notwendige – Pflege sozialistischer Heimatkunde in der Schule vermutet. Auch erwachsenen Bürgern eine Heimatbezogenheit einzuräumen, halten die Verfasser des »Kulturpolitischen Wörterbuchs« wohl noch für überflüssig oder gar für gefährlich: »In der DDR werden die H.gefühle der Bürger in harmonische Verbindung mit dem wissenschaftlichen Geschichtsbild . . ., dem sozialistischen Internationalismus und sozialistischen Staatsbewußtsein gebracht und in das Streben nach sozialistischer Menschengemeinschaft sowie der ihr gemäßen demokratischen Mitarbeit der Bürger an der Gestaltung der sozialen und kulturellen Umwelt einbezo-

---

Realität und Aufgabe) und die Dissertation von Sigrid Schwarz: »Die Liebe zur Heimat, ein wesentliches Ziel unserer patriotischen Erziehung«, Berlin 1956, zu nennen. Eine führe Fassung dieses Unterkapitels ist bereits publiziert worden: Hans-Friedrich Foltin, »Heimat« aus der Sicht des Marxismus. Der Heimat-Begriff in der DDR, in: Andere Aspekte der politischen Kultur. Freundesgabe für Charlotte Oberfeld, hrsg. von Wilfried von Bredow und Jörg Becker, Frankfurt/M. 1980, S. 149–155.

66 »Heimat«. Kulturpolitisches Wörterbuch, Berlin 1970, S. 206; die zweite, 1978 erschienene Auflage enthält den Artikel »Heimat« (S. 263) in kaum veränderter Form.

67 Ebd., S. 206; »Milieu« meint die Gesamtheit der natürlichen, sozialen und kulturellen Einflüsse, die auf das Individuum einwirken (ebd., S. 367).

68 So von Günter Lange, Heimat – Realität und Aufgabe. Zur marxistischen Auffassung des Heimatbegriffs, Berlin 1973, S. 50.

gen [69].« Das bedeutet nichts anderes, als daß Heimatgefühle den erwähnten höherwertigen Prinzipien unterzuordnen und nur soweit zulässig sind, als sie die Realisierung dieser Prinzipien fördern helfen. Interessant erscheint, daß in der Definition des »Kulturpolitischen Wörterbuchs« Heimat auch als bedeutsamer, subjektiver Faktor gewürdigt wird:»Der Begriff›sich heimisch fühlen‹bezeichnet ein sozial und kulturell verwurzeltes psychisches Wohlbefinden, ein Gefühl der Geborgenheit, das sich auf die Erfahrung sozialer Sicherheit, persönlicher Entwicklungschancen und den geistig-kulturellen Bedürfnissen entsprechende Umwelterlebnisse gründet. Dieses Gefühl ist nicht an die ursprüngliche H. des Menschen gebunden, sondern drückt die momentane Übereinstimmung mit dem sozialen und kulturellen Milieu aus [70].« Man darf annehmen, daß ein solches aus konkreten Umwelterlebnissen (die selbstverständlich wesentlich an entsprechende materielle Voraussetzungen gebunden sein müssen [71]) resultierendes psychisches Wohlbefinden auch für die Mitglieder einer sich entwickelnden sozialistischen Gesellschaft angestrebt wird; es soll die DDR-Bürger emotional an ihren Staat binden und zur Weiterentwicklung sozialistischer Perspektiven motivieren. Bemerkenswert ist in diesem Zusammenhang noch die Verwendung des Begriffs Geborgenheit, auf den spätere DDR-Definitionen verzichten, weil er offenbar doch zu sehr an bürgerliche Deutungen des Heimatbewußtseins gemahnt.

Die hohe sozialpsychologische Relevanz einer satisfaktionierenden Umwelt mag auch Günter Lange, Inhaber einer Professur für Wissenschaftlichen Sozialismus, bewogen haben, das Heimatphänomen gründlich zu analysieren. Auf seine Auseinandersetzung mit bürgerlichen Heimatbegriffen können wir hier nicht eingehen [72]; vielmehr soll im folgenden »die sozialistische Heimat als Aufgabe und Errungenschaft« (so lautet eine Kapitelüberschrift bei Lange [73]) analysiert werden. Lange hat 1971 zu diesem Begriff in einem Aufsatz zunächst die folgende Bestimmung geliefert:»Heimat ist das den ständig wachsenden materiellen und geistigen Bedürfnissen bestimmter sozialer Menschengruppen *angemessene*, besonders *geformte* gesellschaftliche Milieu in einem territorialen Umkreis, der infolge des Platzes im jeweiligen System der gesellschaftlichen Produktion *unmittelbar* gegeben ist und deshalb kontinuierlich

69 »Heimat«. Kulturpolitisches Wörterbuch, S. 206. In der zweiten Auflage ist die »Menschengemeinschaft« durch »Gesellschaft« ersetzt worden, einen bis dahin in der DDR wenig geschätzten Begriff.
70 Ebd.
71 In diesem Punkt ist die marxistische Bestimmung des Phänomens den meisten bürgerlichen Ansätzen überlegen!
72 Sie deckt sich zum Teil mit der Kritik, die wir im Kapitel 2 vorgetragen haben.
73 Lange (Anm. 68), S. 55.

und intensiv gestaltet, sinnlich wahrgenommen, emotional erlebt und auf diese spezifische Weise rational erkannt wird[74].« In einer 1973 erschienenen umfangreicheren Publikation hat er diese Definition erweitert und auch etwas modifiziert:»Heimat (im engeren Sinne) ist das für eine regionale Gemeinschaft innerhalb des Vaterlandes unmittelbar gegebene Milieu.

Diese Umwelt erweist sich hier ebenso wie im ganzen Lande dadurch als Heimat, daß ihr Charakter den ständig wachsenden materiellen und geistigen Bedürfnissen bestimmter sozialer Menschengruppen historisch angemessen ist. Eine Spezifik der engeren Heimat besteht darin, daß sie sich als Region des größeren Vaterlandes entwickelt, daß in ihr die im Lande gegebenen gesellschaftlichen Verhältnisse und natürlichen Bedingungen eine spezifische Form annehmen, daß die tätigen und psychischen Beziehungen der Menschen zu ihrer Umwelt besonders intensiv und kontinuierlich sind. Die räumliche Weite der engeren Heimat wird vor allem durch den Platz bestimmt, den die verschiedenen sozialen Menschengruppen im jeweiligen System der gesellschaftlichen Produktion einnehmen. Auch sie ist einer ständigen historischen Entwicklung unterworfen. Eine Spezifik der engeren Heimat besteht darin, daß ihre Grenzen nicht so sichtbar, nicht im gleichen Maße allgemeingültig, nicht so bindend und weniger konstant sind als die das ganze Land umschließenden Staatsgrenzen[75].«

Beide Definitionen verlangen ohne Zweifel eine ausführliche Interpretation. Beginnen wir mit der räumlichen Abgrenzung: hier zieht sich Lange recht elegant mit dem Attribut»unmittelbar«aus der Affäre. Wie weit erstreckt sich das»unmittelbar gegebene Milieu«? Lange erläutert zunächst, daß dies der territoriale Bereich sei, den der Mensch»unmittelbar praktisch gestalte«[76] und folgert dann, daß für bestimmte soziale Gruppen in bestimmten historischen Phasen ein unterschiedlich großer Praxisbereich, also eine unterschiedlich ausgedehnte Heimat charakteristisch sei: Der Kleinbürger erweise sich z. B. im Kapitalismus»gerade deshalb als der eigentliche ›Lokalpatriot‹, weil er im Rahmen der kleinen Warenproduktion für einen nur lokalen Markt« produziere. Die Bourgeoisie hingegen habe wegen ihrer Ausrichtung auf einen nationalen Markt schon frühzeitig die engen Heimatschranken gesprengt und sei sogar über den Patriotismus hinaus zum Kosmopolitismus gelangt[77].

Bereits an diesem Punkt wird deutlich, daß schematische Ableitungen die Brauchbarkeit des Langeschen Heimatbegriffs erheblich beeinträch-

74 Günter Lange, Das Wesen der Heimat aus der Sicht des Marxismus-Leninismus, in: Wissenschaftliche Zeitschrift der Humboldt-Universität. Gesellschafts- und sprachwissenschaftliche Reihe, Jg. 20, 1971, S. 11–22.
75 Lange (Anm. 68), S. 131 f.
76 Lange (Anm. 74), S. 13.
77 Ebd., S. 14.

tigen: Den Großbürgern wird aus ökonomischen Erwägungen heraus das Heimatbewußtsein pauschal abgesprochen, sie werden somit hier in ähnlicher Weise aus der »Heimat« eliminiert wie in manchen bürgerlichen Definitionen die Intellektuellen. Dagegen ist nach Lange für die Arbeiterschaft z. B. in der DDR von ihrer Interessenlage her durchaus ein Heimatbezug gegeben, allerdings verbunden mit der Liebe zum sozialistischen Vaterland, die wiederum dem sozialistischen Internationalismus unterzuordnen sei[78]. Der (klassenbewußte!) Arbeiter wird in bezug auf das Heimatbewußtsein gewissermaßen zwischen Klein- und Großbürgern angesiedelt; er hat das richtige Quantum. Sozialistische Heimat stellt sich somit als Abteilung des sozialistischen Vaterlandes dar, dieses dann als Teil des sozialistischen Weltsystems. Die Normen des Heimatbereichs sind daher widerspruchsfrei aus den Normen des sozialistischen Systems abzuleiten.

Wen wundert es da noch, daß Lange seine sowieso nicht sehr klare räumliche Abgrenzung der Heimat im Blick auf die sozialistische Zukunft noch fließender gestaltet: »Andererseits ist es unverkennbar, daß sich in unserer Zeit das unmittelbar gegebene Milieu weitet, daß es sich den Dimensionen des Vaterlandes annähert, in gewisser Beziehung schon die ganze sozialistische Welt einzuschließen beginnt«[79]. Die sozialistische Heimat ist in doppeltem Sinne dynamisch: sie verändert sich nicht nur entsprechend den »wachsenden materiellen und geistigen Bedürfnissen bestimmter sozialer Menschengruppen«, sondern auch entsprechend den Strategien der politischen Führung; eines Tages wird die Akzentuierung eines Satisfaktionsraums entbehrlich sein.

Aus ihrer fugenlosen Einbeziehung in die sozialistische Perspektive ergibt sich der total harmonische Charakter der sozialistischen Heimat. Lange sagt klar, daß die gegebene Umwelt erst dadurch zur »Heimat« wird, daß sie den jeweils gegebenen Bedürfnissen voll angemessen ist, d. h. zumindest den Bedürfnissen der in der DDR positiv bewerteten Klassen[80]. Wir haben bereits bei der Betrachtung bürgerlicher Heimatdefinitionen die Konstruktion einer konfliktfreien territorialen Lebensgemeinschaft als realitätsfern und damit als eminent ideologisch bewertet; es besteht kein Anlaß, Langes Definitionen anders einzuschätzen. Für uns ist eine Gesellschaft ohne Konflikte und Zwänge und ohne daraus resultierende Repressionen und Frustrationen (leider!) nicht vorstellbar. Die Propagierung einer harmonischen sozialistischen Heimat hat gerade für die DDR eine sozialhygienische Funktion.

78 Ebd.
79 Lange (Anm. 68), S. 130.
80 Aus der in beiden Definitionen Langes enthaltenen Formulierung »bestimmte soziale Menschengruppen« kann gefolgert werden, daß es auch Gruppen oder Individuen gibt, deren Bedürfnisse nicht oder nicht voll befriedigt werden.

Bei genauerer Betrachtung von Langes Definitionen und der von ihm selbst hinzugefügten Interpretationen werden noch weitere Funktionen dieses Heimatbegriffs deutlich, nämlich die Motivation zum Kampf für den Sozialismus in der eigenen Gesellschaft und auf internationaler Ebene. Umwelt im Sinne von sozialistischer Heimat muß »intensiv gestaltet« werden: »Ob wir in den Makrokosmos fliegen, im Labor in die Geheimnisse des Mikrokosmos eindringen oder die gesellschaftlichen Verhältnisse des Sozialismus vervollkommnen: immer und überall sind wir dabei, Fremdes in Heimat zu verwandeln[81].« Wer noch Mängel im Paradies der Heimat entdeckt, ist damit zur entsprechenden Aktivität aufgerufen. Wesentlich schärfer tritt die kämpferische Komponente des sozialistischen Heimatbegriffs in der Auseinandersetzung mit dem Kapitalismus und mit kapitalistischen Staaten, speziell der Bundesrepublik, hervor. Es gehe darum, so führt Lange aus, »die kapitalistische Fremde im eigenen Land [d. i. Deutschland] zu überwinden«, »im Klassenkampf das Feindliche in Heimat zu verwandeln«[82].

Und an anderer Stelle heißt es schließlich: »Heimat erfordert in unserer Zeit den revolutionären Übergang der Völker zum Sozialismus[83].« Selbstverständlich muß die bereits vorhandene sozialistische Heimat gegen die »imperialistischen Aggressoren« verteidigt werden; es wird nicht überraschen, daß der Heimatbegriff gerade im Zusammenhang mit der Volksarmee in der DDR besonders häufig auftaucht[84]. Da drängen sich natürlich Vergleiche mit der Propaganda der beiden Weltkriege auf, in der das Heimat-Syndrom ebenfalls einen wichtigen Hebel bildete: Im Kriegsfall wird der Fremde zum Feind, der die Heimat zerstören will und deshalb ebenso intensiv wie rücksichtslos bekämpft werden muß.

Obwohl der in der DDR propagierte Heimatbegriff sich uns in den entscheidenden Punkten als ideologisch darstellt, erscheint er doch nützlich in der Abwägung von sozialen Territorialbezügen gegenüber der Bindung an natürliche Faktoren. In den beiden Definitionen von Lange wird, im Gegensatz zu derjenigen im »Kulturpolitischen Wörterbuch«, die Natur oder die Landschaft nicht mehr besonders berücksichtigt, mit der Begründung: »Im Ergebnis der materiellen Tätigkeit vieler Generationen finden wir heute auf unserem Planeten kaum noch einen Winkel, wo eine vom Menschen unberührte, von ihm in keiner Weise beeinflußte Natur vorhanden wäre. Es ist deshalb anachronistisch, wenn bürgerliche Heimatideologen zuweilen das idyllisch gezeichnete Bild der äußeren

81 Lange (Anm. 74), S. 22.
82 Ebd., S. 21.
83 Lange (Anm. 68), S. 132.
84 Lange zitiert z. B. lobend ein 1969 im Deutschen Militärverlag (!) veröffentlichtes Gedicht von Rose Nyland mit den Zeilen: »Deine Heimat ist dort, wo du kämpfst und liebst, und ist groß wie die Träume, die du ihr gibst.« (Ebd., S. 130).

Natur unter den Elementen der Heimat an erster Stelle nennen und preisen[85].«

Aus dem soeben Zitierten ist nicht nur die Zurücksetzung des Faktors »Natur« als Element von Heimat abzulesen, sondern auch die Spitzenstellung, die dem Faktor Naturbeeinflussung, d. h. der menschlichen Arbeit, in diesem Zusammenhang eingeräumt wird. Lange widmet der »Rolle der Arbeit für die Entwicklung der Verbundenheit mit der engeren Heimat« ein eigenes Unterkapitel[86], in dem er ausführt, daß jede Heimat durch spezielle Sparten der Arbeit (wie Bergbau, Seefahrt, Fischerei) ganz wesentlich charakterisiert werde, da sich diese Produktionsformen nicht nur in Veränderungen der natürlichen Landschaft oder in Gebäudeformen manifestieren, sondern z. B. auch in der jeweiligen Sozialstruktur.

Wir halten es für durchaus nützlich, in diesem Punkt dem marxistischen Ansatz zu folgen und das Element der gesellschaftlichen Produktion in einem modernen Heimatbegriff stärker zur Geltung zu bringen, zumal sich auf dieser Basis Zusammenhänge zwischen kulturellen Objektivationen und sozialen Gegebenheiten herstellen lassen und die (vom Menschen geschaffenen) heimatlichen Requisiten ebenso wie Lieder, Bräuche usw. sinnvoll eingeordnet werden können. Auch im subjektiven Heimaterleben werden unserer Ansicht nach die stärksten Eindrücke durch eigene Arbeit bewirkt: der Damm, mit dem ein Kind das Wasser des heimatlichen Baches staut, der Baum, den ein Erwachsener in seinem Garten pflanzt, aber auch der Schreibtisch, an dem ein Lehrer seine Hefte korrigiert – all dies sind, im gegenwärtigen Erleben wie in der Erinnerung – wichtige Bezugspunkte.

Zusammenfassend stellt sich uns die Funktion des in der DDR propagierten Heimatbegriffs so dar: Als Gegengewicht zum systembedingten Zentralismus werden konkrete Solidarisierungen in überschaubaren Räumen gefördert (vor allem im Rahmen der sekundären Sozialisation, aber auch im Freizeitbereich und in der Arbeitsumwelt), die die sich aus dem gemeinschaftlichen Besitz der Produktionsmittel (theoretisch) ergebende Solidarität ergänzen sollen und die natürlich nicht im Gegensatz zur politischen Zielsetzung der Partei stehen. Die auch in Langes Ausführungen sich abzeichnende Prognose, daß eine sozialistische Menschheit einst die Krücke »Heimat« leicht entbehren könnte, halten wir allerdings für wenig realistisch.

85 Ebd., S. 85.
86 Ebd., S. 84 ff.

VI. Nachwort: Welt-Heimat

Von Georg Simmel stammt die Bemerkung, daß die »Leidenschaft für die Heimat . . . vielleicht auf die auffällige Differenzierung des Bodens« zurückgeht. Das »Gefühlsleben verschmilzt allenthalben mit der differenziert-unvergleichlichen, als einzig empfundenen Formation in besonders enger und wirksamer Weise, deshalb mehr mit einer alten, winkligen, unregelmäßigen Stadt als mit der schnurgeraden modernen, mehr mit dem Gebirge, in dem jedes Stück des Bodens ganz individuelle, unverkennbare Gestalt zeigt, als mit der Ebene, deren Stücke alle gleich sind[1].« Zwar kann keine Rede davon sein, daß die Stücke der Ebene alle gleich sind, und inzwischen ist dem Gebirge ja auch ein entindividualisierendes Netz von Skipisten und -Liften übergezogen worden. Aber hinter dieser einmal falschen und zweitens schwächer gewordenen Argumentation Simmels verbirgt sich doch eine nach wie vor gültige Erkenntnis: Heimatbewußtsein richtet sich auf Landschaften, Orte, Gebäude, soziale Beziehungen, die als einmalig empfunden werden. Es bedarf also gar keiner »auffälligen Differenzierung des Bodens«, wie Simmel meinte. Allerdings kann man an seiner Beobachtung ablesen, wie die Mechanismen der Bildung von Heimatbewußtsein wirken. Die Gebirgskulisse als Ingrediens von kommerziell und politisch ausbeutbarem Heimatgefühl ist nicht zuletzt deshalb so beliebt, weil sie die »ganz individuelle, unverkennbare Gestalt« der Landschaft immer neu eindrucksvoll symbolisiert.

Rekapitulieren wir noch einmal den Gang durch das Labyrinth von Heimat-Phänomenen. Wir sind von der Beobachtung ausgegangen, daß gegenwärtig in der Bundesrepublik Deutschland, aber keineswegs nur hier, eine Renaissance des Heimatgefühls stattfindet, die sich auf vielen Gebieten bemerkbar macht, von der Dorferneuerung bis zum Wiederaufleben von Dialektdichtung, von dem neu erwachten Interesse an Regionalgeschichte bis zu Stadtteilfesten. Diese sympathische Entwicklung und ihre Ursachen haben wir näher untersuchen wollen, wobei uns nicht nur Neugier leitete, sondern auch ein wenig Beklemmung, denn bei aller Sympathie für das neue Heimatgefühl blieb uns auch bewußt, daß es sich kommerziell und politisch leicht funktionalisieren läßt.

Die mannigfaltigen Bemühungen der Anthropologie und Soziologie, zu einem brauchbaren Heimatbegriff zu gelangen, bildeten den Gegen-

---

1 Georg Simmel: Soziologie. Untersuchungen über die Formen der Vergesellschaftung, München u. Leipzig 1922, 2. Aufl., S. 466.

stand des zweiten Kapitels. Bei der Lektüre der intellektuellen Verrenkungen zu ideologischen Zwecken, die dabei von manchen Vertretern der Disziplinen nicht gescheut wurden, mag sich der eine oder andere Leser wie bei Madame Tussaud's vorgekommen sein. Was uns die beiden ersten Kapitel neben den vielen pittoresken und zuweilen ja auch hübschen Ausblicken auf die begriffliche Heimat und die damit verbundenen Gefühle eingebracht haben, sind zwei unterkühlte Erkenntnisse. Erstens: Heimat und die Bezogenheit auf (Liebe zur) Heimat sind nichts als die gebündelten Zugehörigkeiten des Individuums zu seiner ständigen Umwelt, zur sozialen, kulturellen und natürlichen Umwelt. Zweitens: Heimatgefühl und Heimatbewußtsein leben in Zeiten auf, in denen die Umweltbezogenheit des Individuums labiler wird, sei es infolge erzwungener Mobilität des Individuums, sei es wegen nachhaltiger Veränderungen der Umwelt.

Die Ideologisierung der Heimat findet insbesondere dann Resonanz, wenn die gesicherten Zugehörigkeiten der Menschen durch Krieg, raschen sozialen Wandel usw. erschüttert werden. Heimat-Ideologie erscheint und wirkt als sanfte Kompensation für die Mißhelligkeiten der Gegenwart, aber auch als unter Umständen leicht ins Aggressive zu wendende Ausmalung vom »schönen Leben«, das der Feind – der innere oder der äußere – bedroht. Aus der Perspektive staatlicher Herrschaft erscheint die Förderung von Heimatgefühl dann sinnvoll, wenn eine Gruppe von Bürgern Probleme mit ihrer kollektiven Identität hat. Die »Einwurzelung« in eine bestimmte Landschaft und in feste soziale Beziehungen bewirkt auf ähnliche Weise wie die Identifizierung mit Nation und Vaterland oder mit der Geschichte des Staates/der Region die Vorstellung im Menschen, »am rechten Ort« und in der richtigen Ordnung zu leben. Aus dieser Vorstellung wächst dem Staat Legitimität zu.

Das umfangreiche Kapitel über Heimatromane beleuchtete die Entwicklung von Heimat-Ideologie in der populären Romanliteratur, die knapp zur Hälfte geglückten Versuche einer den gesellschaftlichen Verhältnissen der Gegenwart angepaßten Neuauflage dieser Literatur – samt ihrer Transponierung in das Fernsehen –, aber auch die Ansätze einer seriöseren Auseinandersetzung mit dem Heimaterlebnis bei Siegfried Lenz.

Die »radikale Anti-Heimatliteratur«, wie sie einige jüngere Autoren aus Österreich in den letzten Jahren vorgelegt haben, steht in bemerkenswertem Kontrast nicht nur zur herkömmlichen Heimatliteratur, sondern auch zur zuweilen kuriose Formen annehmenden Landkommunen-Begeisterung von meist »links« eingestellten Bürgerkindern, die aus der Leistungsgesellschaft »aussteigen« wollen. Innerhofer, Wolfgruber und andere – in gewissem Sinne kann man auch Thomas Bernhard hier anführen – beschreiben minutiös und ohne Verklärungen die gräßlich unmenschliche Seite der »ländlichen Verhältnisse«. Uns kommen die Dorf- und Landleben-Freaks dieser Jahre oft vor wie Marie Antoinette, die sich am Rande des Parks von Versailles ein kleines Puppendörfchen aufbauen ließ, um sich ad libitum in die süßeste Schäferinnen-Stimmung zu versetzen. Das Heimatfilm-Kapitel zeichnete eine ähnliche Entwicklung nach wie das über die Heimatromane. Eine ausführliche Analyse des Kassenschlagers der frühen fünfziger Jahre »Grün ist die Heide« kommt zu dem Ergebnis, daß sich hinter Nostalgie und Heide-Romantik eine unüberhörbare politische Botschaft verbirgt, die allerdings doppeldeutig bleibt. Von hier spannt sich ein Bogen zum Kapitel über Heimat-Politik, das die Instrumentalisierung der Heimat-Ideologie einmal mehr anhand verschiedener Beispiele deutlich macht.

Als wir das Buch planten und zu schreiben begannen, waren wir uns einig in der Absicht, daß es keine trockene theoretische Studie werden sollte, auch kein nur auf die eigenen subjektiven Erfahrungen mit Heimat sich abstützender Bericht. Es sollte vielmehr auch so etwas wie ein Heimat-Museum daraus werden, nicht eines, das die ausgestellten Gegenstände mit unverdientem Glanz umgibt, sondern ein modernes, kritisches, zum Weitersuchen anregendes und nicht zuletzt auch amüsantes Museum.

Allerdings: Wenn man schon einen solchen Vergleich wählt, sollte man ihn auch ein wenig weitertreiben. In ein Museum geht man hinein, informiert sich, freut sich, lacht, macht eine Pause, und irgendwann geht man wieder hinaus auf die Straße, in die Welt. Genau dieses zu tun, möchten wir den Leser am Schluß des Buches auffordern. Heimat ist entweder etwas Selbstverständliches, dann kümmert man sich nicht weiter darum. Wenn aber Heimat nicht mehr selbstverständlich ist, wenn sie gesucht, inszeniert, kollektiv rückerinnert, ideologisiert oder als Zuflucht hergerichtet wird, dann sollte man auch auf der Hut sein. Wir sind nicht nur in der Heimat zu Hause, sondern auch in der Welt. Heimat ist »nicht mit engstirnigem Lokalpatriotismus identisch, der zur Abwertung alles dessen führt, was nicht im Horizont des eigenen Kirchturms liegt«, hat kürzlich ein Politiker geschrieben, der als seine eigene Heimat wohl die Arbeiterbewegung oder die Sozialdemokratische Partei bezeichnen würde[2]. Da hat Wehner recht. Das Schwelgen in Heimatgefühlen kann aber auch unvermutet zu solcher Engstirnigkeit führen.

Wenn seit einigen Jahren »das Heimatliche wieder soziales Prestige« erhält[3], dann ist das ein sympathischer, aber auch ein zwiespältiger Prozeß. Auch wenn es wie ein tumbes Schlagwort klingt: die Weltgesellschaft existiert; es gibt infolge der waffentechnologischen, kommunikations-

2 Herbert Wehner: Eine Heimat in der Welt, in: Kulturpolitische Korrespondenz, hrsg. v. Ostdeutschen Kulturrat, Nr. 437 v. 25. 3. 1981, S. 3.
3 Johannes Gross: Die Misere der öffentlichen Gefühle, in: Die deutsche Neurose. Über die beschädigte Identität der Deutschen, Frankfurt/M. 1980, S. 23.

technologischen und der ökologischen Entwicklungen nirgends mehr eine Heimat, die man von der Welt sozusagen abkoppeln könnte. Die Sorge um die Erhaltung oder Wiederherstellung des Friedens zwischen Staaten in Afrika oder Asien, die Bemühungen um die Abwendung von Hungerkatastrophen in der Dritten Welt, die Information über den Fortgang der MBFR-Gespräche – das alles ist nicht Dritte-Welt-Romantik oder nutzloses Politisieren, sondern wird zur moralischen Pflicht für den politisch mündigen Weltbürger. Diesen Status aber, ob uns das gefällt oder nicht, können wir nicht mehr zurückweisen, allenfalls die politische Mündigkeit verweigern.

Wir lieben unsere Heimat. Wir leben in der Welt.

Personenregister

PREUSSEN
UND DIE FOLGEN
Achim von Borries (Hg.)

184 Seiten
29,80 DM

Mit Texten von
Hans Delbrück
Lothar Engelbert-Schücking
Kurt Eisner
Theodor Fontane
Helmut von Gerlach
Georg Gottfried Gervinus
George Peabody Gooch
Frederic Harrison
Georg Herwegh
Ernst Rudolf Huber
George F. Kennan
Johann Jacoby
Harry Graf Kessler
Ewald von Kleist-Schmenzin
Karl Liebknecht
Friedrich Meinecke
Carlo Mierendorff
Arthur Moeller van den
  Bruck
Helmuth James Graf von
  Moltke
Ernst Niekisch
Rudolf Olden
Elard von Oldenburg-
  Januschau
Carl von Ossietzky
Hermann Rauschning
Ernest Renan
Gerhard Ritter
Romain Rolland
Anna Siemsen (Hg.)
Oswald Spengler
Paul Tillich
Heinrich von Treitschke
Ernst Troeltsch
Max Weber
Oberstleutnant d.G. von
  Wedel
Graf Kuno von Westarp

Diese Textauswahl dokumentiert
die für Deutschland so folgen-
schwere „Spätgeschichte" Preu-
ßens von 1871 bis 1945: die Kontinuität der preußischen Struktur,
preußisches Selbstverständnis und
demokratische Preußen-Kritik.
Deutsche Liberale, Demokraten
und Sozialisten haben auch in
dieser Zeit immer wieder bittere
Erfahrungen mit Preußen gemacht.
Auch ihrer sollte man sich erinnern, wenn jetzt wieder über
Preußen gesprochen wird.

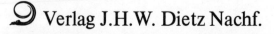 Verlag J.H.W. Dietz Nachf.